Descobrindo KANBAN

O Caminho Evolucionário para Agilidade Organizacional

David J Anderson

BLUE HOLE PRESS Chicago, Illinois — Kanban University PRESS Bilbao, Spain

Blue Hole Press
Chicago, Illinois
www.blueholepress.com

Kanban University Press
Bilbao, Spain
https://kanban.university

Livro Um da série Melhor com Kanban
Descobrindo Kanban: O Caminho Evolucionário para Agilidade Organizacional
Direitos autorais @2024 Kanban University Press

Primeira edição impressa em inglês, julho de 2023
Primeira edição impressa em português, maio de 2024

Para qualquer consulta sobre publicação, por favor envie um e-mail para contact@kanbanbooks.com para solici-tações de direitos, edições personalizadas, pedidos de tradução, licenciamento, pedidos em grande quantidade ou outras consultas. Cópias impressas adicionais desta e de outras publicações da Kanban podem ser adquiridas através do site https://kanbanbooks.com e parceiros de distribui-ção regionais.

O acesso a este livro também estará disponível online por meio do site kanban.plus, onde recursos adicionais de aprendizagem podem ser encontrados.

Para consultas diretamente relacionadas à Kanban University, por favor contate: info@kanban.university.

ISBN   978-1-960442-14-7   (a)
       978-1-960442-15-4   (b)
       978-1-960442-16-1   (c)
       978-1-960442-17-8   (d)

Título original: Discovering Kanban: The Evolutionary Path to Enterprise Agility

Tradução: Alcides Vieira Junior
Revisão: Eduardo Bobsin Machado

Índice

4　Abaixo a Democracia!　51

Magia Kanban: Mudança Emergente, Evolucionária, Social,
　　Cultural e de Processos

5　Obliquidade!　69

Mais Magia Kanban: Revisão de Operações

6　Histórias Scrumban　83

A Ascensão e Queda do Scrum na Posit Science

16 Epifanias da Milha Cinco   213
Gerenciamento de Dependências Autônomo e Ágil

17 Fora da Crise, Liderança   227
Para Aprender Como Escalar, Pergunte a um Empreendedor

A Os Valores Originais do Kanban   241

B Os 14 Pontos de Deming: Detalhado & Reinterpretado para o Século 21   249

Para Nicola, Natalie e Nastya
Em memória de Mikiko

Prefácio ao *Kanban*[1]

Sempre observo o trabalho de David Anderson. Meu primeiro contato com ele foi em outubro de 2003, quando me enviou uma cópia de seu livro, *Agile Management for Software Engineering: Applying Theory of Constraints for Business Results*. Como o título sugere, este livro foi intensamente influenciado pela Teoria das Restrições (TOC), de Eli Goldratt. Mais tarde, em março de 2005, eu o visitei na Microsoft; nesta época ele estava fazendo um trabalho impressionante com diagramas de fluxo cumulativo. Mais tarde ainda, em abril de 2007, tive a oportunidade de observar o inovador sistema kanban que ele havia implementado na Corbis.

Traço esta cronologia para dar a vocês uma noção do ritmo implacável em que o pensamento gerencial de David avançou. Ele não fica preso a uma única ideia e tenta forçar o mundo a encaixá-la. Em vez disso, ele presta muita atenção ao problema geral que está tentando resolver, permanece aberto a diferentes soluções possíveis, as coloca em ação e reflete sobre porque elas funcionam. Você verá os resultados dessa abordagem ao longo deste novo livro.

Claro, velocidade é mais útil se estiver na direção correta. Estou confiante de que David está indo na direção correta. Eu estou particularmente empolgado com este último trabalho com sistemas kanban. Sempre achei as ideias de manufatura enxuta mais diretamente úteis no desenvolvimento de produtos do que as de TOC. De fato, em outubro de 2003, escrevi para David, dizendo: "Uma das maiores fraquezas do TOC é sua pouca ênfase na importância do tamanho dos lotes. Se sua prioridade é encontrar e reduzir a restrição, você está muitas vezes resolvendo o problema errado." Ainda acredito que isso é verdade.

Na nossa reunião em 2005, novamente encorajei David para olhar além do foco do gargalo do TOC. Expliquei para ele que o sucesso

---

1. *Kanban: Successful Evolutionary Change for Your Technology Business* (amplamente conhecido como blue book)

dramático do *Toyota Production System* (TPS) não tinha nada a ver com encontrar e eliminar gargalos. Os ganhos de desempenho da Toyota vieram do uso da redução do tamanho dos lotes e da variabilidade para reduzir o estoque de trabalho em processo. Foi a redução do estoque que desbloqueou os benefícios econômicos, e foram sistemas de restrição de WIP como o kanban que tornaram isso possível.

Quando visitei a Corbis em 2007, vi uma implementação impressionante de um sistema kanban. Pontuei para David que ele havia progredido muito além da abordagem kanban usada pela Toyota. Por que eu disse isso? O Sistema Toyota de Produção é elegantemente otimizado para lidar com repetição e tarefas previsíveis: tarefas com durações de tarefa e custos de atraso homogêneos. Nestas condições, é correto usar abordagens como a priorização *first-in-first-out* (FIFO). Também é correto bloquear a entrada de trabalho quando o limite WIP é atingido. No entanto, essas abordagens não são ideais quando temos que lidar com trabalhos não-repetitivos, imprevisíveis; com diferentes custos de atraso; e diferentes durações de tarefas — exatamente o que devemos lidar no desenvolvimento de produtos. Precisamos de sistemas mais avançados e este livro é o primeiro a descrever esses sistemas em detalhes práticos.

Gostaria de fazer alguns avisos aos leitores. Primeiro, se você acha que já entende como os sistemas kanban funcionam, provavelmente está pensando nos sistemas kanban usados na *lean manufacturing*. As ideias deste livro vão muito além desses sistemas simples que usam limites WIP estáticos, agendamento FIFO e uma única classe de serviço. Preste muita atenção a essas diferenças.

Em segundo lugar, não pense apenas nessa abordagem como um sistema de controle visual. A maneira como os quadros kanban tornam o WIP visível é impressionante, mas é apenas um pequeno aspecto dessa abordagem. Se você ler este livro atentamente, encontrará muito mais acontecendo. Os verdadeiros *insights* estão em aspectos como o desenho dos processos de chegada e partida, o gerenciamento de funcionalidades não fungíveis e o uso de classes de serviço. Não se distraia com a parte visual e perca as sutilezas.

Em terceiro lugar, não desconsidere esses métodos porque parecem fáceis de usar. Essa facilidade de uso é o resultado direto da visão de David sobre o que produz o máximo benefício com o mínimo esforço. Ele está profundamente ciente das necessidades dos praticantes e prestou muita atenção ao que realmente funciona. Métodos simples criam a menor interrupção e quase sempre produzem os maiores benefícios sustentados.

Este é um livro empolgante e importante que merece uma leitura atenta. O que você terá dele dependerá da seriedade com que o ler. Nenhum outro livro lhe dará uma exposição melhor a essas ideias avançadas. Espero que gostem dele tanto quanto eu.

Don Reinertsen,
7 de fevereiro, 2010
Redondo Beach, Califórnia
Autor de *The Principles of Product Development*

Pergunta:
Quantos psicólogos são necessários para trocar uma lâmpada?

Resposta:
Apenas um, mas a lâmpada realmente precisa querer ser trocada!

Prefácio

Desde 1988, quando John Krafcik cunhou o termo, as pessoas têm colocado muito esforço em aplicar "*lean manufacturing*" para outras atividades. Destas, o Método Kanban é a única que atingiu sucesso generalizado.

Por quê? Como pontuou Don Reinertsen no Prefácio de *Kanban: Successful Evolutionary Change for Your Technology Business* (2010), o *lean manufacturing* é "elegantemente otimizado para lidar com tarefas repetitivas e previsíveis". O trabalho do conhecimento é bem diferente. Kanban foi bem-sucedido porque não tentou forçar as práticas de manufatura para áreas onde elas não se aplicam. Em vez disso, Kanban representa uma evolução a partir dos princípios mais profundos e fundamentais que sustentam o sistema Toyota de produção — os mesmos princípios, ao que parece, se encontram em grande parte da filosofia oriental, nas artes marciais e na guerra de "manobra" moderna.

Indícios dessa base aparecem no primeiro capítulo. David Anderson descreve sua epifania, onde experienciou um lampejo de iluminação ao ver um oficial coletando pequenos cartões de plástico. Tais eventos de "iluminação instantânea", são fenômenos comuns no Zen, mas não tanto na teoria de administração atual.

Meu próprio encontro com *satori* era mais mundano. Era 1987. Como fazia todos os anos, a Lockheed fechou nossas instalações por três semanas perto do Natal. Eu estava dando uma olhada em nossa biblioteca comunitária no subúrbio de Atlanta, quando a capa vermelha brilhante de *Thriving on Chaos* (Prosperando no Caos, em livre tradução) saltou. Foi o meu próprio despertar: Tom Peters tinha feito uma clara ruptura com as prescrições de *In Search of Excellence* (Em Busca da Excelência, em livre tradução) e estava pregando conceitos de liderança que ainda estavam sendo calorosamente debatidos por líderes militares e estrategistas.

Eu estava familiarizado com algumas ideias porque anos antes como funcionário Jr. do Gabinete do Secretário da Defesa no Pentágono, servi como ponto de contato do nosso escritório para a aeronave de caça F15 e um programa de demonstração de tecnologia então chamado de *"Lightweight Fighter Prototype"* (Protótipo de Caça Leve, em livre tradução), que levou ao F16 e ao F18. Um padrinho filosófico deles foi um coronel da Força Aérea chamado John Boyd, que estava também servindo no Pentágono. No final da década de 1960, Boyd havia desenvolvido uma estrutura matemática que ainda é usada até hoje.

Essa estrutura moldou os projetos das três aeronaves.

Alguns anos depois, Boyd havia se aposentado e começava a voltar sua atenção para o conflito em geral — a guerra, em outras palavras. Ele ficou fascinado pelo fenômeno de que, muitas vezes, o lado menor ou menos tecnicamente avançado, vence. Boyd passou a próxima década estudando porque isso acontecia, desde o texto de Sun Tzu (cerca de 400 a.C) até os dias atuais. Ele juntou suas descobertas em uma apresentação de 185 slides que foi apresentada centenas de vezes a membros do Congresso, altos funcionários militares e de defesa e líderes da indústria.

Então, o que conta?

Boyd concluiu que, quando uma força menor vencia, ela usava uma variedade de meios para enganar e confundir seus oponentes e, então explorar suas imagens mentais nubladas antes que descobrissem o que estava acontecendo. O resultado era surpresa, choque, respostas tardias, quedas em armadilhas e emboscadas e destruição de uma coesão interna. Isto é, a força maior não conseguiu se beneficiar de seus números e poder de fogo superiores.

Quais tipos de organizações poderiam fazer isso? A chave para o sucesso foi o clima organizacional que produziu unidades que poderiam criar e identificar oportunidades e, então, explorá-las enquanto ainda eram oportunidades. Crie e então prospere no caos — muito semelhante à noção de antifragilidade de Taleb. Boyd codificou esse clima como:

- Confiança e coesão mútuos, orientações particularmente similares compartilhadas entre os membros
- Manter uma orientação mais precisa do que um adversário
- A habilidade, baseada na experiência, para tomar a maioria das decisões de forma intuitiva e comunicá-las implicitamente
- "Comando de missão", onde os líderes seniores especificam o que deve ser feito (sua intenção geral), mas deixam para seus subordinados a maior parte do como fazer.

Foi fácil encontrar os mesmos princípios nos textos de Sun Tzu, em *Thriving on Chaos*, nos sistemas Toyota de produção e desenvolvimento, e, como descobri, no Kanban. Também são centrais para a doutrina de "guerra de manobra" do Corpo de Fuzileiros Navais dos EUA, que se baseia no trabalho de Boyd e foi publicada logo após o livro de

Peters. Como a antifragilidade é o fio condutor, não deve ser surpreendente que o clima de Boyd alimente todos eles.

Este livro apresenta uma nova manifestação dessas ideias antigas. Devido à sua ampla aplicabilidade, o Kanban pode ter um impacto global ainda maior do que seus predecessores.

Chet Richards,
9 de março, 2023
Hilton Head, Carolina do Sul
Autor de *Certain to Win* (Certeza de Vencer, em livre tradução)

Nota do Editor

Ao longo deste texto, usamos uma convenção simples quando referirmos ao kanban e ao Método Kanban: substantivos próprios são maiúsculos. Por exemplo, vamos considerar por um momento que estávamos administrando um negócio diferente, a Associação de Futebol, e que nosso produto foi definido pelas Regras da Associação de Futebol. Nesses casos, a palavra "Futebol" está sendo usada como parte de um substantivo próprio. Seria inapropriado se a Associação de Futebol colocasse em letras maiúsculas todos os usos da palavra "futebol" em sua literatura. Assim, Associação de Futebol é um substantivo próprio e está em letras maiúsculas, enquanto uma bola de futebol, um campo de futebol, um estádio de futebol e assim por diante não são substantivos próprios e não estão em letras maiúsculas.

Da mesma forma, o Método Kanban é um substantivo próprio e é escrito com "K" maiúsculo. O Método Kanban usa kanban e quadros kanban, assim como associação de futebol usa bolas de futebol. Todos os elementos de primeira classe do Método Kanban são também substantivos próprios: Cadências de Kanban, Valores Kanban, Agendas Kanban, Lentes Kanban, Kanban Litmus Test. Cada um deles é exclusivo do Método Kanban. As Lentes Kanban definem "a maneira como gostaríamos que você visse sua organização ao usar o Método Kanban". Quando você vê "Kanban" por si só, em maiúsculas, refere-se à abreviação de "Método Kanban", com uma exceção: quando se refere ao meu livro de 2010, *Kanban: Successful Evolutionary Change for Your Technology Business* (também chamado de Blue Book, ou Livro Azul, em livre tradução), é simplesmente *Kanban* (em itálico).

1

O Dilema do Gerente Consciente

Minha Motivação para Adotar Sistemas Virtuais Kanban

No início de abril de 2005, tive a sorte de, junto com minha esposa e filhos pequenos, tirar férias em Tóquio, no Japão, durante a temporada da florada das cerejeiras. Para desfrutar deste espetáculo, fiz minha segunda visita aos Jardins Orientais no Palácio Imperial, no centro de Tóquio. Foi aqui que tive uma revelação — kanban não era apenas para manufatura!

A Epifania dos Jardins do Palácio Imperial

No sábado, 9 de abril de 2005, entrei no parque pela entrada norte, atravessando a ponte sobre o fosso, perto da estação de metrô Takebashi. Minha segunda filha, de apenas três meses, estava amarrada ao meu peito, sua irmã mais velha em um carrinho que era empurrado alternadamente por sua mãe ou tia, ambas naturais de Tóquio.

Os Jardins Orientais do Palácio Imperial se encontram dentro das antigas muralhas do castelo histórico de Edo, tradicionalmente a casa do senhor da guerra do Japão, conhecido como Shogun. Após a Restauração Meiji de 1868 e o fim do Shogunato Tokugawa com a rendição do Shogun, Tokugawa Yoshinobu, o Imperador do Japão mudou sua residência de Quioto para Tóquio e ocupou o castelo. Nesse ponto, se tornou conhecido como Palácio Imperial.

O lugar onde estão hoje os jardins, era o interior do pátio do castelo, repleto de casas e locais de trabalho que pertenceram a membros da corte real. Fundamentalmente de natureza medieval e desnecessários após a Restauração Meiji, os pátios do castelo foram demolidos e colocados como jardins no final do século 19. Hoje, estão abertos ao público e são os parques mais únicos e bonitos na região da Grande Tóquio.

Naquela manhã ensolarada de sábado, muitos moradores de Tóquio já aproveitavam a tranquilidade do parque e a beleza da *sakura* (flores de cerejeira). A prática de fazer um piquenique debaixo das cerejeiras enquanto as flores caem à sua volta é conhecida como *hanami* (festa das flores). É uma tradição ancestral no Japão — uma oportunidade de refletir sobre a beleza, fragilidade e a brevidade da vida. A breve vida da flor da cerejeira é uma metáfora para nossa própria vida, e nossa curta, bela e frágil existência em meio à vastidão do universo. As flores da cerejeira proporcionaram um contraste bem-vindo

contra os prédios cinzentos do centro de Tóquio, sua agitação, multidões latejantes de pessoas ocupadas e barulho do trânsito. Os jardins eram um oásis no coração da selva de pedra. Enquanto eu cruzava a ponte com minha família, um idoso senhor japonês com sua bolsa se aproximou de nós. Buscando dentro dela, ele puxou um punhado de cartões de plástico. Ele ofereceu um a cada um de nós, fazendo uma breve pausa para decidir se minha filha de três meses que estava amarrada em meu peito precisava de um cartão. Ele decidiu que sim e me entregou dois cartões. Ele não disse nada, e como meu japonês é limitado, não iniciei nenhuma conversa. Nós caminhamos pelos jardins em busca do melhor lugar para aproveitar nosso piquenique em família.

Duas horas mais tarde, depois de uma manhã agradável sob o sol, estávamos recolhendo nossas coisas do piquenique e indo em direção à saída no portão leste em Otemachi. Ao nos aproximarmos da saída, nos juntamos a uma fila em frente a um pequeno quiosque. À medida que a fila avançava, vi pessoas devolvendo seus cartões de entrada de plástico. Busquei no bolso e recuperei os cartões que me foram entregues. Chegando perto do quiosque, vi uma senhora japonesa bem uniformizada lá dentro. Entre nós havia uma tela de vidro com um buraco semicircular recortado no nível do balcão, muito similar a uma cabine de entrada de cinema ou parque de diversões. Deslizei

meus cartões de plástico na bancada pelo buraco no vidro. A senhora os pegou em suas mãos de luvas brancas e os empilhou num rack com os outros. Ela abaixou levemente a cabeça e me agradeceu com um sorriso. Não houve troca de dinheiro. Nenhuma explicação foi dada sobre por qual motivo carreguei dois cartões plásticos de admissão desde que entrei no parque duas horas antes.

O que estava acontecendo com esses tíquetes? Por que se preocupar em emiti-los se nenhuma taxa foi cobrada? Minha primeira inclinação foi que deveria ser um sistema de segurança. Ao contar todos os cartões devolvidos, as autoridades poderiam garantir que não havia nenhum visitante remanescente perdido dentro do recinto quando o parque fosse fechado ao final da tarde. Após uma rápida reflexão, percebi que seria um sistema de segurança muito ruim. Quem diria que recebi dois cartões ao invés de um? Minha filha de três meses conta como bagagem ou como visitante? Parecia haver muita variabilidade no sistema: muitas oportunidades para erros! Se fosse um sistema de segurança, então certamente falharia e produziria falsos positivos todos os dias. (Como um breve aparte, tal sistema não poderia facilmente produzir falsos negativos, pois exigiria a fabricação de tíquetes adicionais. Esse é um atributo comum de sistemas físicos de kanban.). Enquanto isso, as tropas corriam pelos arbustos todas as noites procurando por turistas perdidos. Não, teria que ser outra coisa. Percebi então que os Jardins do Palácio Imperial usavam um sistema kanban! A oferta limitada de tíquetes (ou cartões kanban) garantiu que o parque não superlotaria — uma vez que se os tíquetes acabassem, ninguém poderia entrar no parque até que alguém saísse e devolvesse seu(s) tíquete(s).

Essa epifania extremamente esclarecedora me permitiu pensar além da manufatura com os sistemas kanban. Parecia provável que os *tokens* kanban eram úteis em todas as situações de gerenciamento. Como aprendi desde então, os sistemas kanban parecem ser aplicáveis em qualquer serviço profissional, bens intangíveis ou indústria de trabalhadores do conhecimento. Vi sua adoção em vendas, marketing, finanças, recursos humanos e recrutamento, agências de web design, agências de publicidade, escritórios de engenharia civil e arquitetura, escritórios de advocacia, pós-produção e edição de TV e cinema, e muitos serviços compartilhados em negócios tão diversos como produção e distribuição de petróleo, produtos farmacêuticos e bancários.

Gerenciamento na Motorola

Três anos antes, em 2002, eu era um gerente de desenvolvimento em um posto remoto avançado da divisão de PCS (telefone celular) da Motorola. A Motorola, com sede em Chicago, adquiriu nossa startup, chamada 4thpass sediada em Seatle alguns meses antes. Desenvolvemos um software de servidor de rede para serviços de dados sem fio, como um download *over-the-air* e gerenciamento de dispositivos *over-the-air*. Essas aplicações de servidor faziam parte de sistemas integrados que trabalhavam lado a lado com o código do cliente nos celulares, bem como com outros elementos dentro das redes das operadoras de telecomunicações e infraestrutura de back-office, como faturamento. Nossos prazos eram estabelecidos pelos gerentes sem considerar a complexidade da engenharia, risco ou tamanho do projeto. Isso parece familiar? Nossa base de código tinha evoluído de um produto anterior de startup, onde muitos atalhos haviam sido tomados na corrida para o mercado. Um desenvolvedor sênior insistiu em se referir à nossa plataforma como "um protótipo". Era notoriamente difícil de manter e atualizar. Precisávamos desesperadamente de uma maior produtividade e mais alta qualidade para atender às demandas de negócios em constante crescimento.

No meu trabalho diário, em 2002, e pelos meus esforços de escrita em meu livro anterior[2], dois desafios principais estavam em minha mente: Primeiro, como poderia proteger trinta pessoas do meu departamento de demandas incessantes do negócio e alcançar o que a comunidade desenvolvimento de software Ágil chamou de "ritmo sustentável"? E segundo, como eu poderia escalar com sucesso a adoção de uma abordagem ágil de desenvolvimento de software em uma unidade de negócios de aproximadamente 250 pessoas e superar a inevitável resistência para mudar? Eu precisava fazer ambas as coisas. Precisava das pessoas em um departamento eficaz e produtivo que não estivessem exaustas da sobrecarga constante e dos prazos opressivos, e precisava de ganhos de produtividade que sabia que eram possíveis com a adoção bem-sucedida do desenvolvimento Ágil de software.

Minha Busca pelo Ritmo Sustentável

The Principles Behind the Agile Manifesto[3] (Os Princípios Por Trás do Manifesto Ágil, em livre tradução) nos diz que "Processos ágeis promovem desenvolvimento sustentável. Os patrocinadores, desenvolvedores e usuários deveriam ser capazes de manter um ritmo constante indefinidamente." Esta foi uma mensagem convincente para a adoção de métodos ágeis de desenvolvimento de software para um gerente consciente liderando um departamento, composto por seis gerentes de projeto e vinte e quatro desenvolvedores. Dois anos antes, meu time na Sprint PCS tinha se acostumado a me dizer que "o desenvolvimento de software em larga escala era uma maratona, não um sprint." O trocadilho era um mnemônico deliberado. Não estávamos correndo na Sprint; estávamos correndo uma maratona. Se os membros da equipe tivessem que manter o ritmo a longo prazo em um projeto de dezoito meses, não poderíamos nos dar ao luxo de esgotá-los depois de um ou dois meses. O projeto precisava ser planejado, orçado, programado e estimado para que os membros da equipe pudessem trabalhar horas razoáveis a cada dia e evitar que se esgotassem. O desafio para mim como gerente foi atingir esse objetivo e também acomodar todas as demandas do negócio.

No meu primeiro trabalho de gestão, em 1991, em uma startup de cinco anos que fazia placas de captura de vídeos para PC's e outros computadores menores, como o Commodore Amiga, o feedback do CEO foi de que o time de liderança me via como "muito negativo". Eu estava sempre respondendo "não" quando eles pediam por ainda mais produtos ou

---

2. Anderson, David J. *Agile Management for Software Engineering: Applying the Theory of Constraints for Business Results.* Englewood Cliffs, NJ: Prentice Hall, 2003.

3. Beck, Kent, et al., "The Principles Behind the Agile Manifesto." http://agilemanifesto.org/principles.html

recursos quando nossa capacidade de desenvolvimento já estava esticada até o máximo. Em 2002, havia claramente um padrão: eu havia gastado mais de dez anos dizendo "não", contrariando as constantes e inconstantes demandas dos stakeholders do negócio.

Em geral, me parecia que as equipes de engenharia de software e os departamentos de T.I estavam à mercê de outros grupos que poderiam negociar, persuadir, intimidar e indeferir até mesmo os planos mais defensáveis e objetivamente derivados. Até os planos baseados em análises minuciosas e apoiados por anos de dados históricos estavam vulneráveis a modificações sem qualquer razoabilidade. A maioria das equipes de projeto, sem nenhum método de análise minucioso ou quaisquer dados históricos, eram indefesos nas mãos de outros que os forçariam a se comprometer com prazos completamente irracionais.

Sentia que a indústria de desenvolvimento de software havia amplamente aceito horários malucos e compromissos de trabalho absurdos como norma. Os engenheiros de software aparentemente não poderiam ter uma vida social ou familiar. A orientação de gestão em como incentivar trabalhadores a ficar no trabalho e dedicar suas vidas inteiras à causa do último projeto era lendária. A liderança duvidosa aqui veio do Vale do Silício, uma área da Califórnia na baía de São Francisco. Ideias como ter chefs de hotéis cinco estrelas para cozinhar refeições gourmet e oferecer serviços de lavanderia e até mesmo serviços de spa dentro do ambiente de trabalho, todos foram planejados para manter os trabalhadores no escritório, trabalhando cada vez mais horas. O instrumento contundente da gestão de desenvolvimento de tecnologia havia sido trabalhar mais e mais tempo, em vez de ser mais inteligente. Intensificar foi aparentemente nossa única resposta para demandas insaciáveis por mais recursos e funções.

Conheci muitas pessoas cujo comprometimento com o trabalho inegavelmente prejudicou sua vida social e saúde mental. Era comum que relacionamentos com filhos e outros membros da família se deteriorassem, muitas vezes de forma irreparável. Um gerente de programação da Microsoft que conheci, de fato, mantinha e relatava brincando a "taxa de divórcio por lançamento" como uma métrica sobre quão loucas as coisas estavam ficando. Um departamento de SQL Server 2005 supostamente tinha uma taxa de divórcio de 30%. Como todo bom humor, havia uma verdade subjacente que tornava isso profundamente engraçado.

É difícil, no entanto, para o público em geral ter simpatia pelo típico geek de desenvolvimento de software. No estado de Washington, nos EUA, onde morei por quase vinte anos, engenheiros de software estão atrás apenas dos dentistas em renda média anual. É possível compará-los aos trabalhadores da linha de montagem da Ford há cem anos. Também era difícil simpatizar com eles sobre a monotonia de suas tarefas estritamente definidas ou seu bem-estar mental por realizar um trabalho tão repetitivo, uma vez que recebiam cinco vezes mais que a média salarial dos EUA. É difícil imaginar alguém abordando as causas profundas dos males físicos e psicológicos que os desenvolvedores experimentam rotineiramente. Os empregadores com mais verba têm estado aptos a resolver os sintomas ao adicionar benefícios extras de cuidados com a saúde, como massagem e psicoterapia, e em fornecer ocasionais dias de licença de "saúde mental". Muitos outros apenas fecham os olhos para os funcionários que tiram dias por motivos de saúde mental e a barganha é compreendida de ambos os lados — seu funcionário vai te explorar e você estará autorizado a recuar tirando dias de licença médica. A abordagem sempre foi acalmar os sintomas, em vez de buscar as origens dos problemas. Um escritor técnico que trabalhou comigo na Microsoft por volta de 2005 comentou comigo uma vez que: "Não há estigma sobre tomar antidepressivos; todos estão tomando!". Em resposta a esse abuso, os engenheiros tendiam a aceitar as demandas, cobrar seus salários extravagantes e aproveitar uma vida rica cheia de bens materiais, enquanto sofriam as consequências que eram difíceis de atribuir diretamente ao estresse relacionado ao trabalho.

Alguns anos depois, me vi novamente em uma reunião na Microsoft com alguns antigos colegas. Antes da reunião começar, estávamos nos atualizando, pessoalmente. Um colega me explicou como ele estava tendo mais tempo para si mesmo, como ele havia praticado snowboard para que pudesse salvar seu relacionamento com o caçula de seus quatro filhos. Ele continuou a me explicar que "os outros três já me descartaram". Ele passou toda a infância deles no trabalho, e os filhos o ressentiam por isso". Parei para pensar quantas outras vidas de outras famílias foram destruídas por esses problemas de sobrecarga e expectativa de "presenteísmo" e ética heroica do trabalho, como pressão social para fazer parte da turma — independentemente das consequências mais amplas — está destruindo vidas?

Como gerente, queria quebrar o molde. Queria encontrar uma abordagem "ganha-ganha" que me permitisse dizer "Sim" para novas demandas de trabalho, enquanto protegia minha equipe, facilitando um ritmo de trabalho sustentável. Em 2002, queria retribuir ao meu departamento — devolver a eles uma vida social e familiar — e melhorar as condições que estavam causando problemas de saúde relacionados ao estresse, como ataques de pânico, em desenvolvedores ainda na casa dos vinte anos. Então, decidi me posicionar e tentar fazer alguma coisa sobre esses problemas.

Kanban me possibilitou resolver esse enigma; e por isso, brinquei em intitular esse livro de "Como ser um homem do sim!". Quase parece bom demais para ser verdade!

Minha Busca pela Gestão de Mudanças Bem-Sucedida

Outra coisa em minha mente era o desafio de liderar mudanças em grandes organizações. Fui gerente de desenvolvimento na Sprint PCS e depois na Motorola. Nas duas empresas, havia uma necessidade real para desenvolver maior agilidade — para ser mais rápido e mais responsivo com nossa maneira de trabalhar. Mas em ambos os casos tive dificuldade para escalar metodologias ágeis de desenvolvimento de software em mais de um ou dois departamentos ou um pequeno portfólio de projetos. Embora escalar a adoção ágil tenha sido um tópico em alta na última década, escrevendo em 2022, eu já havia falhado nisso duas vezes em 2002 — vinte anos antes! Enquanto grande parte da comunidade ágil naquela época estava com dificuldades para motivar equipes de seis pessoas, eu já havia aprendido como era desafiador escalar a adoção para centenas de pessoas.

Presumi que precisava de maior poder posicional para compelir as pessoas a seguirem meu comando. Acreditava que havia falhado porque em cada caso não tinha aquele poder. Eu era simplesmente incapaz de impor mudança em um grande grupo de pessoas. Em ambos os trabalhos, eu estava tentando influenciar a mudança por demanda da liderança sênior, mas sem qualquer poder posicional sobre aquele grupo mais amplo. Claro, eu era o gerente de departamento, mas me pediram para influenciar a mudança em toda a unidade de negócios. Eu precisava influenciar meus pares para fazer mudanças em seus departamentos, similares àquelas que implementei no meu. Fazer com que os gerentes concordassem não era difícil — todos eles queriam ser vistos como cooperativos, para parecer bem aos olhos do nosso chefe. No entanto, suas equipes eram um assunto diferente. Esses outros departamentos resistiram a adotar técnicas que claramente estavam produzindo melhores resultados com meu próprio grupo. Provavelmente havia muitas facetas para essa resistência, mas o tema mais comum foi que cada departamento tinha uma situação diferente. As técnicas do meu departamento teriam que ser modificadas e adaptadas às necessidades específicas dos outros. Em meados de 2002, concluí que aplicar uma metodologia prescritiva de desenvolvimento de software ou um processo definido em grande escala, numa escala de uma unidade de negócios de 250 a 450 pessoas, simplesmente não funcionava. Não importava quão boa era a metodologia prescrita; encontraria resistência de uma parcela significativa da força de trabalho quando aplicada em escala.

Enquanto pesquisava e escrevia meu livro de 2003, *Agile Management for Software Engineering* (Gerenciamento Ágil para Engenharia de Software, em livre tradução), percebi que de alguma forma cada situação era única. A tese do livro tinha a intenção de demonstrar, através da perspectiva da Teoria das Restrições de Eli Goldratt, que as metodologias ágeis de desenvolvimento de software produziam melhores resultados econômicos. Era minha crença (reconhecidamente excessivamente otimista) naquela época que tal argumento econômico seria persuasivo para a gestão sênior apoiar a adoção mais ampla de abordagens Ágeis. A Teoria das Restrições nos pede que busquemos pelos gargalos para gerenciá-los e reduzi-los a fim de melhorar o desempenho econômico do negócio. Pensando nesse conceito continuamente enquanto desenvolvia o manuscrito em 2002, pude perceber que toda a situação deveria de fato ser tratada como única. A noção que uma única descrição de processo definida poderia se adaptar a qualquer situação era falha. Por qual razão o fator restritivo ou gargalo deveria estar sempre no mesmo lugar para todas as equipes e em todos os projetos? Cada organização é diferente: diferentes conjuntos de habilidades, capacidades e experiências. Cada projeto é diferente: diferente orçamento, cronograma, escopo e perfil de risco. E toda organização é diferente: diferente fluxo de trabalho operando em um nicho de mercado diferente ou fornecendo um diferente conjunto de clientes. Me ocorreu que isso poderia fornecer uma pista para a resistência a mudanças. Se as mudanças propostas nas práticas e comportamentos de trabalho não tivessem um benefício percebido, as pessoas seriam resistentes a elas. Se essas mudanças não afetassem a percepção daquelas pessoas sobre sua restrição, ou fator limitante, elas resistiriam. Simplificando, mudanças sugeridas fora de contexto seriam rejeitadas pelos funcionários que viviam e entendiam seu próprio contexto de trabalho, o fluxo de trabalho do serviço prestado e quão efetivo era ou não.

Parecia melhor deixar um fluxo de trabalho aprimorado evoluir para eliminar um gargalo após o outro. Esse é o núcleo da tese da Teoria das Restrições de Goldratt. Estava completamente vendido a ele, como uma resposta à minha pesquisa.

A abordagem de Goldratt, explicada no volume 2, *Implementando Kanban*, busca identificar um gargalo e, em seguida, encontrar maneiras de mitigá-lo até que ele não restrinja mais o desempenho. Uma vez que isso aconteça, um novo gargalo emerge e o ciclo se repete. É uma abordagem interativa e evolucionária para melhorar a performance sistematicamente identificando e removendo os gargalos.

Reconheci que eu poderia sintetizar essa técnica com algumas ideias trazidas do *Lean Product Development*. Ao modelar o fluxo de trabalho de um ciclo de vida de software e, em seguida, acompanhar o trabalho fluindo através de uma série de estados e visualizar esse fluxo de trabalho e o trabalho dentro dele, poderia ver gargalos. A habilidade de identificar os gargalos é o primeiro passo no modelo subjacente para a Teoria das Restrições. Goldratt já havia desenvolvido uma aplicação da teoria para problemas de fluxos, estranhamente chamados de "Tambor-Pulmão-Corda". Independentemente do nome, percebi que uma solução simplificada de Tambor-Pulmão-Corda poderia ser implementada para o desenvolvimento de software.

Essa síntese dos conceitos me daria um mecanismo para impulsionar essa mudança evolucionária. Envolto por um ciclo de feedback como as Cinco Etapas de Foco da Teoria das Restrições, um sistema como o Tambor-Pulmão-Corda torna-se um facilitador para uma abordagem evolutiva de melhoria. Goldratt chamou isso de POOGI, *a process of ongoing improvement*, (um processo de melhoria contínua, em livre tradução). Prometia melhoria de processo impulsionada a partir de uma posição do processo atual como realmente implementado — uma abordagem de "comece com o que você faz agora e evolua a partir daí" para mudar. Eu estava esperançoso de que isso fosse a resposta para minha busca por uma gestão de mudança bem-sucedida. Estava esperançoso que a abordagem da Teoria das Restrições oferecesse uma solução para uma mudança institucionalizada bem-sucedida — mudança que fica!

Os Três Desafios do Ágil Escalado

Conduzir uma adaptação única do processo para cada situação específica demandaria uma liderança ativa em cada equipe. E isso geralmente estava em falta. Mesmo com a liderança certa, eu duvidava que uma mudança significativa pudesse ocorrer sem uma estrutura de gestão em vigor e orientação sobre como adaptar uma definição de processo para se adequar a diferentes situações. Sem isso para guiar um líder, coach, ou engenheiro de processos, qualquer adaptação seria possivelmente imposta de forma subjetiva. Isso era tão provável de irritar alguém e causar objeções quanto impor um modelo de processo inadequado. Eu continuo a acreditar que a falta de líderes eficazes com habilidades, treinamento e experiência apropriados, é um dos três obstáculos principais para escalar implementações de desenvolvimento de software Ágil.

Em segundo lugar estava a falta de maturidade organizacional, a falta de um sistema de valores organizacionais apropriados — um credo. Sem isso, há uma incapacidade para gerenciar risco e de tomar decisões difíceis com benefícios de longo prazo, focando apenas no curto prazo, fazendo escolhas táticas e desconsiderando consequências de longo prazo e uma incapacidade de gerenciar mudanças de forma eficaz.

O terceiro desafio era simplesmente que as pessoas resistem a mudanças impostas até mesmo quando tentativas são feitas para adaptar os processos para situações específicas. Passei a acreditar que uma abordagem centrada em processos para melhorar a agilidade dos negócios é equivocada — escalar métodos Ágeis está fadado ao fracasso. Mais de vinte anos de experiência e evidências do mundo real parecem sugerir que isso possa ser verdade. Onde implementações em larga escala de métodos Ágeis parecem ter funcionado, e existem muito poucas, suspeito que meus três critérios foram abordados: eles tinham uma liderança forte, uma organização madura e abordaram a implementação de forma incremental, com uma abordagem "faça você mesmo", em vez de seguir uma metodologia ou estrutura específica definida.

De Tambor-Pulmão-Corda para Sistemas Kanban

Voltando à minha inspiração anterior em Goldratt, com sua teoria das restrições e sua abordagem POOGI orientada por gargalos, eu estava recebendo conselhos conflitantes — de fontes respeitadas como Donald G. Reinertsen — e a sugestão era que os fluxos de trabalho dos trabalhadores do conhecimento estavam sujeitos a uma variabilidade excessiva. Isso significava que era difícil identificar gargalos, e que o gargalo raramente permaneceria em um só lugar, que os sistemas de fluxo não se estabilizariam. De fato, não testemunhei isso em primeira mão até 2007, quando testemunhei dois gerentes da minha equipe argumentando durante uma reunião de equipe que cada um de seus departamentos era "o gargalo". A variabilidade na natureza do nosso trabalho estava fazendo com que os gargalos oscilassem de uma função no fluxo de trabalho para outra. A intuição e conselhos de Reinertsen pareceram estar corretos. No entanto, se passaram dois anos depois que Don levantou suas preocupações antes que eu tivesse evidências empíricas para reforçá-la.

Se o próximo parágrafo parecer um pouco confuso e técnico, tenha paciência comigo. Os detalhes e diferenças esotéricas, como aprendemos na década passada, não são realmente tão importantes.

Havia outra preocupação: Genericamente, Tambor-Pulmão-Corda é um exemplo de uma classe de soluções conhecidas como sistemas puxados. Os sistemas puxados limitam o trabalho em progresso (WIP — *work in progress*), ou inventário num processo de fluxo de trabalho, resultando em compromisso adiado das solicitações upstream. Eles usam um mecanismo de sinalização para indicar quando a capacidade está disponível para puxar novos trabalhos para o sistema. Um sistema kanban é outro exemplo de sistema puxado. Os sistemas kanban são mais robustos à variabilidade nos tempos de ciclo locais ou desníveis no fluxo porque limitam o WIP em cada etapa de um fluxo de trabalho, enquanto o Tambor-Pulmão-Corda busca limitar o WIP na frente de um gargalo adicionando um buffer com um único limite de WIP, descrito metaforicamente como "a corda", que limita o WIP da entrada para o sistema até o buffer na frente do gargalo. WIP depois do gargalo não é limitado em uma implementação básica do sistema. Para completar as metáforas do nome, o "tambor" é o ritmo em que o trabalho é concluído no gargalo. Uma batida de tambor, toda vez que um item é terminado na estação de gargalo, fornece o sinal para puxar novos trabalhos para o sistema no início da corda.

Tambor-Pulmão-Corda cria tração no ritmo do gargalo e evita que todo o sistema fique sobrecarregado: cria estabilidade. No entanto, em sua forma mais simples, não é robusto à variabilidade nos tempos de ciclo ou desnível de fluxo antes do gargalo. Caso o gargalo parasse, os trabalhos já iniciados continuariam fluindo. Retomar o processo no gargalo torna-se problemático, pois ele pode ficar sobrecarregado pelo trabalho transbordando seu buffer de proteção. Embora esse argumento seja técnico e esotérico, fui persuadido por Donald Reinertsen[4] de que o desnivelamento de fluxo ao longo do processo é uma preocupação válida em atividades de trabalhadores do conhecimento, como o desenvolvimento de software. Assim, sistemas kanban são uma forma mais apropriada de sistema puxado neste domínio. Kanban também se mostrou consideravelmente mais fácil de explicar: embora seu nome use uma palavra japonesa, o nome provocou muito menos perguntas do que o metafórico "Tambor-Pulmão-Corda". Explicar a metáfora por trás de Tambor-Pulmão-Corda, uma alegoria sobre uma tropa de escoteiros caminhando em um caminho estreito de montanha, era complicado e eu lutava para ganhar credibilidade com isso. Parecia que "Kanban" era pegajoso, enquanto, na minha experiência, "Tambor-Pulmão-Corda" tendia a entediar as pessoas.

No entanto, considerando tudo isso em 2004, ainda havia uma preocupação significativa de que o trabalho de serviços profissionais fosse muito diferente das indústrias de bens tangíveis, como a manufatura ou a gestão da cadeia de suprimentos. Não havia precedente para o uso de sistemas kanban em áreas como desenvolvimento de software. Era fácil criticar que o uso de sistemas kanban era uma escolha inadequada para atividades de serviços profissionais.

Levaria alguns anos até que houvesse evidências suficientes e provas sociais de que o uso de sistemas kanban virtuais para serviços profissionais, indústrias de bens intangíveis e atividades de trabalhadores do conhecimento seria geralmente aceito. Esta é a história de como o Kanban foi readaptado da manufatura do século XX para as operações comerciais modernas do século XXI. Essa é a história de origem do que ficou conhecido como Método Kanban.

---

4. Veja no Prefácio Kanban, página ix.

Resumo

- Sistemas Kanban são de uma família de abordagens conhecidas como sistemas "puxados".

- A aplicação Tambor-Pulmão-Corda de Eliyahu Goldratt da Teoria das Restrições é uma implementação alternativa de um sistema puxado.

- As Cinco Etapas de Foco na Teoria das Restrições é um exemplo de uma abordagem evolutiva para a melhoria impulsionada pela identificação de gargalos.

- Eliyahu Goldratt chamou tal abordagem evolutiva de POOGI (ou "process of ongoing improvement" — processo de melhoria contínua, em livre tradução). A motivação para seguir uma abordagem de sistema puxado foi dupla: encontrar uma maneira sistemática de alcançar um ritmo de trabalho sustentável e encontrar uma abordagem para introduzir mudanças no fluxo de trabalho que encontrassem resistência mínima.

- Os Jardins do Palácio Imperial em Tóquio usam um sistema kanban para controlar a quantidade de pessoas dentro do parque.

- A quantidade de cartões de sinal kanban em circulação limita o trabalho em progresso

- Sistemas Kanban podem ser usados para melhorar o fluxo através do sistema em qualquer situação em que se deseje limitar a quantidade de coisas dentro de um sistema.

- Novo trabalho é puxado para um processo quando a atual ordem de serviço ou tarefa é completada e retorna seu cartão de sinal.

- Kanban solucionou o dilema de encontrar uma abordagem para o ritmo sustentável e introduzir mudanças para melhorar o desempenho econômico sem resistência significativa e inércia.

2

O Novo Desafio de um Ex-Atleta

A Motivação para Adotar o Kanban na Microsoft em 2005

"Kanban funciona apenas com equipes pequenas e colocalizadas!" Essa era uma crença amplamente difundida na época em que publiquei *Kanban* (o livro azul) em 2010 — uma crença que perdura até hoje. É, claro, um mito! Era uma suposição baseada no entendimento de que ficar em pé e "olhar para o quadro" era o elemento central e essencial da abordagem. Consequentemente, havia muitos supostos especialistas dispostos a afirmar pública e categoricamente que o Kanban não funcionava com organizações geograficamente distribuídas. Se as pessoas não podiam ficar juntas na frente do quadro, isso foi posto, então claramente o Kanban não tinha nada a oferecer. A grande ironia desse mito será revelada nos próximos dois capítulos, que contam a história de como começamos com o Kanban...

Dragos Dimitriu é um simpático, jocoso, romeno-americano com um sorriso vencedor e um entusiasmo pela vida que parece obrigar as pessoas a gostarem dele e atraí-las a seguir seu exemplo. Alto, careca, solidamente construído e espalhando-se apenas ligeiramente com o início da meia-idade, ele é uma figura arrojada em seus ternos europeus feitos à mão, feitos sob medida e óculos de sol caros. Embora mais de vinte anos vivendo nos Estados Unidos tenha suavizado isso, ele ainda tem um sotaque distinto do leste europeu. Como pacote, há algo um pouco intimidante em Dragos: algo que diz "Eu estou no comando; não haverá bobagem!" Você pode imaginar pequenos gângsteres correndo para o outro lado ao vê-lo enquanto ele emerge de um BMW grande e escuro no centro de Bucareste.

Seu porte físico é um legado de seu passado como jovem atleta no time olímpico romeno. Quando jovem, Dragos possuía e gerenciava uma academia de ginástica em sua Romênia natal e trabalhou como dublê em filmes e como guarda-costas pessoal. Ele é a personificação de um "personagem maior que a vida". Mudando-se para Nova York com sua então esposa, uma médica bem-sucedida, ele conseguiu um emprego mal remunerado em um hospital psiquiátrico e, dois anos depois, passou a administrá-lo. Seguindo sua esposa para Fargo, Dakota do Norte (uma cidade remota na parte centro-norte dos Estados Unidos, talvez mais conhecida pelo filme e série de TV spin-off de mesmo nome e famosa por seus invernos amargamente frios), ele se juntou à Great Plains Software como gerente de projeto. Já na casa dos trinta, foi sua primeira experiência no setor de TI.

Após a aquisição da Great Plains pela Microsoft para criar o que hoje é conhecido como Dynamics, Dragos se transferiu para Seattle em 2003 e se encontrou na divisão de TI como gerente de programas. No ano seguinte, ambicioso para um desafio, ele se voluntariou para assumir o comando da pequena equipe de engenharia de sustentação na unidade de negócios XIT — uma equipe que era conhecida por ter o pior histórico de satisfação do cliente em toda a organização de TI da Microsoft.

XIT Sustaining Engineering

Na época, a Microsoft estava dividida em sete unidades de negócios diferentes. Todos foram tratados como negócios separados. Além disso, havia uma unidade da sede corporativa que fornecia serviços compartilhados, como recursos humanos, finanças, gestão de instalações e segurança para esses sete negócios. O departamento de TI dessa função corporativa de serviços compartilhados era conhecido como XIT (ou "cross IT", indicando a natureza dos serviços compartilhados que eles forneciam às empresas voltadas para o cliente).

Dale Christian, que mais tarde atuaria como CIO da Avanade e, mais tarde ainda, como CIO da The Bill & Melinda Gates Foundation, foi gerente geral da XIT. Sua equipe de engenharia de sustentação era uma pequena equipe encarregada de pequenas atualizações de funcionalidades e correções de bugs "fora do ciclo" e fora dos principais lançamentos e atualizações de aplicativos. Do ponto de vista contábil, os custos atribuídos a essa equipe foram considerados uma despesa operacional, enquanto os custos associados às equipes de projeto que trabalham em grandes portfólios de projetos foram considerados uma despesa de capital. São dois orçamentos diferentes e, embora a despesa de capital seja um ativo, a despesa operacional é puramente custo. Isso teve um impacto tanto no comportamento de restrição de políticas quanto na tomada de decisões.

A equipe que Dragos se voluntariou para liderar estava localizada em Hyderabad, na Índia, em um chamado centro cativo ou campus, construído pela empresa de terceirização TCS especificamente para a Microsoft. Alguns poucos anos antes, a Microsoft havia tomado uma decisão estratégica de terceirizar suas funções de TI. A TI não era essencial para a missão da Microsoft ou sua identidade; em vez disso, era uma função habilitadora. Era razoável, portanto, que a TI pudesse ser fornecida como um serviço à distância. Era esperado que os desenvolvedores e testadores existentes que trabalham em TI no campus da Microsoft perto de Seattle pudessem ser reaproveitados para trabalhar em produtos dentro de uma das outras sete unidades de negócios. A maior parte dessa mudança aconteceu em 2003, então o que restou da TI foi em grande parte uma organização de gerenciamento de fornecedores consistindo principalmente de colaboradores individuais com o título de "gerente de programas". O trabalho de Dragos era liderar e gerenciar a pequena equipe de Engenharia de Sustentação de seis pessoas trabalhando em Hyderabad.

Para contextualizar, Seattle está, dependendo da época do ano, doze horas e meia ou treze horas e meia atrás de Hyderabad. Essa diferença de tempo cria desafios e oportunidades ao gerenciar fornecedores na Índia remotamente da Costa Oeste dos Estados Unidos. A vantagem é que as coisas podem acontecer da noite para o dia. A desvantagem é que as comunicações síncronas, como teleconferências, são difíceis de agendar, e que quando é sexta-feira em Seattle, já é sábado e fim de semana na Índia. Efetivamente, há apenas quatro dias por semana disponíveis para gerenciar com essa diferença de tempo.

Como já mencionado, a equipe de Engenharia de Sustentação teve o pior histórico de atendimento ao cliente em todos os departamentos de TI da Microsoft. Esta organização tinha-se recusado teimosamente a melhorar. Após a mudança para uma nova equipe offshore, as coisas não melhoraram nas instalações da TCS em Hyderabad. Todo o pessoal havia mudado, a gerência havia mudado, e o serviço agora era prestado por um fornecedor com um contrato mestre de serviços, mas ainda não havia melhorias. O desempenho da XIT Sustaining Engineering era tão desesperador que o cargo de gerente de programa estava vago há alguns meses — ninguém queria.

Nessa cena chegou Dragos — ambicioso, sempre pronto para um desafio, um líder nato e disposto a deixar uma marca. Na esperança de ser reconhecido e recompensado com maiores responsabilidades no futuro, ele se ofereceu para o trabalho. Alguns de seus colegas achavam que ele era louco.

Neste ponto, vale a pena refletir sobre porque gastei tantas palavras familiarizando você com Dragos. Estou lançando as bases para desfazer outro mito: o de que o Kanban só funciona quando é liderado por personagens notáveis e maiores do que a vida, como Dragos. Os resultados que Dragos alcançou, como descrito no Capítulo 3, são notáveis. Caramba, escrevi dois capítulos de um livro sobre eles! Tem sido fácil para as pessoas descartarem esses resultados como exclusivamente atribuíveis ao seu caráter e não ao método que ele estava seguindo. Como você verá nas conclusões dos capítulos 3 e 4, isso simplesmente não é verdade. Dragos não precisa estar na sala para você obter a mesma escala de resultados. Mas é preciso seguir o método dele, o jeito dele de pensar. Você precisa seguir o método Kanban. Sim, liderança é definitivamente um requisito, mas você não precisa ser um ex-atleta olímpico para que o Método Kanban funcione para você.

Dragos era o gerente de programas do serviço de manutenção de software da XIT, conhecido como Engenharia de Sustentação. Eles eram responsáveis pela manutenção do software para a unidade de negócios XIT. Sua equipe forneceu dois serviços básicos: pequenas atualizações (conhecidas como solicitações de mudança) e correções de defeitos. A equipe (mostrada na Figura 2.1), composta por três desenvolvedores de software, três testadores e um gerente de departamento local (o segundo da esquerda na fotografia), desenvolveu pequenas atualizações e corrigiu bugs de produção para cerca de oitenta aplicativos de TI multifuncionais usados pela equipe da Microsoft em todo o mundo.

Ingressei na divisão de Ferramentas para Desenvolvedores da Microsoft em setembro de 2004 e, portanto, Dragos e eu éramos colegas em diferentes unidades de negócios. Ainda não tínhamos nos encontrado.

Figura 2.1 Dragos fotografado com a equipe de engenharia de sustentação XIT em Hyderabad, por volta de fevereiro de 2005

> **Por que atletas fazem grandes funcionários**
> Uma amiga minha é uma ex-atleta olímpica de inver-no da equipe austríaca. Ela competiu no trenó nos Jogos Olímpicos de Salt Lake City em 2002. Atualmen-te, ela é treinadora da seleção austríaca em Innsbruck. Conversando comigo em 2009, ela me aconselhou que, ao procurar contratar novos funcionários para o meu negócio, "sempre procure atletas".
>
> "Eles têm disciplina. Eles sabem estabelecer metas. Eles estão motivados. Eles sabem medir o desem-pe-nho e adotam uma abordagem organizada para treinar e melhorar o desempenho."
>
> Pensei em Dragos, em como ele se encaixava bem nessa descrição e em como essas características eram valiosas para seu papel na Microsoft.

O Problema

No verão de 2004, a administração sênior e os clientes estavam sem paciência. Algo tinha que ser feito! Dragos se ofereceu para assumir o comando. Ele adorava esse tipo de desafio. Ele passou suas primeiras semanas observando, aprendendo, entendendo e examinando dados de seu sistema de rastreamento. Ele não foi encarregado de preencher a vaga de seu antecessor. Esperava-se que ele fizesse mais do que apenas preencher a posição e lidar com o processo quebrado existente. Dragos foi instruído a fazer mudanças — para consertar o que quer que fosse que estivesse quebrado.

Ele rapidamente entendeu que a insatisfação do cliente estava enraizada em longos prazos de entrega, entrega não confiável e promessas quebradas para o que pareciam ser pequenas, altamente alcançáveis e, muitas vezes, importantes mudanças e correções de bugs.

Sua equipe mantinha aplicativos como o sistema de registros de funcionários de recursos humanos e o sistema de folha de pagamento. Eles eram usados pelas finanças para permitir pagamentos salariais para a maioria da força de trabalho global da Microsoft. Para entender a natureza de seu trabalho, vamos considerar uma iniciativa de negócios e como isso pode afetar os aplicativos do XIT. Imagine que a Microsoft planeja abrir um novo escritório em San Juan, Porto Rico. Porto Rico é um protetorado dos Estados Unidos; sua moeda é o dólar dos EUA. Em muitos aspectos, Porto Rico é semelhante a um dos estados dos Estados Unidos. O Havaí teve status semelhante até 1959, quando se tornou o quinquagésimo estado dos Estados Unidos.

Uma iniciativa de negócios, como a abertura de um novo escritório em San Juan, criará impacto para todos os clientes de serviços compartilhados corporativos da XIT: as finanças precisarão fazer folha de pagamento para os funcionários porto-riquenhos; os recursos humanos precisarão armazenar registros de funcionários para esses funcionários, bem como facilitar o recrutamento na ilha; a gestão de instalações terá de fornecer um edifício de escritórios e alocar espaço para departamentos e escritórios para indivíduos; enquanto a segurança precisará proteger as instalações e ter a capacidade de imprimir crachás de funcionários e habilitar scanners em entradas e saídas.

Nesse cenário, as solicitações podem ser "suporte ao formato de endereço porto-riquenho no sistema de registros de funcionários" ou "suporte à retenção de impostos porto-riquenhos para folha de pagamento para funcionários porto-riquenhos". Serão divididos em detalhes como "Adicionar Porto Rico ao menu suspenso de estados dos Estados Unidos no formulário de endereço do funcionário". Qualquer pessoa leiga familiarizada com o uso de computadores pessoais poderia entender que, do ponto de vista de um gestor do negócio, essas parecem pequenas mudanças simples. Por que, então, estavam demorando meses? E por que o grupo XIT estava constantemente quebrando promessas de entrega? É fácil entender a frustração dos clientes em finanças, RH e outros serviços corporativos compartilhados.

Uma das disfunções organizacionais era que, muitas vezes, o objetivo ou iniciativa de negócios de alto nível por trás de uma solicitação era opaco para os trabalhadores no XIT. Uma iniciativa de negócios, por exemplo, "Vamos abrir um escritório em Porto Rico", se manifestaria como vários pedidos de suporte de alguém em qualquer um dos serviços de TI compartilhados, como gerenciamento de instalações, finanças, RH e assim por diante, que por sua vez trabalharia com seu gerente de produto para enviar solicitações de mudanças nos sistemas de TI para a equipe de Engenharia de Sustentação. Os pedidos apareceriam, portanto, isoladamente, aparentemente independentes, quando, na verdade, pode ter havido valor em entendê-los como um conjunto dependente. Trabalhadores em Engenharia de Sustentação foram configurados como tomadores de pedidos, e os pedidos eram para pequenas mudanças, entregues em curto prazo. No entanto, faltava contexto.

Corrigir essa disfunção maior e mais estratégica não fazia parte das atribuições de Dragos, nem era imediatamente óbvio como uma causa mais profunda e raiz da disfunção. O trabalho de Dragos era tornar a Engenharia de Sustentação em melhores tomadores de pedidos, para torná-los aptos o suficiente a entregar o que lhes era pedido.

Capacidade Atual

A equipe de Engenharia de Sustentação tinha um lead time médio de cinco meses para solicitações de mudança, e isso, juntamente com seu backlog de solicitações, estava crescendo descontroladamente. Não só o lead time médio de entrega já era inaceitável, mas era provável que, para qualquer item, o lead time fosse de seis semanas a mais de um ano. Como serviço, eram lentos e imprevisíveis. Eles tinham o hábito de prometer datas de entrega e depois não as cumprir.

Restrições

Os programadores e testadores de Engenharia de Sustentação que trabalhavam para a TCS estavam seguindo a metodologia Personal Software Process/Team Software Process (PSP/TSP) do Software Engineering Institute. A Microsoft exigiu isso contratualmente com a TCS. Essa escolha foi feita por Jon De Vaan, vice-presidente do grupo de Excelência em Engenharia da Microsoft. Jon se reportava diretamente a Bill Gates em seu cargo de arquiteto-chefe e presidente da Microsoft. Jon De Vaan era um grande fã de Watts Humphrey[5] do Software Engineering Institute, da Carnegie Mellon University. Humphrey foi reconhecido por sua contribuição à profissão de engenheiro de software ao receber a Medalha Nacional de Tecnologia, concedida pelo presidente dos Estados Unidos. Humphrey foi o criador do PSP/TSP, e De Vaan estava procurando uma oportunidade de experimentá-lo na Microsoft. Incapaz de ganhar força nas equipes de produto, ele teve a oportunidade de realizar seu experimento com a divisão de TI. Consequentemente, a TCS foi contratualmente obrigada a segui-lo. Jon De Vaan foi um dos primeiros desenvolvedores da Microsoft e amigo de confiança de Bill Gates. Algum tempo depois, quando o projeto do Windows Vista saiu dos trilhos e teve que ser redefinido como Windows 7, foi para Jon que Bill se voltou como a pessoa que lideraria a recuperação. Em 2004, como chefe de Excelência em Engenharia, ninguém desafiaria as preferências de Jon De Vaan. Isso significava que alterar o processo usado pela equipe de Engenharia de Sustentação, alterando seu método de ciclo de vida de desenvolvimento de software, não era uma opção disponível. Essa restrição acabou sendo um golpe de sorte! Dragos foi forçado a seguir uma abordagem de "comece com o que você faz agora". Insistir em instalar uma metodologia ágil nunca foi uma opção.

A percepção era de uma equipe mal organizada e mal gerida. Como resultado, a alta administração não estava disposta a fornecer dinheiro adicional para resolver o problema. A Engenharia de Sustentação era tomadora de pedidos para pedidos pequenos e curtos

---

5. https://en.wikipedia.org/wiki/Watts_Humphrey

vistos isoladamente; eles eram um centro de custo; suas mãos estavam atadas quanto à escolha dos processos de trabalho; e a administração não estava disposta a fornecer financiamento adicional para permitir melhorias, pois não havia apetite para colocar mais pessoas (e dinheiro) no problema. Por pura coincidência, Dragos descobriu meu primeiro livro, *Agile Management for Software Engineering*. Impressionado com o que havia lido, ele pediu meu conselho. Combinei de visitá-lo em seu escritório no prédio 115 do campus da Microsoft em Redmond, Washington, nos verdejantes subúrbios a leste de Seattle. A interação, entrevista e análise descritas abaixo foram formalizadas nas primeiras etapas do método STATIK (abordagem de pensamento sistêmico para introdução do Kanban). Esse método é descrito mais detalhadamente no volume 2, *Implementando Kanban*.

Visualize

Para começar a entender os problemas, pedi a Dragos para esboçar o fluxo de trabalho. Ele fez um desenho simples de boneco descrevendo o ciclo de vida de uma solicitação de mudança e, ao fazê-lo, discutimos os problemas. A Figura 2.2 é um fac-símile do que ele desenhou. A figura GP representa Dragos.

Os pedidos chegavam descontroladamente. Quatro gerentes de produto representavam e controlavam os orçamentos para as funções do cliente mencionadas anteriormente, como Finanças, Recursos Humanos, Gerenciamento de Instalações e Segurança. As solicitações eram de pequenas atualizações, mas também incluíam defeitos de produção (problemas descobertos em campo pelos usuários finais). Esses defeitos não foram criados pela equipe de manutenção, mas pelas equipes de projeto de desenvolvimento de aplicativos. Essas equipes de projeto estavam trabalhando no portfólio de projetos principais e seu trabalho era considerado uma despesa de capital ou um ativo. Essas equipes de desenvolvimento de aplicativos geralmente eram desfeitas um mês após o lançamento de um novo sistema, após o término do chamado "período de garantia", e o código-fonte era entregue à equipe de Engenharia de Sustentação para posterior manutenção. Embora muitos leitores reconheçam esse padrão disfuncional, não estávamos em posição de fazer nada a respeito. Nosso trabalho era tornar a equipe de Engenharia de Sustentação melhor e mais rápida na correção de bugs, não ajudar o XIT como um todo reduzindo a quantidade de defeitos criados. Esta era, portanto, outra restrição. Não estávamos em posição de moldar a demanda ou decretar mudanças que a reduzissem. A Engenharia de Sustentação era tomadora de pedidos.

É importante ser pragmático e evitar a ilusão idealista de que "se ao menos pudéssemos influenciar toda a unidade de negócios, ter poder de posição para fazer mudanças mais amplas e dominar os gerentes seniores, então". Em trabalhos de gestão, você precisa construir confiança e ganhar respeito por meio de realizações dentro de sua própria esfera de influência, dentro de seus próprios limites restritos. Se você for bem-sucedido nisso, poderá ser recompensado com maior responsabilidade e maior escopo. Paciência é necessária.

Simplesmente não é viável pular diretamente para corrigir os grandes problemas e fazer grandes mudanças em toda uma unidade de negócios.

Algumas dessas ideias agora são capturadas como valores centrais e orientações de treinamento no Método Kanban: pragmatismo e paciência estão contidos na frase de efeito "não há ilusão no Kanban".

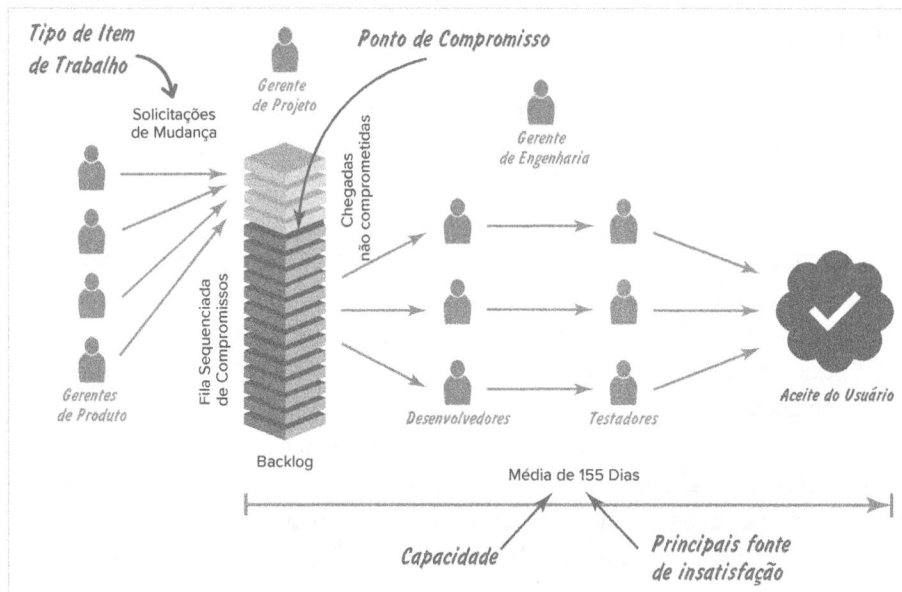

Figura 2.2 Fluxo de trabalho XIT Sustaining Engineering

Análise de Demanda e Capacidade

Quando cada solicitação de mudança ou correção de defeito chegava de um gerente de produto, a Dragos enviava para a Índia para uma estimativa, conforme ilustrado na Figura 2.3. A política era que as estimativas deveriam ser feitas e devolvidas aos gestores do negócio em até 48 horas. Isso facilitaria fazer algum cálculo de retorno sobre o investimento (ROI) e decidir se prosseguiria com a solicitação. Uma vez por mês, Dragos se reunia com os gerentes de produto e outros stakeholders, e eles repriorizavam o backlog e criavam um plano de projeto a partir das solicitações.

Devido ao acordo de nível de serviço para retornar estimativas dentro de quarenta e oito horas, as estimativas se sobrepunham ao trabalho planejado existente já em andamento. Efetivamente, a coleta de informações para futuros trabalhos especulativos era tratada com maior urgência e importância do que a conclusão do trabalho existente, planejado e comprometido.

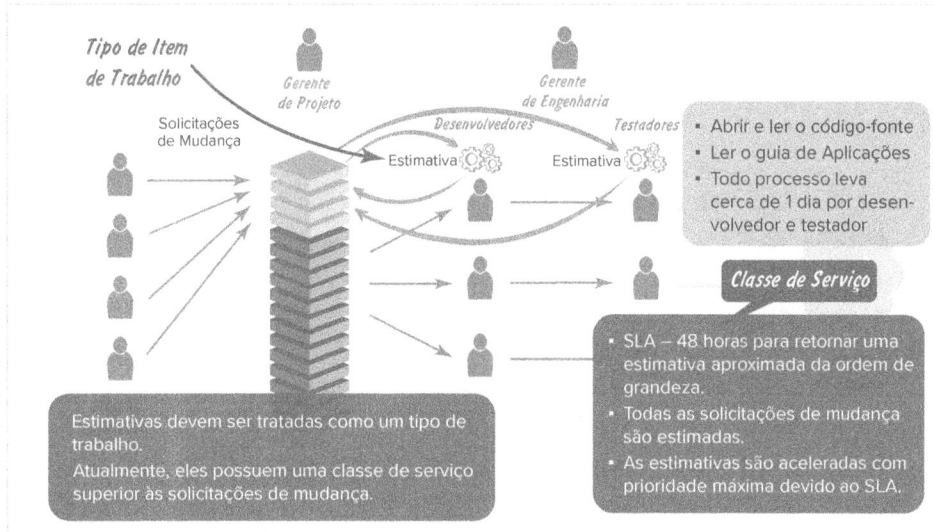

Figura 2.3 Como as solicitações de estimativas interromperam o trabalho planejado

O esforço de criar estimativas para novos trabalhos estava consumindo muito tempo. Apesar de serem chamadas de estimativas de "ordem aproximada de magnitude" (ROM — *rough order of magnitude*), a expectativa do cliente era, na verdade, de uma estimativa muito precisa, e os membros da equipe aprenderam a tomar muito cuidado ao prepará-las. A causa raiz disso foi que as estimativas foram usadas tanto como entrada para cálculos de ROI e, portanto, decisões de priorização, quanto como um meio de custear uma solicitação para fins de transferências orçamentárias interdepartamentais.

Bizarramente, o pagamento pelo trabalho realizado pela XIT Sustaining Engineering foi feito com base na estimativa e não no tempo real gasto fazendo o trabalho. Parecia, a partir de nossa análise, que os departamentos corporativos da Microsoft estavam efetivamente "pagando" a XIT antecipadamente por cada solicitação. Embora isso parecesse realmente bizarro, decidimos deixá-lo passar sem contestação. O pragmatismo deve prevalecer: você precisa escolher suas batalhas, e uma discussão franca com um VP de Finanças que tomou as decisões políticas sobre como o trabalho de Engenharia de Sustentação deve ser contabilizado (ou seja, como uma despesa operacional), e como ele pode ser pago a partir da solicitação de orçamentos de unidades de negócios, não era algo que nenhum de nós gostasse. Não tínhamos o nível salarial ou o respeito dentro da empresa para sequer sugerir tal reunião. Tal como a exigência contratual de utilizar a metodologia PSP/TSP do Software Engineering Institute, as políticas financeiras eram, pelo menos para nós, um objeto imóvel, uma restrição em torno do qual tínhamos de trabalhar. Tínhamos de ser bem-sucedidos, apesar destas regras. Não era aceitável apontar a culpa para eles e lavar as mãos de mais responsabilidade.

Cada uma dessas estimativas de alta precisão levava cerca de um dia para que um desenvolvedor e um testador produzissem. O medo de errar os levava a fazer análises e trabalhos de design apenas para desenvolver uma estimativa. É claro que esse trabalho de análise e design foi jogado fora e não preservado para que pudesse ser reutilizado posteriormente.

Nessa época, a demanda por estimativas variava de 18% a 25% por mês. Calculamos rapidamente que o esforço de estimativa sozinho estava consumindo sete ou oito dias úteis por pessoa a cada mês. Consequentemente, 33% a 40% da capacidade foi consumida avaliando a viabilidade do trabalho descompromissado. Pelo menos um terço da capacidade foi usado para especular sobre trabalhos futuros, em preferência à codificação e teste do trabalho atual e comprometido. Não havia governança sobre o número de pedidos de estimativas e, portanto, o impacto da estimativa era potencialmente ilimitado. Estimar essas novas solicitações se antecipava ao trabalho existente e causava atrasos. Dado que estava desgovernado, isso tinha o potencial, embora aparentemente nunca tivesse acontecido, de parar completamente todo o trabalho atual e comprometido. Consequentemente, estimar randomizava os planos feitos para um determinado mês e resultava em atraso no trabalho realizado. Na verdade, a demanda por estimativa era suficientemente alta e seu impacto ao se antecipar ao trabalho comprometido era tão grande que a XIT Sustaining Engineering era incapaz de entregar qualquer coisa como planejado. Sua capacidade atual de entrega no prazo era efetivamente 0%.

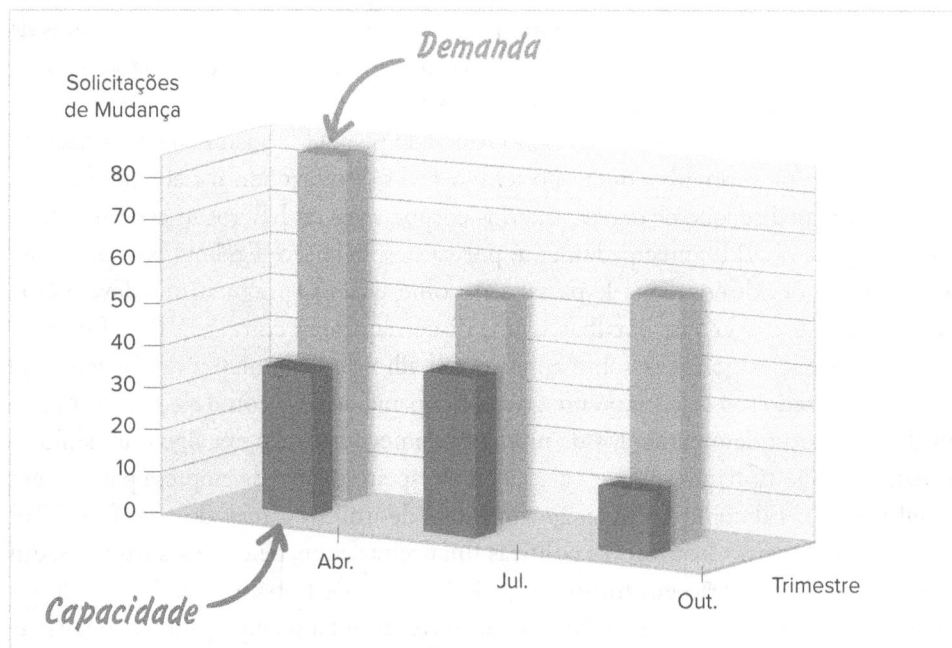

Figura 2.4 Demanda por solicitações de mudança versus capacidade de fornecimento nos nove meses anteriores

Enquanto a demanda por estimativas era de 18% a 25% por mês, o número de itens entregues girava em torno de seis por mês[6], como mostra a Figura 2.4. O backlog, que tinha oitenta ou mais itens em outubro de 2004, estava crescendo, embora não tão rapidamente quanto deveria ter sido comparado à demanda por estimativas. O que estava acontecendo?

Analisando o Trabalho Prévio

Um estudo de todos os itens fechados, sejam completos, descartados ou abandonados no meio do caminho, mostrou que 48% das solicitações enviadas nunca foram realmente entregues. Isso explicou por que o backlog não estava crescendo tão rapidamente quanto se poderia esperar. No entanto, o crescimento foi tipicamente superior a seis por mês. Dos itens nunca entregues, 26% representavam itens descartados durante o planejamento porque ou tinham um ROI ruim ou eram "grandes demais". Itens estimados como necessitando de mais de quinze dias de engenharia tiveram que ser redirecionados para um grande projeto do portfólio para que pudessem ser contabilizados como despesa de capital. Essa regra de governança pretendia reforçar a noção de que o trabalho de manutenção, contabilizado como despesa operacional, era apenas para itens pequenos. Historicamente, os "grandes demais" eram apenas 2% da demanda. Assim, o baixo ROI representou 24% da demanda. Os restantes 22% foram abandonados e encerrados com o motivo "ultrapassado pelos acontecimentos". Isso geralmente era causado pelo descomissionamento de um aplicativo ou site de intranet. Por exemplo, em 2003, houve um grande terremoto e subsequente tsunami na costa de Sumatra, na Indonésia. A onda do tsunami tirou a vida de mais de 250 mil pessoas na Indonésia, Tailândia, Sri Lanka e sudeste da Índia. Na época, a Microsoft havia criado um site para permitir que os funcionários fizessem doações, que foram distribuídas para instituições de caridade, como a Cruz Vermelha. Este site deixou de ser necessário cerca de dezoito meses depois, e foi desativado. Outros exemplos eram muitas vezes de natureza sazonal ou para eventos pontuais.

- Podemos resumir nossa análise de demanda e capacidade da seguinte forma:
- Trabalho especulativo que requer uma estimativa e um caso de negócio: 18–25 por mês
- Trabalho comprometido real, planejado e sequenciado: 9–13 por mês
- Trabalho efetivamente entregue a cada mês: aproximadamente 6 itens
- Podemos resumir capacidade de entrega como:

---

6. Em dois dos três trimestres mostrados na Figura 2.4, a taxa de entrega é aproximadamente o dobro, cerca de doze por mês. Isso dá uma falsa impressão de capacidade. Durante esse perí-odo de seis meses, a administração da Microsoft dobrou o nível de pessoal em uma tentativa de reduzir o backlog e permitir que a TCS, assumindo como fornecedor, iniciasse seu contrato com um número relativamente pequeno backlog. A partir de julho de 2004, o quadro de pes-soal retornou aos níveis históricos e a taxa de entrega retornou a níveis históricos semelhantes, de aproximadamente seis itens por mês. Infelizmente, não temos um gráfico desse período anterior.

- O prazo de execução foi, em média, de 5,5 meses e cresceu a uma taxa de pelo menos 0,5 meses por mês.
- Os itens entregues em relação às datas originais planejadas e confirmadas foram de aproximadamente 0%.

Embora apenas seis itens fossem entregues a cada mês, todo o backlog era repriorizado e replanejado a cada mês. E embora aproximadamente doze itens tenham sido descartados ou abandonados, um número semelhante foi comprometido, sequenciado e adicionado ao plano implementado como um Gráfico de Gantt no Microsoft Project. Na linguagem kanban, o trabalho era comprometido precocemente, na reunião mensal de planejamento após o envio da solicitação. No momento do compromisso, cada item teria uma data de entrega proposta. Cerca de seis itens seriam entregues ao longo do próximo mês. No entanto, o backlog comprometido seria de pelo menos oitenta itens. Novas solicitações teriam chegado nesse meio tempo, e todo o trabalho não entregue seria repriorizado na próxima sessão de planejamento mensal e, em seguida, o novo plano com novas datas para cada item recomunicado aos stakeholders. Era provável que um pedido típico fosse replanejado quatro ou cinco vezes antes da entrega. Este foi um fator-chave na insatisfação do cliente e na falta de confiança no serviço de Engenharia de Sustentação. Eles simplesmente não eram capazes de cumprir suas promessas.

O problema era duplo: eles estavam se comprometendo muito cedo com muita coisa; e mesmo para o mês imediato, eles estavam se comprometendo demais porque o efeito disruptivo dos pedidos de estimativas não era levado em conta.

Eficiência de Fluxo

As solicitações eram rastreadas com uma ferramenta chamada Product Studio. Uma versão atualizada dessa ferramenta foi lançada mais tarde publicamente como Team Foundation Server Work Item Tracking, que mais tarde se transformou no serviço web Azure Devops. A equipe de Engenharia de Sustentação do XIT era semelhante a muitas organizações que vejo em meu trabalho de ensino e consultoria — elas tinham muitos dados, mas não os usavam. Dragos começou a analisar os dados e descobriu que uma solicitação média levava onze dias de engenharia (uma combinação de tempo de desenvolvimento e teste), como mostra o histograma na Figura 2.5. No entanto, lead times de 125 a 155 dias eram típicos. Mais de 90% do tempo de entrega era filas ou outras formas de desperdício. Eles eram apenas 8% eficientes em termos de fluxo. Embora isso pareça muito ruim, percebemos que, muitas vezes, a condição inicial para a melhoria está bem abaixo disso. Hakan Forss[7] e Zsolt Fabok[8] ambos relataram números de eficiência de fluxo inicial de 1% a 2%. Esses números são amplamente aceitos entre a comunidade de coaching Kanban como típicos.

---

7. Hakan Forss, Lean Kanban France, Outubro 2013
8. Zsolt Fabok, Lean Agile Escócia, Setembro 2012; Lean Kanban França, Outubro 2012.

A boa notícia, quer tenhamos 8% como em 2004, quer um número muito inferior, é que existe um enorme potencial positivo. Melhorar a eficiência do fluxo e diminuir os prazos de entrega deve ser uma questão de identificar e eliminar as fontes de atraso.

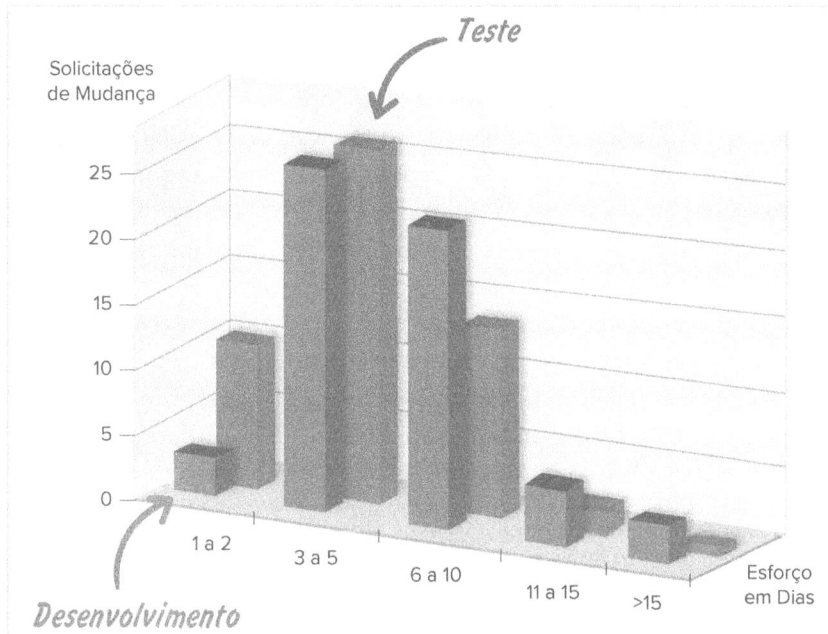

Figura 2.5 Histograma mostrando o tempo real de desenvolvimento e teste por solicitação de mudança

Um Tipo de Item de Trabalho Adicional

Além das solicitações de mudança e correções de defeitos, havia outro tipo de trabalho, conhecido como alterações de texto de produção (PTCs). Eram alterações de texto em caixas de diálogo na tela ou páginas da Web. Isso cresceu para incluir alterações gráficas ou de design de página da Web e, eventualmente, expandiu-se para envolver a modificação de valores em tabelas usadas para conduzir a lógica de negócios em aplicativos ou arquivos XML usados para configuração ou referência enquanto um aplicativo estava em execução. Mais tarde, descobrimos que, por exemplo, as tabelas de impostos para o sistema de folha de pagamento, que calculam as deduções do imposto de renda a serem retidas pelo empregador, se enquadravam nessa categoria de trabalho. A sigla PTC não tinha sentido! O elemento comum era que essas alterações não exigiam um desenvolvedor e geralmente eram feitas por proprietários de empresas, gerentes de produto ou o gerente de programa, mas exigiam uma aprovação formal no teste, então afetavam os testadores. Todos os PTCs tinham um fluxo de trabalho comum. No entanto, sua natureza e os riscos de negócios associados a um item em comparação com outro variavam muito: alterar o logotipo de um departamento em uma página da Web da intranet claramente não traz os mesmos riscos que implantar as novas tabelas de retenção na fonte no sistema de folha de pagamento. E esse era outro problema: os PTCs recebiam sua própria classe de serviço. Todos eles eram prioridade máxima — efetivamente, solicitações urgentes. Na época, não entendíamos o porquê. Não tínhamos informações suficientes sobre a verdadeira natureza dos PTCs. Inerentemente, parecia errado. Por que as chamadas alterações de texto estavam sendo aceleradas? Era uma bandeira vermelha, mas naquela altura optamos por ignorá-la. Tudo o que sabíamos era que os PTCs eram disruptivos, se antecipavam ao trabalho planejado e comprometido e afetavam nossa capacidade de entregar esse trabalho planejado no prazo.

Perguntei a Dragos sobre a natureza da chegada dos PTCs e o volume de demanda. Sua resposta foi que eram incomuns — semanas se passavam sem um único pedido e, sem muito aviso, um lote inteiro chegava. Sua natureza esporádica e classe de serviço exigida tornaram os PTCs um problema, um problema para o qual hoje ensinamos aos praticantes de Kanban as habilidades para entender e projetar adequadamente. Em 2004, os ignoramos. Como descrito no capítulo seguinte, nos safamos por dois motivos: primeiro, porque a melhora no desempenho geral foi tão grande que houve capacidade de lidar com PTCs; e segundo, seu impacto de chegada foi muito menos disruptiva — apenas uma ondulação — por causa do controle de WIP e dos benefícios de compromisso postergado do uso de um sistema kanban.

Da Compreensão de um Problema ao Design de uma Solução

Agora que entendemos os problemas e as restrições dentro das quais tínhamos que trabalhar, o foco se voltou para o que poderíamos fazer a respeito. O que Dragos escolheu fazer, e como ele fez com que isso acontecesse, é explorado no Capítulo 3.

Resumo

- O primeiro passo para melhorar o fluxo de trabalho de um serviço é esboçá-lo e visualizá-lo.
- Conduza análises de demanda e capacidade para entender a natureza do fluxo de trabalho.
- Identifique e entenda as fontes de insatisfação dos clientes.
- Analisar a eficiência do fluxo nos ajuda a entender o potencial de melhoria possível.
- Normalmente, a eficiência do fluxo é muito baixa (por exemplo, 5% ou menos) antes de qualquer intervenção ser feita.

3

"Você acha que eles vão aceitar isso?"

Design e Implementação do Kanban no Microsoft XIT

"Então, nossa proposta é que vamos parar de estimar, e parar de planejar, e pedir que confiem que isso magicamente resultará em tudo sendo entregue dentro de trinta dias?"

"Sim! Você acha que eles vão aceitar isso?"

Dragos e eu nos olhamos em seu escritório, no prédio 115 do campus da Microsoft em Redmond, Washington. Era um dia escuro, sombrio, coberto de nuvens e chuvoso no outono de 2004.

"Não. Provavelmente não!"

Esta é a história do que Dragos fez e como ele conseguiu. Os resultados agora são lendários. A taxa de entrega de solicitações de mudança saltou 230%, enquanto os lead times caíram de uma média de 5,5 meses para meros 12 dias, e o desempenho de cumprimento de prazo subiu para 98% em relação a um acordo de nível de serviço de 25 dias.

Dragos foi promovido e depois recrutado, quando Dale Christian mudou de sua posição como gerente-geral da XIT para CIO na Avanade. Em dois movimentos em dois anos, Dragos passou de gerente de programa de uma equipe de seis pessoas — com um salário pouco acima de um graduado universitário na Microsoft — para diretor sênior de operações globais de TI da joint-venture Accenture/Microsoft. A equipe de serviço da XIT Sustaining Engineering passou de ter o pior histórico de atendimento ao cliente dentro do grupo de TI da Microsoft para o melhor, e Dragos foi recompensado com o prêmio de melhoria de processos da divisão no segundo semestre de 2005.

Como as Políticas Afetaram o Desempenho

A equipe estava seguindo o processo necessário, que incluía muitas decisões de políticas erradas que haviam sido tomadas por gerentes em vários níveis, muitas vezes de forma isolada e sem a devida consideração pelo impacto mais amplo no serviço como um todo. É importante pensar em um serviço e seu fluxo de trabalho definido por um conjunto de políticas que regem o comportamento. Alguém tem autoridade para substituir ou alterar políticas; elas estão sob o controle da administração. Por exemplo, a política para usar PSP/TSP foi definida no nível de vice-presidente executivo, um degrau abaixo de Bill Gates, e essa política seria difícil ou impossível de mudar. As políticas contábeis e de transferências orçamentárias foram feitas por um executivo de nível médio no departamento financeiro, e essas políticas também seriam difíceis de mudar. As políticas de priorização e o uso de cálculos de ROI em casos de negócios foram feitas pelo escritório de gerenciamento de programas (PMO) e foram exigidas dos gerentes de produto. Embora não seja impossível mudar, Dragos e eu não tínhamos o nível hierárquico ou a influência para efetuar a mudança lá. No entanto, muitas outras políticas, como a política de priorizar estimativas sobre codificação e testes reais, foram desenvolvidas localmente e estavam sob a autoridade colaborativa dos gerentes imediatos. É possível que essas políticas fizessem sentido na época em que foram implementadas, mas as circunstâncias haviam mudado e nenhuma tentativa havia sido feita para revisar e atualizar as políticas que regiam o funcionamento da equipe. Havia espaço para alterar algumas políticas e efetuar melhorias no desempenho, apesar das outras restrições.

Sem Estimativas

Depois de algumas discussões com seus colegas e gerente, Dragos decidiu decretar duas mudanças iniciais de gestão. Primeiro, a equipe pararia de estimar. Ele queria recuperar a capacidade desperdiçada pela atividade de estimativa e usá-la para desenvolver e testar software. Eliminar a randomização de cronograma causada pelas estimativas também melhoraria a previsibilidade, e a combinação, ele esperava, teria um grande impacto na satisfação do cliente.

No entanto, a remoção da estimativa foi problemática. Isso afetaria os cálculos de ROI, e os clientes poderiam se preocupar com o fato de que escolhas ruins de priorização estavam sendo feitas. Além disso, as estimativas eram utilizadas para facilitar a contabilização de custos interdepartamentais e as transferências orçamentárias. Estimativas também eram utilizadas para implementar uma política de governança. Apenas pequenas solicitações eram permitidas através da manutenção de sistemas. Solicitações maiores, aquelas que excediam quinze dias de desenvolvimento ou teste, tinham que ser submetidas a uma grande iniciativa de projeto e passar pelo processo formal de governança de gerenciamento de portfólio do PMO. Revisitaremos essas questões em breve.

As estimativas eram disruptivas e afetavam a capacidade de entrega em relação às datas prometidas. A falta de previsibilidade estava afetando a satisfação do cliente. Se Dragos tivesse optado por resolver essa questão de previsibilidade, talvez tivesse feito uma escolha diferente. Eliminar as estimativas foi uma escolha feita para recuperar pelo menos um terço da capacidade que estava sendo gasta nelas e melhorar a previsibilidade. Na verdade, havia quatro opções disponíveis para consideração: parar de estimar; fatiar no tempo as atividades de estimativa separadamente da entrega de trabalho comprometido com valor agregado; isolar a estimativa com um papel de especialista "estimador"; ou desenvolver um sistema híbrido de passar uma função de estimador especialista de um membro da equipe para outro com uma cadência fixa, como semanalmente. Considere cada uma dessas abordagens por vez...

Parar de estimar por completo é a escolha mais radical. Exige que introduzamos um acordo de nível de serviço. Isso devolve a capacidade desperdiçada, mas exige um novo acordo, um novo contrato com os clientes. É a escolha mais ousada.

A abordagem de fatiamento de tempo de alocar estimativas, priorizações e planejamentos em um tempo fixo e, em seguida, alternar tarefas entre o trabalho valorizado pelo cliente e esse planejamento é a abordagem usada na metodologia de ciclo de vida de desenvolvimento de software Ágil Scrum. Para ter feito essa abordagem funcionar no XIT, Dragos precisaria alocar oito dias por mês para estimar e planejar, e em seguida, passar o restante do mês codificando e testando. Essa abordagem teria melhorado a previsibilidade e ajudado dramaticamente na satisfação do cliente, mas não faria nada para resolver o aproximadamente um terço da capacidade que estava sendo sugada pelo esforço de estimativa.

- A escolha de designar um especialista também poderia ter funcionado muito bem neste caso. Dragos poderia ter informado o gerente local da TCS em Hyderabad que um dos desenvolvedores e um dos testadores deveriam ser permanentemente designados para análise e projeto, a fim de fornecer estimativas. Uma simples mudança de política! Isso teria evitado que os outros dois desenvolvedores e dois testadores fossem interrompidos e resultaria em uma melhoria significativa na entrega no prazo. No entanto, também teria deixado bem claro que um terço da capacidade estava sendo usado para estimativas.
- A opção de passar a responsabilidade de estimativa de um membro da equipe para outro, semanalmente, poderia ter sido mais aceitável para a equipe do que designar um especialista, mas ainda assim não recuperou a capacidade desperdiçada na estimativa.

Apenas a opção de parar de estimar por completo liberou a capacidade. Enquanto os clientes estavam insatisfeitos com a entrega imprevisível, não confiável e promessas quebradas, eles também estavam insatisfeitos com os prazos de entrega. Os prazos de entrega estavam crescendo porque a demanda excedia a capacidade de fornecimento. Como consequência, eles precisavam produzir mais. Recuperar um terço da capacidade foi um meio de produzir mais e lidar diretamente com o crescente backlog e o alongamento dos prazos de entrega. Isto apresentou uma compensação interessante: em troca da substituição de estimativas individuais e promessas de data de entrega por um acordo de nível de serviço (SLA), 50% mais trabalho seria concluído, e havia alguma chance de que o crescente backlog pudesse ser domado. Com os longos prazos de entrega sob controle, os gerentes de produto e os departamentos de clientes patrocinadores, como o RH, provavelmente achariam adequado ao propósito.

Optar por não estimar como parte das mudanças feitas na XIT Sustaining Engineering foi uma escolha feita devido a circunstâncias específicas, e foi uma escolha feita ao considerar três outras opções. Qualquer uma das outras opções era possível e viável e teria contribuído para corrigir um problema significativo com a satisfação do cliente. Independentemente da escolha que fizéssemos, ainda estaríamos usando um sistema kanban. Essa história ainda teria representado o protótipo do que se desenvolveu no Método Kanban.

Nos primeiros dias, o Kanban era frequentemente citado como o método "sem estimativas". Isso criou algum medo e apreensão entre um público tradicional de gerenciamento de projetos, enquanto levantava arrepios tribais na comunidade Scrum[9], que ritualizava seu Planning Poker e outras técnicas de estimativa. Escolher estimar ou não deve ser sempre uma consideração para as políticas que definem uma classe de serviço. Os riscos associados ao trabalho devem sempre determinar se é melhor prosseguir com o que você sabe ou atrasar para coletar informações adicionais antes de assumir um compromisso. Um pedido de estimativa é um pedido de informações que especulam sobre o custo ou o tempo necessário para concluir um trabalho. Essas informações podem ser úteis para a gestão de riscos em algumas situações, enquanto que em outras fazem pouca diferença para a boa governança da entidade e, portanto, podem ser evitadas. Com o XIT, seus clientes estavam acostumados a consumir serviços de TI definidos por acordos de nível de serviço (SLAs). Como consequência, Dragos estava em posição de fazer aos seus clientes uma oferta direta para negociar: "Se mudarmos para um SLA com uma expectativa de tempo de entrega definida, em troca, entregaremos a você cerca de 50% mais solicitações concluídas a cada ano."

---

9. Scrum é um exemplo de uma classe genérica de processos prescritivos conhecidos como metodologias Ágeis de desen-volvimento de software. Em engenharia de software, uma metodologia é definida como uma descrição de um fluxo de trabalho de processo, juntamente com um conjunto definido de papéis a serem desempenhados e as responsabilidades que esses papéis carregam na execução do trabalho. As metodologias de engenharia de software descrevem qual papel desempenha qual função, com quem colaboram, quem carrega responsabilidades e como o trabalho é transferido de um indivíduo, equipe ou grupo de colaboradores para o próximo. Muitas vezes, as metodologias possuem orientações específicas e detalhadas sobre técnicas a serem utilizadas para atividades específicas. Scrum é frequentemente des-crito como uma estrutura de processos porque sua definição e atividades prescritivas não são exaustivas. O Scrum precisa ser incrementado com outras práticas para se tornar uma metodologia completa. Assim, o que é definido é referido como meramente uma estrutura — um esqueleto ou moldura no qual uma definição de processo completa pode ser pendurada.

Limite o Trabalho em Progresso

Dragos também decidiu limitar o trabalho em progresso e puxar o trabalho de um buffer de entrada, à medida que o trabalho atual fosse concluído. O buffer de entrada foi dimensionado para antecipar a taxa máxima de entrega dentro do período de uma semana entre as reuniões de reabastecimento; ou seja, era apenas grande o suficiente para garantir que os desenvolvedores nunca ficassem sem trabalho e, consequentemente, nunca ficassem ociosos. Ele optou por limitar o WIP no desenvolvimento a uma solicitação por desenvolvedor e usar uma regra semelhante para testadores. Como o Personal Software Process (PSP) já recomendava essa prática, era, de fato, a política já em uso. Ele inseriu um pequeno buffer entre o desenvolvimento e o teste para receber os PTC's e suavizar o fluxo de trabalho entre os dois estágios, como mostra a Figura 3.1. Essa abordagem de usar um buffer para suavizar a variabilidade de tamanho e esforço é discutida no volume 2, *Implementando Kanban*. O buffer foi arbitrariamente dimensionado em 5. Não sabíamos o tamanho a atribuir, então supomos e decidimos ajustar empiricamente seu tamanho à medida que observávamos como funcionava. Se um grande lote de PTCs chegasse, é provável que o buffer transbordasse, paralisando o trabalho de desenvolvimento acima. Os desenvolvedores teriam que esperar até que os testadores concluíssem o lote de PTCs — e os kanbans se tornassem livres no buffer — para permitir que o trabalho de desenvolvimento concluído fluísse adiante.

> **Nota:** Isso é uma escolha de política. Uma requisição de mudança por desenvolvedor a qualquer momento é uma política. Ela pode ser modificada depois. Pensar num serviço como um conjunto de políticas é o elemento chave do método Kanban.

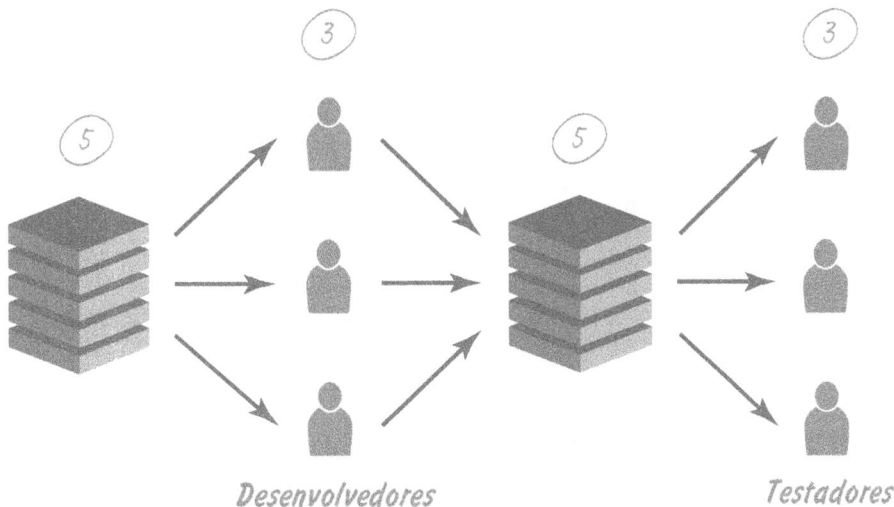

Figura 3.1 O sistema kanban para o fluxo de trabalho de Engenharia de Sustentação

Sem Planejamento

Dragos queria abandonar a reunião mensal de planejamento e substituí-la por uma reunião mais frequente para reabastecer o sistema kanban. Não haveria mais gráficos de Gantt e nenhum compromisso antecipado com tudo no plano. O backlog de solicitações permaneceria sem comprometimento até que um item fosse puxado para o sistema kanban na reunião de reabastecimento por consenso entre os quatro gerentes de produto e Dragos como gerente de programa.

Dragos teve que pensar na cadência de interação com os gerentes de produto. Uma reunião semanal para reabastecer o sistema kanban parecia viável. Foi planejada como uma teleconferência; o tópico da reunião seria o simples reabastecimento do backlog para slots vazios — kanbans livres — no buffer de entrada. Em uma semana típica, poderia haver três slots livres nesse buffer. Assim, a discussão giraria em torno da pergunta: "Quais três itens da lista de pendências você mais gostaria que começassem a ser entregues dentro de vinte e cinco dias?" É uma pergunta simples e que deveria facilitar uma reunião curta.

Dragos queria oferecer um prazo de entrega garantido de vinte e cinco dias a partir do compromisso — o ponto em que uma solicitação era aceita no sistema kanban e colocada em seu buffer de entrada. Essa garantia de serviço de vinte e cinco dias foi consideravelmente maior do que os onze dias de tempo médio de engenharia necessários para concluir o trabalho. Os outliers estatísticos exigiam cerca de trinta dias, mas ele antecipava muito poucos deles; Vinte e cinco dias soaram atraentes, especialmente em comparação com o lead time existente de cerca de 140 dias. Ele esperava atingir o objetivo com regularidade, construindo confiança com os gerentes de produto e seus clientes à medida que avançava.

Assim, o planejamento tradicional com um gráfico de Gantt, com datas de início e término antecipadas para cada solicitação e, portanto, datas de entrega prometidas específicas para cada item, deveria ser descartado e substituído por um simples acordo de nível de serviço com uma garantia de nível de serviço de vinte e cinco dias ou menos no lead time desde o compromisso até a entrega.

Sentados no escritório de Dragos, tivemos uma compreensão dos problemas e um projeto para uma solução. Olhamos um para o outro; Dragos estava rindo,

> "Então, nossa proposta é que vamos parar de estimar, e parar de planejar, e pedir que confiem que isso magicamente resultará em tudo sendo entregue dentro de trinta dias?"

> "Sim! Você acha que eles vão aceitar isso?"

> "Não. Provavelmente não!"

Seria preciso mais do que um forte argumento lógico para que as pessoas aderissem.

Quem pode se opor e por quê?

Vamos considerar cada uma das mudanças e pensar em como a proposta pode ser recebida isoladamente.

Primeiro, propomos parar de estimar. Desenvolvedores e testadores acham a estimativa disruptiva e isso afeta sua capacidade de fazer um bom trabalho com alta qualidade. Além disso, são profissionalmente qualificados em desenvolvimento e teste de software; possuem diplomas e certificações no assunto. Ninguém nunca lhes pediu para estudar, fazer um exame ou adquirir uma certificação em estimativa. A capacidade de estimar não é essencial para sua identidade ou como eles derivam seu orgulho profissional ou autoestima. Se dissermos à equipe em Hyderabad que não precisamos mais que eles façam estimativas, eles vão comemorar.

Em seguida, há o gerente de programas que facilita a elaboração dos planos e possui o plano construído em um gráfico de Gantt do Microsoft Project. Se dissermos ao gerente de programas que as estimativas não serão mais produzidas e que os gráficos de Gantt não são mais necessários, é provável que haja alguma resistência. É altamente provável que o gerente de programa tenha uma autoimagem como gerente de projetos, e muitas dessas pessoas nessa posição são membros de organizações profissionais, como o PMI[10], e possuem credenciais e qualificações como o PMP[11], para o qual estudaram e passaram em um exame. Sugerir que retiremos a prática de planejar e produzir um gráfico de Gantt dessas pessoas provavelmente seria interpretado como um ataque à sua identidade, uma demonstração de desrespeito e uma indicação de que suas habilidades e, portanto, elas pessoalmente não eram mais valorizadas. No entanto, neste caso, o gerente do programa era Dragos, o ex-atleta olímpico, dublê, guarda-costas e gerente de hospital psiquiátrico. Ele não havia investido em nenhuma dessas identidades profissionais de gerente de projetos. E então tivemos sorte — Dragos era o agente de mudança — ele era o instigador, não alguém que se opunha e era obstrutivo. Se assim não fosse, tudo poderia ter morrido ali. Quem sabe não teríamos o Kanban como método de gestão adotado globalmente? Talvez nunca tivesse havido uma primeira edição deste livro, ou de qualquer outro livro sobre o tema?

Por fim, temos os gerentes de produto. Seu papel tinha três aspectos principais: gerenciar o orçamento em nome de seus clientes e gestores do negócio; auxiliar os clientes na elaboração de requisitos e realização de análises de negócios; e proporcionar uma boa governança sobre o orçamento, construindo casos de negócios e priorizando o trabalho com base na otimização do retorno sobre investimento[12]. A equação usada foi a seguinte:

$$ROI = \frac{\text{Valor de Negócio}}{\text{Custo}}$$

Custo = taxa horária x horas estimadas de engenharia

---

10. Project Management Institute

11. Project Management Professional

12. Esse método de priorização destinado a maximizar o retorno sobre o investimento está descrito no *Project Management Body of Knowledge*, publicado pelo *Project Management Institute*, e é amplamente adotado globalmente como a maneira padrão de priorizar serviços profissionais e atividades de trabalhadores do conhecimento.

Sem uma estimativa, não haveria valor para o denominador na equação ROI e, consequentemente, seria impossível calculá-lo. A interrupção da estimativa negaria aos gerentes de produto a capacidade de concluir seus casos de negócios e executar sua função de priorização por meio da classificação de solicitações por ROI[13]. E essa é uma das principais razões, porque acreditávamos que "eles" não aceitariam isso.

Eles optariam por um sistema kanban?

Nossa segunda proposta foi implementar um sistema kanban para puxar o trabalho de um backlog não comprometido. Em vez de assumirmos compromissos antecipados, pretendíamos adiar o compromisso.

Nesse caso, os desenvolvedores e testadores são indiferentes e não são afetados pela alteração. Então, não esperávamos nenhuma resistência. E mais uma vez, Dragos era o gerente do programa e o agente de mudança. No entanto, essa era uma mudança para os gerentes de produto e seus clientes em cada respectiva unidade de negócios. Eles estavam acostumados a receber planos firmes dentro de algumas semanas após a apresentação de um pedido. No entanto, eles também estavam acostumados com a ideia de que o plano não valia nada e que a equipe de Engenharia de Sustentação nunca entregava nada quando prometido.

Nossa abordagem a isso foi primeiro mostrar a eles os dados sobre solicitações abandonadas e descartadas. Apenas 52% dos pedidos foram entregues. Por que se comprometer com todos eles quando 48% deles nunca chegam à produção? Essa técnica tem se mostrado poderosa e persuasiva em muitas implementações desde então. É particularmente persuasivo quando você orienta que os afetados façam a mineração de dados e descubram por si mesmos quantas de suas solicitações nunca são implementadas. Às vezes é necessário colocar uma definição, uma política explícita sobre «abandonados». O que significa ser abandonado? Se um pedido tiver mais de seis meses, ou doze meses, ou treze meses, ou dois anos, então ele é abandonado? Onde está a tolerância e o limite da organização para "se ainda não chegamos a isso, provavelmente nunca chegaremos."? Quando você torna esses dados explícitos, eles se tornam extremamente poderosos.

A mudança para um sistema puxado seria acompanhada da adoção de um acordo de nível de serviço, agregando efetivamente o risco de entrega em todas as solicitações, em vez de assumir compromissos individuais frágeis com base na especulação. As unidades de negócio estavam acostumadas a consumir outros serviços de TI definidos por um contrato, um acordo de nível de serviço, incluindo garantias sobre prazos de entrega. Então, neste caso, estávamos pedindo que eles mudassem de modo e vissem esse trabalho de forma diferente. Em vez de uma série de miniprojetos, eles deveriam vê-lo como um serviço

---

13. Nota: Isso geralmente era realizado em uma planilha do Excel usando a função de classificação de coluna. O ROI era simplesmente uma proporção alcançada dividindo-se dois números. O valor do negócio, presumia-se, poderia ser reduzido a um simples valor em dólar. Esta é, na verdade, a prática padrão em gerenciamento de produtos e projetos.

contínuo. Esse argumento parecia funcionar e levantava poucas objeções. As coisas estavam quebradas há tanto tempo, por que não tentar essa abordagem alternativa, mas familiar?

Por fim, propusemos interromper o planejamento. Mais uma vez, isso fez pouca ou nenhuma diferença para os desenvolvedores e testadores. Eles estavam acostumados a pegar seu trabalho a partir de uma sequência definida em um plano de projeto. Em vez disso, eles pegariam seu trabalho de um buffer, definido em sua ferramenta de rastreamento existente, o Product Studio. E mais uma vez, o gerente do programa era Dragos, então nenhuma resistência dele. E os gerentes de produto? Eles estavam sendo convidados a participar de uma reunião semanal de reabastecimento, em vez de uma reunião mensal de planejamento. Outros aspectos do planejamento que eles possuíam, como a preparação de casos de negócios e a produção de um backlog priorizado, não seriam afetados, supondo que pudéssemos resolver o conflito de cálculo de ROI.

Na verdade, as reuniões de planejamento eram longas e trabalhosas, com um grande gráfico de Gantt plotado na mesa sendo marcado a lápis. Essas reuniões não eram uma ideia de diversão de ninguém e levavam muitas horas. Uma ligação curta, de quinze a vinte minutos, uma vez por semana, soava como um alívio significativo, supondo que todo o resto funcionasse efetivamente e eles continuassem a parecer profissionais, competentes e eficazes em suas funções.

Finalmente, precisávamos considerar os gerentes superiores de Dragos. O que acharam?

Ao que tudo indica, o gerente imediato de Dragos tinha dúvidas e temia as consequências. As duas camadas acima simplesmente morreram de rir: "Você vai parar de planejar e parar de estimar e tudo ficará bem???" Assim que ficaram mais sérios, porém, eles foram capazes de raciocinar sobre isso: "Este serviço está quebrado há muito tempo. Uma sucessão de gestores anteriores não conseguiu consertá-lo. Movê-lo para o exterior também não o consertou. Isso parece uma loucura, mas nós colocamos você no trabalho para fazer mudanças. Se essas são as mudanças malucas que você quer fazer, deveríamos pelo menos experimentá-las." Então, a alta administração estava preparada para prender a respiração e esperar para ver.

No entanto, ainda havia a questão de como permitir que os gerentes de produto continuassem com seus casos de negócios e tomando decisões de priorização sem uma estimativa. A solução para isso foi a centelha de genialidade que, juntamente com as habilidades diplomáticas e a personalidade de Dragos, permitiram a primeira implementação do sistema kanban na Microsoft.

Diplomacia do Vaivém

Dragos organizou a visita a cada um dos gerentes de produto em seus escritórios individualmente e, em seguida, seu gerente imediato. Ele queria que cada um deles aderisse à nossa proposta sem influência de grupos de pares ou pressão social fazendo com que eles cerrassem fileiras e mantivessem conservadoramente seu modus operandi existente. Se ele pudesse fazer com que aderissem individualmente, então ele realizaria uma reunião de grupo para o pontapé inicial oficial da iniciativa de mudança e o lançamento do sistema kanban.

Dragos trouxe o básico: um esboço do fluxo de trabalho e do sistema kanban proposto, Figura 3.2, juntamente com uma descrição da reunião de reabastecimento e o gráfico mostrando a distribuição do esforço de engenharia para solicitações ao longo do ano passado (anteriormente mostrado na Figura 2.5 e repetido aqui para sua conveniência como Figura 3.3).

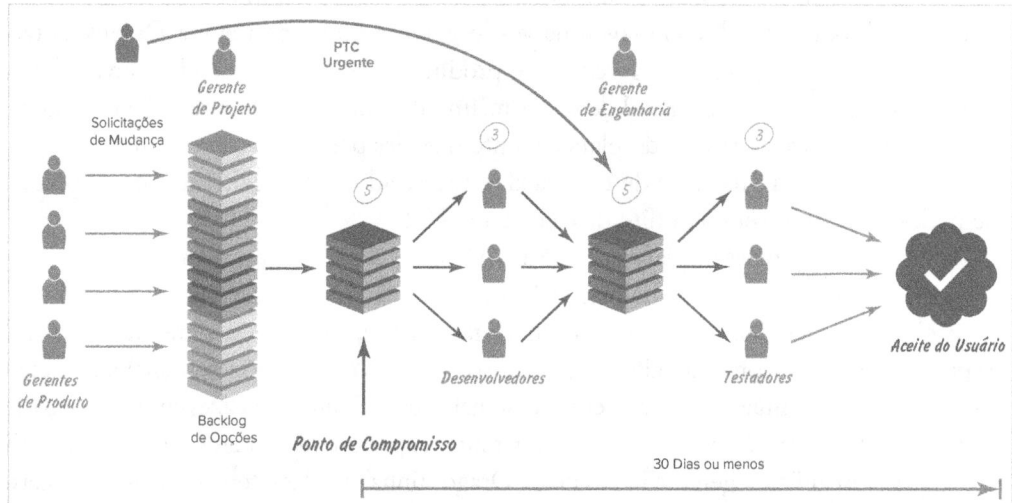

Figura 3.2 Solução completa proposta para o fluxo de trabalho da XIT Sustaining Engineering

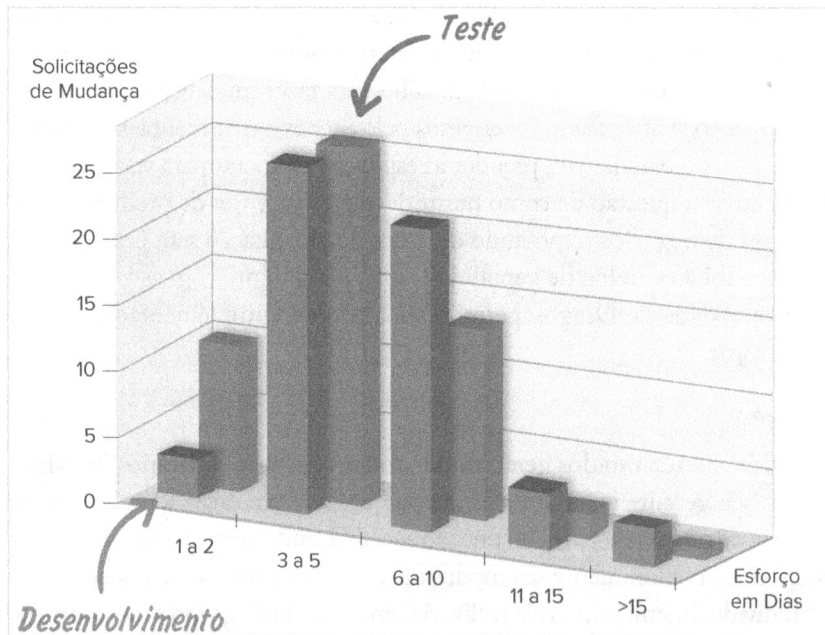

Figura 3.3 Histograma mostrando o tempo real de desenvolvimento e teste por solicitação de mudança

Dragos mostrou a cada gerente de produto que a distribuição do esforço estava dentro de uma faixa relativamente estreita: a maioria das solicitações ficou dentro do intervalo de três a dez dias de desenvolvimento e testes, com uma média de pouco menos de seis. Dado o volume de solicitações e que esperávamos que esse volume aumentasse drasticamente, Dragos sugeriu que era razoável substituir uma estimativa específica e determinista — embora ainda especulativa — por uma média extraída de dados históricos recentes com base em horas reais gastas. Uma média de horas reais gastas é um fato, enquanto uma estimativa para qualquer item individual é mera especulação.

$$ROI = \frac{\text{Valor de Negócio}}{\text{Custo Médio}}$$

Essencialmente, se os gerentes de produto estivessem dispostos a aceitar que o custo variava dentro de uma faixa estreita e efetivamente ignorar essa variação, todos os outros benefícios de maior produtividade e previsibilidade poderiam ser habilitados. Não estávamos pedindo que eles mudassem nada sobre seus próprios empregos ou como trabalhavam. Sua identidade, autoestima, status social, respeito dentro da organização e profissionalismo não estavam sendo questionados ou ameaçados de forma alguma. Em vez disso, estávamos pedindo a eles simplesmente que aceitassem o custo médio como um fato e seu valor como bom o suficiente para permitir que eles tomassem decisões de priorização eficazes.

Na verdade, essa técnica funciona bem quando há assimetria significativa no problema. Quando todos os valores de negócios superam significativamente qualquer custo incorrido, o resultado de uma classificação das proporções não é muito sensível à variação no custo. O custo pode ser efetivamente ignorado. Onde as estimativas de custo têm valor real é quando essa assimetria não existe, e os custos são na verdade relativamente próximos do retorno rotulado como "valor de negócio". Ironicamente, essa condição de retorno e custo relativamente simétricos é bastante comum em sistemas de TI para serviços compartilhados e funções de backoffice, como finanças e recursos humanos. Portanto, as estimativas de custos do projeto são importantes ao governar um portfólio de TI para sistemas de back-office. No entanto, com a manutenção do sistema e as equipes de engenharia de sustentação, pequenas solicitações geralmente têm um grande impacto — como a implantação das tabelas de impostos para o novo ano fiscal — e, portanto, o requisito de retorno assimétrico é certamente atendido neste caso. Em 2004, no entanto, não éramos tão sofisticados, assim como os gerentes de produto. Todos compraram o argumento e concordaram.

O jogo estava começando! O Kanban recebeu luz verde para implantação no departamento da XIT Sustaining Engineering da Microsoft. Era outubro de 2004.

Implementando Mudanças

Então, as mudanças foram promulgadas. Dragos teve sua instância do Product Studio instrumentada usando *stored procedures* em seu banco de dados para impor os limites de WIP do sistema kanban. Isso sinalizaria a capacidade de puxar o trabalho quando houvesse slots livres, e os gatilhos de banco de dados enviariam e-mails automatizados. Ele cancelou as reuniões mensais de planejamento e programou teleconferências semanais para reabastecer o sistema kanban. Novos pedidos de trabalho não eram mais enviados a Hyderabad para estimativa.

Começou a funcionar. Os pedidos foram processados e liberados para produção. Os prazos de entrega dos novos compromissos foram cumpridos dentro da promessa de vinte e cinco dias. A reunião semanal funcionou sem problemas, e o buffer de entrada era reabastecido a cada semana. Gradualmente, a XIT Sustaining Engineering começou a construir confiança com os gerentes de produto. No primeiro trimestre de 2005, os clientes começaram a ver as solicitações implantadas em produção rapidamente e dentro do SLA prometido.

Relíquias Evolutivas

Uma relíquia evolutiva é algo abandonado pela evolução que não serve mais para nada, mas para o qual não há um mecanismo para removê-la: os biólogos os chamam de órgãos vestigiais. Os seres humanos têm vários órgãos vestigiais: nosso osso do cóccix na extremidade de nossa coluna é o conector tornado desnecessário para uma cauda, e nosso apêndice é remanescente de uma espécie de herbívoro da qual evoluímos para os humanos modernos. Há algum argumento de que nossa vesícula biliar pode ser uma relíquia semelhante. Parece que não temos certeza para que serve, mas, assim como nosso apêndice, se algo der errado pode ser bastante grave e com risco de vida. Os processos evolutivos abandonam artefatos e comportamentos difíceis de explicar e que não servem para nada.

Paul Klipp, um americano de Chicago, morador de Cracóvia, Polônia, e fundador da Kanbanery, uma ferramenta de software kanban, explicou o conceito em seu blog[14] em 6 de março de 2013, depois de participar da Masterclass do Kanban Coaching Professional (KCP).

Se os verdadeiros processos evolutivos estão em ação, soluções incômodas evoluem com o tempo. Você não projetaria intencionalmente um nervo para percorrer o pescoço de uma girafa e voltar para cima. Não é lógico ou eficaz, mas é robusto. O conceito de "sobrevivência do mais apto" em biologia evolutiva indica que uma solução era adequada para seu ambiente. Para nós, buscamos evoluir os serviços de negócio adequados ao propósito. Ser adequado ao propósito provavelmente indica uma capacidade de sobreviver e continuar. A capacidade de responder ao estresse no ambiente e evoluir continuamente para permanecer apto para o ambiente em constante mudança é o que Nassim Nicholas Taleb rotulou de antifragilidade. Kanban como um meio de conectar um negócio com DNA evolutivo fornece um meio para a antifragilidade.

Enquanto isso, se você entra em uma empresa e tudo está muito limpo e arrumado, e todos os processos são eficientes, enxutos e desprovidos de artefatos ou atividades

---

14. http://paulklipp.com/blog/evolutionary-change-better-than-a-kick-in-the-nuts/ Usado com permissão gentilmente concedida

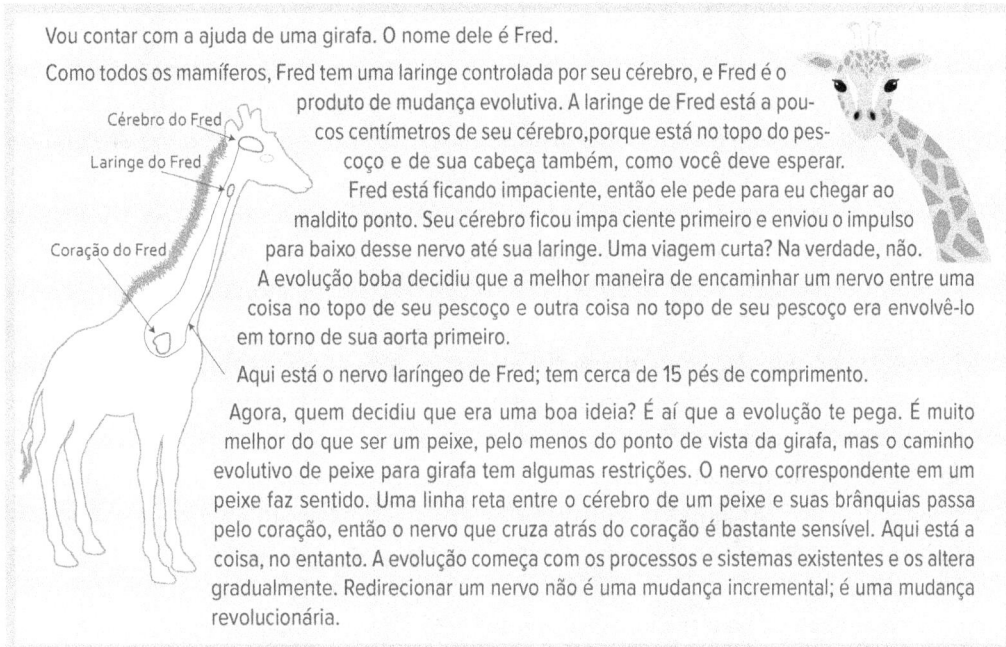

Vou contar com a ajuda de uma girafa. O nome dele é Fred.

Como todos os mamíferos, Fred tem uma laringe controlada por seu cérebro, e Fred é o produto de mudança evolutiva. A laringe de Fred está a poucos centímetros de seu cérebro, porque está no topo do pescoço e de sua cabeça também, como você deve esperar.

Fred está ficando impaciente, então ele pede para eu chegar ao maldito ponto. Seu cérebro ficou impaciente primeiro e enviou o impulso para baixo desse nervo até sua laringe. Uma viagem curta? Na verdade, não. A evolução boba decidiu que a melhor maneira de encaminhar um nervo entre uma coisa no topo de seu pescoço e outra coisa no topo de seu pescoço era envolvê-lo em torno de sua aorta primeiro.

Aqui está o nervo laríngeo de Fred; tem cerca de 15 pés de comprimento.

Agora, quem decidiu que era uma boa ideia? É aí que a evolução te pega. É muito melhor do que ser um peixe, pelo menos do ponto de vista da girafa, mas o caminho evolutivo de peixe para girafa tem algumas restrições. O nervo correspondente em um peixe faz sentido. Uma linha reta entre o cérebro de um peixe e suas brânquias passa pelo coração, então o nervo que cruza atrás do coração é bastante sensível. Aqui está a coisa, no entanto. A evolução começa com os processos e sistemas existentes e os altera gradualmente. Redirecionar um nervo não é uma mudança incremental; é uma mudança revolucionária.

que parecem servir pouco propósito, têm pouco ou nenhum valor e podem ter sido tornados desnecessários por circunstâncias de novas técnicas, então você está olhando para um ambiente projetado — Os consultores de processo entraram, desenharam um novo processo, o instalaram (talvez através do uso de poder posicional) e depois saíram. Essas soluções projetadas são frágeis e as empresas que as utilizam provavelmente serão frágeis. Por quê?

Quando a resistência é superada usando o poder posicional, é altamente provável que os funcionários estejam concordando, enquanto seu comportamento é na verdade passivo-agressivo. Quando a atenção da administração está voltada para outra coisa, eles silenciosamente voltam aos velhos costumes. Eles não tiveram propriedade nas mudanças e não as internalizaram. Não se tornou "como fazemos as coisas por aqui". Não faz parte de sua identidade individualmente ou como grupo.

A mudança evolutiva é robusta, enquanto a mudança projetada e gerenciada é frágil. O Método Kanban baseia-se fundamentalmente na crença de que conectar uma empresa moderna com os meios e mecanismos para a mudança evolutiva — ter o DNA evolutivo que é capaz de responder a um ambiente em mudança e expectativas em mudança, evoluir e permanecer adequado ao propósito — fornece a resiliência e a robustez de que as organizações precisam para sobreviver e prosperar. O Método Kanban fornece os meios operacionais para manter uma organização adequada ao propósito que é construída para a sobrevivência.

Priorização: A Relíquia Evolutiva na XIT Sustaining Engineering

Voltando para a história de Dragos, lembre-se que ele não estava pedindo aos gerentes de produto para que mudassem a forma como estavam trabalhando: eles continuariam a fazer os casos de negócio e a calcular o ROI usando suas próprias estimativas de valor do negócio e a estimativa de custos dos engenheiros de TI. Eles continuariam a classificar sua planilha por colunas para fornecer uma classificação de solicitações de mudança do maior para o menor ROI. Eles aceitaram a viabilidade de usar um valor médio para o custo, o que significa efetivamente que todas as solicitações de mudança foram classificadas pelo seu valor do negócio.

Enquanto isso, eles haviam comprado o compromisso postergado; eles não tinham nenhuma objeção a mudar da demorada reunião mensal de planejamento para reuniões semanais de reabastecimento.

No entanto, assim que começamos com o Kanban, seu trabalho de priorização instantaneamente se torna uma relíquia evolutiva. Por quê? Em uma teleconferência de reabastecimento, eles podem ser solicitados a "escolher o item que você mais gostaria de entregar nos próximos vinte e cinco dias". Esta não é uma solicitação para o item com o maior retorno sobre o investimento; ao contrário, é um pedido baseado na urgência ou oportunidade. Um item considerado importante, mas talvez não com o maior ROI, provavelmente será selecionado. Por exemplo, "Suporte ao formato de endereço porto-riquenho para informações de funcionários no aplicativo de registros de funcionários". Esta não é uma solicitação com um ROI particularmente alto. Como calcular o "valor comercial" de um pedido desses e colocar um valor em dólar nele? Mesmo que inventemos algum método para elaborar um número, é improvável que ele produza o maior ROI. E, no entanto, ele será escolhido! Por quê? Porque o escritório porto-riquenho está planejado para abrir no final do próximo mês e precisaremos registrar detalhes dos novos funcionários contratados para esse escritório.

As questões de reabastecimento Kanban são sobre urgência e oportunidade, não retorno sobre o investimento. Os gerentes de produto podem ter uma planilha cheia de dados, empilhada classificada e classificada por colunas pelo cálculo do ROI, mas quando chega a hora da verdade e da tomada de uma decisão durante a teleconferência de reabastecimento, eles descobrirão que o item que mais desejam para entrega em vinte e cinco dias ou menos provavelmente não é o item da linha dois da planilha. Consistentemente, eles descobrirão que suas principais escolhas estão vindo de mais abaixo em sua lista.

Seus esforços para priorizar foram tornados desnecessários. Eles agora estão selecionando itens de seu pool de opções disponíveis com base no custo de atraso desses itens. Qual é o custo de atrasar o novo escritório porto-riquenho por que não podemos receber os funcionários? Custo do atraso não é o mesmo que retorno sobre o investimento. Efetivamente, ambos os métodos já estão em uso: custo do atraso e retorno do investimento. Para fins de seleção, um eliminou o outro. A prática de calcular o retorno do investimento continua, mas se tornou uma relíquia evolutiva.

Esta abordagem de manter (algumas) práticas existentes enquanto se introduzem novas práticas para substituí-las é uma técnica padrão na aplicação de mudanças evolutivas. Efetivamente, ROI e custo do atraso são duas espécies para fins de priorização ou, para usar linguagem menos ambígua e mais precisa, sequenciamento do trabalho. Esses dois métodos, o incumbente e o insurgente, competirão, assim como duas espécies biológicas competem para serem mais aptas para o meio ambiente.

Uma abordagem de mudança evolutiva no local de trabalho é usada para reduzir a resistência. Não pedimos a indivíduos ou grupos que desistam de uma prática específica, como a priorização com base no ROI, porque "não achamos que eles vão aceitar isso!" Em vez disso, deixamos a velha prática continuar enquanto introduzimos no ambiente a prática que prevemos que se torne sua sucessora. Se a nova prática, como selecionar e sequenciar o trabalho com base na urgência ou na oportunidade por meio de uma compreensão do custo do atraso, for bem-sucedida, esperamos que a prática mais antiga de sequenciamento com base no retorno do investimento desapareça. No entanto, em ambientes teimosos, muitas vezes onde há um grupo social unido e altamente coeso com uma cultura conservadora e avessa ao risco, ou onde uma prática está particularmente associada à identidade, autoestima, ego ou status de grupo social dos indivíduos, a velha prática tende a permanecer. Embora a antiga prática tenha sido evitada e não desempenhe mais um papel nos resultados bem-sucedidos, ela sobrevive. O tempo gasto nela é um desperdício e mesmo assim ela permanece. É uma relíquia evolutiva — algo difícil de explicar, abandonada pela mudança evolutiva em ação.

A Guilhotina do Abandono

O que acontece com itens que nunca são suficientemente importantes ou suficientemente urgentes — itens que simplesmente nunca são selecionados em uma reunião de reabastecimento? Alguns meses após o lançamento inicial, Dragos reconheceu que uma nova política era necessária: qualquer item com mais de seis meses era descartado do backlog — fechado como "abandonado". Havia agora uma política explícita de guilhotina do abandono. Se não fosse importante o suficiente para ser selecionado dentro de seis meses após sua chegada, podia-se presumir que não era importante. Tais políticas partem do pressuposto de que todo pedido de trabalho tem uma mãe — a pessoa que iniciou o pedido. Se a mãe realmente se importar e o item for realmente importante, ele será reenviado.

Descartando a Estimativa: Mais um Obstáculo à Adoção

Relembre do capítulo anterior onde havia uma regra de governança a respeito de despesas operacionais versus despesas de capital: o trabalho que requer mais de quinze dias de engenharia deve ser encaminhado para um projeto no portfólio principal de projetos e contabilizado como despesa de capital. Se não estimarmos, como saberíamos se algo é grande demais ou não?

Isso foi solucionado aceitando que alguns desses itens podem passar de forma sorrateira. Nos referimos a isso como solução "segurança do cartão de crédito". As empresas de cartão de crédito não tentam prevenir completamente transações fraudulentas em cartões de crédito — fazer isso tornaria tão desafiador usar o cartão de crédito que muitos de nós voltaríamos a usar dinheiro ou encontrar outros meios modernos de realizar pagamentos. Ao invés disso, as empresas de cartão de crédito criam uma provisão para fraudes dentro de seus modelos de negócio e pagam por isso usando a margem que é cobrada dos comerciantes por aceitar pagamentos com cartão de crédito. Quando qualquer um de nós usa nosso cartão de crédito, um percentual de geralmente 3% a 4,5% é retido pela empresa de cartão e não paga ao comerciante. Parte disso é um seguro contra transações fraudulentas. As empresas de cartão de crédito descobriram que era melhor arriscar algumas coisas ruins acontecendo do que eliminar completamente a possibilidade, o que reduziria significativamente seu negócio.

Dados históricos nos dizem que itens "grandes demais" eram menos de 2% do total de solicitações. Portanto, manter o esforço de estimativa para eliminar esses 2% de risco era uma economia ruim. Estávamos gastando de 30% a 40% da nossa capacidade em estimativas. Se as regras de governança contábil eram a única razão para manter a estimativa, era uma barganha muito ruim — quem pagaria $40 de seguro contra um risco potencial de $2? Em vez disso, decidimos deixar os "grandes demais" no sistema e pegá-los depois.

Os desenvolvedores foram instruídos a ficar atentos e se uma nova solicitação que começassem a trabalhar parecesse ser tão grande que eles estimassem que exigiria mais do que quinze dias de esforço, eles deveriam notificar seu gerente local. Se o item fosse confirmado com alta confiança como sendo grande demais, então seria redirecionado para o portfólio de projetos principais. O risco e o custo de fazer isso era menos da metade de 1% da capacidade disponível. Foi uma grande troca. Ao diminuir as estimativas, a equipe recuperou mais de 30% da capacidade sob o risco de menos de 1% daquela capacidade "desperdiçada" ao iniciar um item que era "grande demais". Essa nova política capacitou os desenvolvedores a gerenciarem riscos e a se manifestar quando necessário.

> Nota: Este é um tema comum no Método Kanban. A combinação de políticas explícitas, transparência e visu-alização capacita os membros individuais da equipe a tomar suas próprias decisões e a gerenciar os próprios riscos. A gestão passa a confiar no sistema porque entende que o processo é feito de políticas. As políticas são projetadas para gerenciar riscos e atender às expectativas dos clientes. As políticas são explícitas, o trabalho é controlado de modo transparente e todos os membros da equipe entendem as políticas e como usá-las.

O que aconteceu depois?

As duas primeiras mudanças foram deixadas para se acomodar por seis meses. Algumas mudanças menores foram feitas durante esse período. Como mencionado, uma política de limpeza de lista de pendências foi adicionada; a reunião semanal com os donos do produto também desapareceu. O processo estava funcionando tão bem que Dragos teve a ferramenta Product Studio modificada para que ela enviasse um e-mail quando o slot estivesse disponível no buffer de entrada. Ela então alertaria os donos do produto por e-mail, que decidiriam entre eles mesmos quem seria o próximo. Uma escolha seria feita e uma solicitação do backlog reabasteceria o sistema kanban dentro de duas horas após um slot ficar disponível.

Em Busca de Mais Melhorias

Dragos começou a procurar por mais oportunidades de melhoria. Ele vinha estudando dados históricos da produtividade de testadores de sua equipe e os comparando com o de outras equipes dentro dos serviços XIT na TCS em Hyderabad. Ele suspeitava que seus testadores não estavam muito ocupados e tinham muita capacidade ociosa. Por consequência, os desenvolvedores eram um gargalo significativo. Ele decidiu visitar a equipe na Índia. Onde passou duas semanas no escritório, observando. Em seu retorno, ele instruiu a TCS para fazer uma mudança de alocação de pessoal. Ele reduziu a equipe de teste de três para dois e adicionou outro desenvolvedor (Figura 4.6). Isso resultou em um aumento quase linear na produtividade: a vazão daquele trimestre aumentou de 45 para 56 solicitações de mudança concluídas e implantadas em produção. Ele havia avaliado corretamente que havia capacidade ociosa no teste. Dois testadores eram suficientes para lidar com o trabalho vindo de quatro desenvolvedores.

O ano-fiscal da Microsoft terminava em junho de 2005. Dale Christian, o gerente-geral e seu time de liderança estavam percebendo uma melhora significativa na produtividade e a consistência na entrega da equipe da XIT Sustaining Engineering. Finalmente, a gerência confiava em Dragos e nas técnicas que ele estava aplicando. Meu telefone tocou:

"David, é o Dragos. Dale adorou o que estamos fazendo. Ele vê os resultados. Eles estão revendo o orçamento anual e me disseram que posso contratar mais duas pessoas. Então, estou para enviar um e-mail para TCS e pedir a eles mais dois desenvolvedores."

"Acho que não faria isso", respondi.

"Não?"

"Acho que existe o perigo de que dois testadores não consigam lidar com a carga de trabalho que chega de seis desenvolvedores. Acredito, com base na minha compreensão reconhecidamente apenas superficial dos seus dados, que mais dois desenvolvedores transformarão o teste em gargalo e você não obterá todos os benefícios que você está esperando. Minha intuição é que você deveria optar por um de cada — uma nova proporção de cinco desenvolvedores para três testadores. Acho que vai funcionar."

Estava usando meu conhecimento da TOC e gargalos para dar esse conselho. Como mencionado anteriormente, essa abordagem é explicada com mais profundidade no volume 2, *Implementando Kanban.*

Dragos adicionou mais um desenvolvedor e testador adicional em julho de 2005. No inverno de 2006, os resultados foram significativos, como mostram as Figuras 3.6 e 3.7.

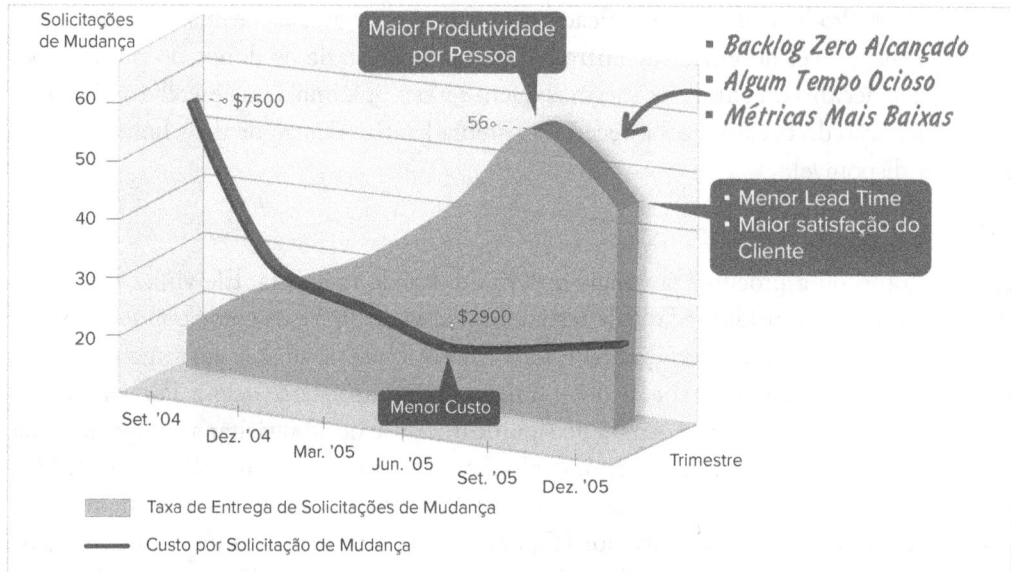

Figura 3.6 XIT Sustaining Engineering — taxa de entrega de solicitações de mudança versus custo por solicitação de mudança

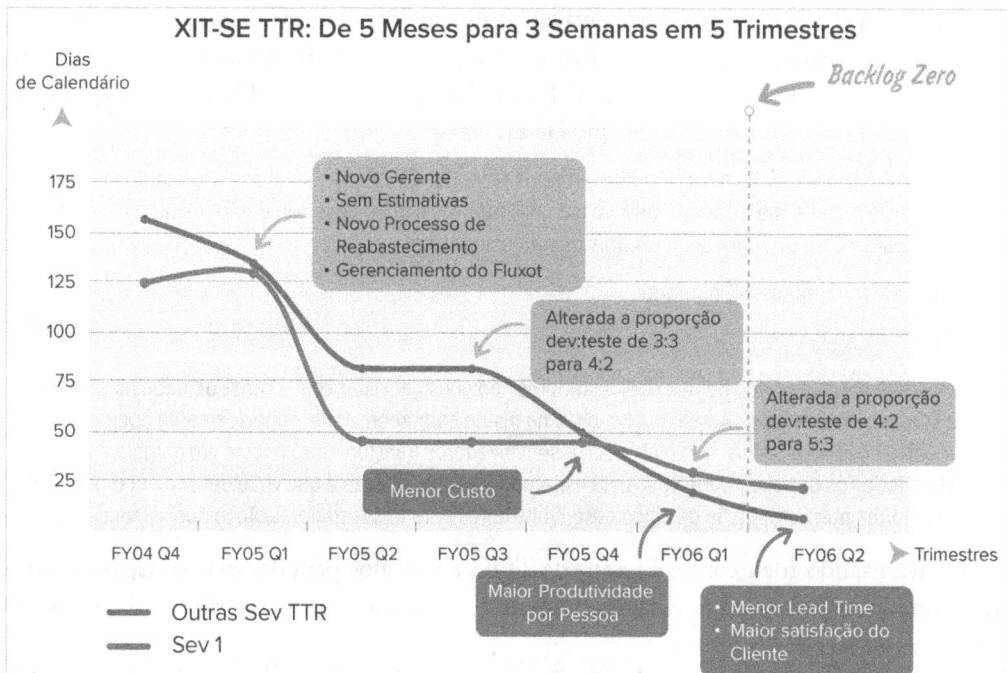

Figura 3.7 XIT Sustaining Engineering — tempo de resolução (TTR) ou lead time médio por solicitação de mudança desde o compromisso até a implantação

Resultados

A capacidade adicional era suficiente para aumentar a vazão além da demanda. O resultado? O backlog foi completamente eliminado em 22 de novembro de 2005. A essa altura, a equipe havia reduzido o lead time para uma média de quatorze dias contra um tempo de engenharia de onze dias. O desempenho de cumprimento de prazos contra a meta de prazo de entrega de vinte e cinco dias foi de 98%. A vazão de solicitações aumentou mais de três vezes, os prazos de entrega caíram mais de 90% e a confiabilidade melhorou tanto quanto isso. Nenhuma mudança foi feita no desenvolvimento de software ou processo de testes. As pessoas que trabalhavam em Hyderabad desconheciam qualquer mudança significativa. O método PSP/TSP permaneceu inalterado e todos os requisitos de governança corporativa, processo e contrato de fornecedor foram totalmente atendidos. A equipe ganhou o Prêmio de Excelência em Engenharia da Microsoft no segundo semestre de 2005. Dragos foi recompensado com responsabilidades adicionais, e a gestão diária da equipe foi entregue ao gerente de equipe local na Índia, que foi realocado para os EUA para trabalhar na Microsoft no campus de Seattle.

Essas melhorias vieram em parte por causa da incrível personalidade e habilidades gerenciais de Dragos Dumitriu, mas os elementos básicos do Kanban foram os principais facilitadores: mapear o fluxo de trabalho, analisar o fluxo de trabalho, definir os limites de WIP e implementar um sistema puxado. Sem o paradigma de fluxo e abordagem kanban de limitar o WIP, os ganhos de desempenho não seriam possíveis. O kanban possibilitou mudanças incrementais com baixo risco político e baixa resistência à mudança.

No outono de 2005, comecei a reportar os resultados inicialmente no meu blog, depois em uma conferência sobre Teoria das Restrições em Barcelona, e novamente no inverno de 2006 em uma conferência de *Lean Product Development* em Chicago. Naquele ano, outros começaram a adotar o conceito e replicá-lo. Mais notadamente, Eric Landes nas instalações da fabricante de componentes automotivos Robert Bosch em South Bend, Indiana, onde ele replicou nossos resultados com uma equipe de manutenção de software de aplicativos de intranet. Na época, o que chamamos de "um sistema kanban virtual para engenharia de software" estava ganhando adoção e conscientização mais amplas. Ainda não era um Método Kanban completo como conhecemos hoje. Isso só surgiria a partir de 2007, como descrito no Capítulo 4. No entanto, os resultados na Robert Bosch validaram que a abordagem era replicável e que não exigia a liderança de um ex-atleta olímpico e guarda-costas treinado como Dragos para que funcionasse. O que de fato era necessário era alguém, como a figura do desenho da capa, preparado para dizer: "Vamos fazer algo a respeito" e tomar uma ação.

A história da XIT mostra como um sistema puxado com WIP limitado foi implementado em um serviço de TI geograficamente distribuído, usando recursos offshore e um fornecedor terceirizado. A implementação foi facilitada com uma ferramenta de rastreamento de software. Não havia um quadro visual e muitos dos recursos mais sofisti-cados do Método Kanban descritos mais adiante neste livro ainda surgiriam. Contudo, o gerente poderia ignorar a possibilidade de resultados semelhantes? Adotar uma abordagem evolucionária "comece com o que você faz agora" para mudar usando os sistemas kanban era claramente uma abordagem que valia a pena relatar publicamente para que outros replicassem e algo que ambos queríamos tentar novamente!

Resumo

- O primeiro sistema kanban virtual conhecido e documentado para o trabalho de bens intangíveis e serviços profissionais foi implementado com a equipe de manutenção de software XIT Sustaining Engineering na Microsoft, a partir de 2004.

- Foi implementado com uma equipe offshore na TCS em Hyderabad na Índia

- Foi usada uma ferramenta de rastreamento eletrônico chamada Product Studio.

- Os limites de *work-in-progress* (WIP) foram impostos usando políticas e os chamados gatilhos em uma base de dados. Às vezes isso é conhecido como um sistema kanban virtual, já que cartões sinalizadores (kanbans) não físicos foram usados. Não havia quadro virtual.

- O processo foi descrito como um conjunto explícito de políticas.

- A primeira implementação de Kanban na Microsoft melhorou três vezes mais a produtividade, diminuiu os prazos de entrega em 92% e melhorou a taxa de entrega no prazo para 98%.

- Políticas afetam o desempenho. Algumas políticas definidas pelos executivos seniores devem ser tratadas como restrições e não podem ser facilmente alteradas.

- Parar de estimar foi uma escolha. Outras opções estavam disponíveis: isolar a interrupção da estimativa em uma fatia do tempo; isolar a interrupção da estimativa usando um papel de especialista estimador; ou combinar as outras duas opções com uma função de especialista que girasse entre os membros da equipe. Essas opções foram rejeitadas porque melhoraram a previsibilidade, mas não recuperaram nenhuma capacidade desperdiçada.

- O dimensionamento do buffer de entrada deveria antecipar a taxa de entrega máxima prevista no período entre as reuniões de reabastecimento. O objetivo é garantir que a primeira atividade no fluxo de trabalho nunca seja carente de novos trabalhos para iniciar e, consequentemente, seus trabalhadores nunca fiquem ociosos.

- Um buffer entre duas atividades pode ser desejável para suavizar o fluxo devido à variabilidade nos tempos de ciclo locais em cada atividade.

- Às vezes o dimensionamento do buffer inicial pode ser arbitrário. A partir de uma observação empírica ao longo de dez anos, um WIP de cinco é muitas vezes uma boa posição inicial. A partir daí, o tamanho pode ser ajustado para cima ou para baixo, conforme observações são feitas sobre o quanto ele é usado.

- Abandonar o planejamento tradicional e mudar para um compromisso postergado e um acordo de nível de serviço para expectativas de entrega é um conceito central no Kanban. O planejamento tradicional muitas vezes encoraja o comprometimento precoce, levando a um replanejamento e reagendamento do trabalho. Isso pode ser uma fonte de insatisfação para os clientes.

◆ Uma vez que um sistema Kanban proposto é projetado para um fluxo de trabalho de entregas de serviços, é importante antecipar quem pode se opor a fazer mudança.

◆ Geralmente, pessoas que farão objeções são aquelas que tem a própria identidade, autoestima ou status social ancorados em uma execução hábil de uma prática específica. Uma sugestão para mudar ou remover tal prática provavelmente encontrará resistência.

◆ Diplomacia do Vaivém — reunião com os interessados individuais para explicar as mudanças propostas — é altamente recomendado. Faça com que indivíduos concordem e se comprometam com as mudanças antes de uma reunião inicial em grupo.

◆ Processos de mudança evolucionária podem abandonar artefatos históricos estranhos ou práticas evitadas. Genericamente, nos referimos a elas como relíquias evolutivas. Na biologia, eles são chamados de órgãos vestigiais.

◆ Uma abordagem para mudar uma prática que invocará resistência e postura defensiva de alguns indivíduos é introduzir a nova prática ao lado da titular e deixar as duas técnicas "competirem" pela adequação. A alternativa mais apta sobreviverá e prosperará, enquanto a outra pode definhar e seu uso pode desaparecer.

◆ O uso de um limite de tempo em solicitações enviadas é útil para evitar que os backlogs cresçam para um tamanho grande e não gerenciável. Os limites de tempo são conhecidos como Guilhotinas de Abandono.

◆ Às vezes pode haver uma vantagem em deixar algo ruim acontecer, contanto que possa ser detectado rapidamente e seu impacto seja minimizado. Isso pode ser mais desejável do que gastar muito esforço na frente para evitar que uma coisa ruim sequer aconteça. A prevenção a riscos pode ser mais cara e dispendiosa que a mitigação de riscos. Este conceito é chamado na orientação do Kanban como Solução para Fraude do Cartão de Crédito.

◆ Ao adicionar pessoas ou equipamentos de automação a um fluxo de trabalho de entrega de serviços e sistema kanban, é importante considerar onde colocar essas adições para evitar criar acidentalmente um gargalo que limite o valor e a melhoria produzidos.

4

Abaixo a Democracia!

Magia Kanban: Mudança Emergente, Evolucionária,
Social, Cultural e de Processos

"Ainda não encontrei o que estou procurando!" Estava explicando por
que estava deixando a Microsoft para assumir a posição como
Diretor Sênior de Engenharia de Software na Corbis, no centro de Seattle
— uma empresa totalmente detida por Bill Gates. Embora o uso de um
sistema kanban na Microsoft tenha se mostrado bem promissor, no verão
de 2006 eu ainda estava procurando os meios para permitir a mudança
evolucionária. Eu ainda procurava por aquele "processo de melhoria contínua" que eu havia previsto em 2002, enquanto escrevia *Agile Management
for Software Engineering*. O cargo na Corbis me proporcionaria uma organização com cerca de 150 pessoas em TI, com onde eu poderia testar minhas
ideias. Como expliquei em uma entrevista ao MSDN Channel 9 da
Microsoft, eu não iria instalar um método ágil na Corbis; em vez disso, eu
iria começar onde eles estavam e deixar com que as melhorias evoluíssem.

Enquanto a comunidade TOC falava sobre POOGI's, os japoneses
têm uma palavra em sua língua que captura esse conceito: kaizen, que
literalmente significa "melhoria contínua". A cultura do local de trabalho, onde toda a força de trabalho está focada na melhoria contínua da
qualidade, produtividade e satisfação do cliente é conhecida como "cultura kaizen". Kaizen é principalmente associado a Toyota. Pouquíssimas
empresas realmente alcançaram uma verdadeira cultura kaizen. Ao tentar
entender o conceito e onde poderíamos tê-lo observado, poderíamos
apontar as equipes de automobilismo da Fórmula 1 como exemplo.

Um dos meus clientes mais recentes, uma empresa chinesa de equipamentos de telecomunicações e eletrônicos de consumo, tem um

vice-presidente executivo que aspira que a empresa seja vista como "a Toyota do século 21" — a empresa kaizen arquetípica nas indústrias de serviços profissionais e trabalhadores do conhecimento. Empresas como a Toyota têm quase 100% da participação dos funcionários em seus programas de melhoria. Em média, cada colaborador tem uma sugestão de melhoria implementada todo ano como parte de uma melhoria contínua. Há pouquíssimas empresas que podem emular ou melhorar essa reivindicação.

No mundo do desenvolvimento de software, o Software Engineering Institute (SEI) da Carnegie Mellon University definiu o nível mais alto do seu Capability Maturity Model Integration (CMMI)[15] como Em Otimização. O modelo CMMI foi originalmente inspirado na Toyota dos anos 1980. O nível mais alto, o Nível de Maturidade 5, foi concebido para descrever uma organização que pudesse emular a cultura da Toyota dentro dos sistemas de engenharia e de software das empresas, com foco principal nas aquisições do sistema governamental e da indústria de espaço e defesa. Por volta de 1990, tal empresa não existia. O Nível de Maturidade 5 do CMM[16] era aspiracional. O modelo construiu do nível 1 ao 5 para descrever o comportamento das organizações que realmente existiam e fornecer um roteiro para avançar em direção a uma cultura mais estilo Toyota. A execução diante desse objetivo nos últimos trinta anos ficou aquém. A literatura do CMMI dizia pouco sobre a cultura da empresa ou como afetá-la; em vez disso, focou-se em práticas com a suposição de que, se você as prescrevesse, as pessoas e as empresas iriam adotá-las. Mais recentemente, a comunidade Kanban desenvolveu seu próprio modelo de maturidade, descrito em nosso livro mais recente, *Kanban Maturity Model: A Map to Organizational Agility, Resilience, and Reinvention*, escrito por mim e Teodora Bozheva. Esse novo modelo de maturidade surgiu ao observar a vasta variedade de implementações Kanban ao redor do mundo na última década e capturando muitos estudos de caso. Começamos a observar padrões nas implementações Kanban e estilos de quadros kanban. Conseguimos correlacionar esses padrões a níveis observáveis de maturidade organizacional. Como consequência, o novo Modelo de Maturidade Kanban emergiu para fornecer um roteiro para uma implementação mais profunda e níveis mais altos de maturidade organizacional. Ao contrário do CMMI, o Kanban tem muito a dizer sobre cultura, gestão da mudança e as razões psicológicas e sociológicas pelas quais as pessoas e organizações resistem à mudança. Nos cinco anos desde seu lançamento, o Modelo de Maturidade Kanban demonstrou sucesso considerável em ajudar mais organizações a alcançar uma cultura kaizen, melhorar sua agilidade de negócios e capacitá-las para que ofereçam continuamente produtos e serviços adequados ao propósito nos mercados onde escolhem atender.

---

15. Desde a publicação da 1ª edição, a Carnegie Mellon alienou o negócio CMMI de seu Software Engineering Institute (SEI). Agora é uma empresa independente, o CMMI Institute, e foi adquirida pela empresa de treinamento sem fins lucrativos ISACA. No entanto, o modelo de maturidade foi definido durante o período anterior, quando o CMMI fazia parte da Carnegie Mellon University, em Pittsburgh, Pensilvânia.

16. Como conhecido na época

Cultura Kaizen

Para entender por que é tão difícil alcançar uma cultura kaizen, primeiro devemos entender como que tal cultura seria. Somente então, poderemos discutir como podemos alcançá-la em nossa empresa e quais podem ser os benefícios.

Na cultura kaizen, a força de trabalho é empoderada. Os indivíduos se sentem livres para agir, livres para fazer a coisa certa. Eles espontaneamente se aglomeram sobre os problemas, discutem opções e implementam correções e melhorias. Em uma cultura kaizen, a força de trabalho é destemida. Para viabilizar uma cultura kaizen, os gestores devem ser tolerantes com o fracasso. Se a experimentação e a inovação são feitas em alinhamento com os valores organizacionais, e com o objetivo de melhoria de processos ou desempenho, deve-se incentivá-las: nem toda mudança produzirá uma melhoria; nem todo experimento será um sucesso. No entanto, se houver medo de punição por fazer mudanças ou experiências fracassadas, não haverá iniciativas espontâneas para fazer melhorias. Kaizen não pode existir onde há uma cultura do medo. Numa cultura kaizen, indivíduos são livres (dentro de alguns limites, geralmente restrições políticas definidas explicitamente) para se auto-organizarem em torno do trabalho que fazem e como o fazem. Controles visuais e sinais são evidentes e tarefas de trabalho são geralmente voluntárias ("puxadas") ao invés de serem atribuídas por um supervisor. Uma cultura kaizen envolve alto nível de colaboração e uma atmosfera colegial, onde todos olham para o desempenho da organização e do negócio e o fazem de forma tão altruísta, colocando o bem comum acima de seu próprio benefício pessoal. Uma cultura kaizen foca no pensamento em nível de sistemas, enquanto faz melhorias locais que melhoram o desempenho geral.

Uma cultura kaizen tem alto nível de capital social. É uma cultura de alta confiança onde indivíduos, independentemente de sua posição na hierarquia decisória do negócio, respeitam uns aos outros e a contribuição de cada um. Culturas de alta confiança tendem a ter estruturas mais planas do que culturas de baixa confiança. É o grau de empoderamento que permite que uma estrutura mais plana funcione de forma eficaz. Assim, alcançar uma cultura kaizen pode permitir a eliminação de camadas desperdiçadas de gestão e, consequentemente, reduzir os custos de coordenação.

Muitos aspectos de uma cultura kaizen estão em oposição às normas culturais e sociais estabelecidas na cultura ocidental moderna. No Ocidente, somos criados para sermos competitivos. Nossos sistemas de ensino incentivam a competição no meio acadêmico e no atletismo. Mesmo nossos esportes coletivos tendem a incentivar o desenvolvimento de heróis e equipes construídas em torno de um ou dois jogadores excepcionalmente talentosos. A norma social é focar no indivíduo em primeiro lugar e confiar em indivíduos excepcionais para entregar a vitória ou para nos salvar do perigo. Não é de admirar que nos esforcemos no local de trabalho para incentivar o comportamento colegial e o pensamento em nível de sistemas e a cooperação.

Kanban Acelera a Maturidade e Capacidade Organizacional

O Método Kanban é projetado para minimizar o impacto inicial das mudanças e reduzir resistência para adoção de mudanças. Adotar o Kanban deveria mudar a cultura da sua empresa e ajudar em seu amadurecimento. Se a adoção for feita corretamente, a empresa se transformará em uma que adota mudanças prontamente e se torna boa em implementar mudanças e melhorias de processos.

Quando você implementa o Kanban pela primeira vez, você está buscando otimizar os processos existentes e mudar a cultura organizacional, em vez de trocar os processos existentes por outros que podem fornecer melhorias econômicas dramáticas. Isso levou[17] à crítica de que o Kanban apenas otimiza algo que precisa ser mudado. No entanto, existem atualmente evidências empíricas[18] consideráveis de que o Kanban acelera o alcance de altos níveis de maturidade e capacidade organizacional.

Quando você opta por usar o Kanban como um método para impulsionar a mudança em sua empresa, você está concordando com a visão de que é melhor otimizar o que já existe, porque isso é mais fácil e rápido e encontrará menos resistência do que executar uma iniciativa de mudança formal gerenciada e projetada com um processo futuro definido e projetado, muitas vezes rotulado e nomeado como um objetivo de negócios. É comum que iniciativas de mudança tão ousadas recebam nomes dramáticos e heroicos, embora um dos meus clientes mais recentes, mais por acidente do que por design, tenha chamado o seu de "Projeto Borboleta" porque uma maneira de obter financiamento para uma ideia de melhoria era rotulá-lo como "parte da borboleta". As culturas Kaizen não possuem programas de melhoria e projetos definidos, nomeados, com orçamentos e metas. Uma cultura kaizen apenas é! As culturas kaizen continuam com a melhoria como negócio de costume. Impulsionar a melhoria é assunto de todos, todos os dias.

Enquanto gerentes seniores e empresas de consultoria são viciados em iniciativas de mudança definidas e gerenciadas — um conceito introduzido e aperfeiçoado pela McKinsey & Company — uma mudança tão radical é, na verdade, mais difícil, mais custosa e menos provável de permanecer do que melhorar incrementalmente o que já existe. Além disso, entenda que os aspectos de jogo colaborativo do Kanban contribuirão para uma mudança significativa em sua cultura corporativa e sua maturidade. Essa mudança vai permitir depois mudanças muito mais significativas, novamente com menor resistência, do que se você tentasse fazer essas mudanças imediatamente. Adotar o Kanban é um investimento na capacidade, maturidade e cultura de longo prazo da sua organização. Não é pensado para ser uma solução rápida.

---

17. Larman, Craig e Bas Vodde. *Scaling Lean & Agile Development: Thinking and Organizational Tools for Large- Scale Scrum*. Boston: Addison Wesley, 2008.

18. Willeke, Eric, com David J Anderson e Eric Landes (editores). *Proceedings of the Lean & Kanban 2009 Conference*. Bloomington, IN: Wordclay, 2009.

Juntos, nós podemos entender melhor os benefícios e as armadilhas de uma cultura kaizen por meio de nossa segunda história Kanban, que abrange de 2006 a 2008 na empresa de fotografia e direitos de propriedade intelectual Corbis, com sede no centro de Seattle. A implementação abrangeu a maior parte do departamento de TI de aproximadamente 150 pessoas em uma empresa global com escritórios em Nova York, Londres, Paris, Hong Kong e Tóquio, e cerca de 1.300 funcionários no total. Eu havia assumido o papel de Diretor Sênior e Engenharia de Software, me reportando ao *Chief Information Officer*.

Corbis: A Equipe Não Tão Rápida, Não-Responsiva Que Não Existia

capitalization ok here?

Quando apresentei um sistema kanban na Corbis em 2006, fiz isso por muitos dos benefícios mecânicos que foram demonstrados com o Microsoft XIT em 2004 até 2006 (como descrito nos Capítulos 2 e 3). A aplicação inicial era a mesma: manutenção de software de aplicativos de TI. Eu não estava prevendo uma mudança cultural significativa ou uma mudança significativa na maturidade organizacional. Eu não esperava que o que hoje conhecemos como Método Kanban evoluísse a partir desse trabalho.

Em 2006, ainda não estava claro que os sistemas kanban tivessem um encaixe natural com o trabalho de serviços de TI, mas uma forma de sistema kanban parecia se encaixar bem com os problemas funcionais do trabalho de manutenção. Não fui para a Corbis com a intenção de "fazer Kanban". Eu fui lá com a intenção de melhorar a satisfação do cliente com o departamento de desenvolvimento de aplicativos dentro da divisão de TI. Foi uma feliz coincidência que o primeiro problema a ser abordado foi a falta de previsibilidade em relação à entrega da manutenção de software de TI.

Histórico e Cultura

Em 2006, a Corbis era uma empresa privada, com cerca de 1.300 funcionários em todo o mundo. Controlava os direitos digitais de muitas obras de arte fascinantes, além de representar aproximadamente 3.000 fotógrafos profissionais, licenciando seu trabalho para uso por editores e anunciantes. Foi a segunda maior empresa de fotografia do mundo. Havia também outras linhas de negócios, a mais notável delas era o negócio de licenciamento de direitos que controlava os direitos, em nome de famílias, propriedades e empresas de gestão, sobre as imagens e nomes de personalidades e celebridades. O departamento de TI era composto por cerca de 150 pessoas divididas entre engenharia de software e operações de rede/manutenção de sistemas. A força de trabalho era aumentada de tempos em tempos com funcionários contratados para trabalhar em grandes projetos. Em seu auge, em 2007, o departamento de engenharia de software empregava 105 pessoas, incluindo trinta e cinco funcionários contingentes em Seattle e outros trinta em um fornecedor em Chennai, Índia. A maioria dos testes erra executada por essa equipe em Chennai. Havia uma abordagem muito tradicional para o gerenciamento de projetos: tudo era planejado em uma árvore de dependências de tarefas e acumulado por um escritório de gerenciamento de programas. Era uma empresa com uma cultura conservadora, no que era uma indústria relativamente conservadora e lenta, antes da chegada dos chamados vendedores de *penny-stock* oferecendo imagens para licença a preços tão baixos quanto US$ 1, e depois da chegada de serviços de web como o Flickr, que encorajavam qualquer fotógrafo digital amador a compartilhar suas fotografias com um público global. Embora estrategicamente houvesse alguma urgência em mudar para competir com essas influências disruptivas, a Corbis era notavelmente lenta, e seu grupo de TI exibia maturidade organizacional muito baixa, oferecendo baixa qualidade e previsibilidade. Era uma fonte de muita frustração para muitos gestores de negócios em toda a empresa. Quando cheguei, em setembro de 2006, as abordagens de gerenciamento de projetos e de ciclo de vida da engenharia de software eram conservadoras e tradicionais.

O departamento de TI mantinha um conjunto diversificado de aproximadamente trinta sistemas. Alguns eram sistemas contábeis e de recursos humanos bastante típicos; outros eram exóticas, e por vezes esotéricas, aplicações para o setor de gerenciamento de direitos digitais. Havia uma ampla gama de tecnologias, plataformas de software e linguagens suportadas. A empresa havia crescido por aquisição e, consequentemente, havia um conjunto heterogêneo de tecnologias e algumas duplicações, como dois sistemas contábeis. A força de trabalho era incrivelmente leal; muitas pessoas no departamento de TI estavam na empresa há mais de oito anos, algumas com até quinze anos de serviço. Nada mal para uma empresa que tinha cerca de dezessete anos. O processo de desenvolvimento era um ciclo de vida de desenvolvimento de software (SDLC) tradicional, estilo cascata, que havia sido institucionalizado ao longo dos anos com a criação de um departamento de análise de negócios, um departamento de análise de sistemas, um departamento de desenvolvimento e um departamento de testes offshore, todos gerenciados por um gerente de departamento em minha equipe em Seattle. Dentro desses departamentos havia muitos especialistas, como analistas cuja formação era contabilidade e cuja especialidade eram aplicações financeiras. Alguns desenvolvedores eram também especialistas, por exemplo, os programadores da J.D. Edwards, que mantinham o software de contabilidade J.D. Edwards.

Nada disso era ideal; mas era o que era. As coisas eram do jeito que eram. Quando entrei na empresa, havia alguma expectativa e receio de que eu iria impor uma metodologia ágil de desenvolvimento de software e usasse meu cargo para forçar as pessoas a mudarem seu comportamento. Embora isso pudesse ter funcionado, teria sido brutal, e o impacto durante a transição teria sido severo. Tinha receio de tornar as coisas piores, temia que os projetos parassem na metade enquanto novas formações eram ministradas e a equipe se adaptava às novas formas de trabalho. Também temia perder pessoas chave, sabendo que a força de trabalho era frágil devido aos níveis excessivos de especialização. Optei por apresentar um sistema kanban, colocar o trabalho de manutenção dos sistemas de volta nos trilhos e ver o que aconteceu a partir daí.

A Necessidade de uma Função de Manutenção de Software

A manutenção de software (ou "RRT" para "Rapid Response Team", como era conhecida internamente) havia sido financiada pelo comitê executivo com um orçamento adicional de 10% para o departamento de engenharia de software. Como você pode imaginar lendo o Capítulo 2, esse era o orçamento de despesas operacionais e, portanto, afetava diretamente a demonstração de lucros e perdas. Dez por cento era o tanto que a equipe executiva estava disposta a cobrar das despesas operacionais em um determinado ano. Isso equivalia a cinco pessoas adicionais — a equipe de desenvolvimento em tempo integral era de aproximadamente cinquenta. Essas pessoas foram contratadas na primavera de 2006, antes da minha chegada. Devido à natureza diversificada dos sistemas envolvidos e do alto grau de especialização existente no departamento, foi decidido que, ao contrário da equipe da XIT Sustaining Engineering na Microsoft, uma equipe dedicada de cinco pessoas para fazer o trabalho de manutenção não seria uma boa solução. Então, cinco pessoas a mais foram adicionadas ao quadro de funcionários gerais: um gerente de projeto, um analista, um desenvolvedor e dois testadores. Isso introduziu uma complicação adicional: era necessário, do ponto de vista da governança, mostrar que as cinco pessoas adicionais estavam realmente fazendo trabalho de manutenção e não tinham sido simplesmente sugadas para o portfólio de grandes projetos. No entanto, em um dia qualquer, essas cinco pessoas poderiam ser qualquer uma das cerca de cinquenta e cinco pessoas do grupo de desenvolvimento de aplicativos. O RRT era um papel a ser desempenhado e não uma atribuição permanente.

Uma solução seria que todos preenchessem fichas de horários complexos para mostrar que 10% das horas da equipe estavam sendo gastas em atividades de manutenção. Isso teria sido altamente intrusivo e teria adicionado uma carga administrativa ao departamento, mas é típico de como os gerentes intermediários respondem a esse desafio. Outra abordagem era apresentar um sistema kanban: nós demonstraríamos, por meio de uma combinação de um limite de WIP e transparência no fluxo de trabalho, que cinco pessoas sempre eram designadas para a manutenção de software.

Uma expectativa havia sido estabelecida, ao argumentar o caso de negócios para o financiamento, que uma equipe de manutenção permitiria que a Corbis fizesse lançamentos incrementais para sistemas de TI a cada duas semanas. Os principais projetos normalmente envolviam grandes atualizações de sistemas e lançamentos de novos sistemas uma vez a cada três meses. Mas, à medida que o negócio amadureceu e a natureza desses sistemas se tornou mais complexa, essa cadência de grandes lançamentos trimestrais se tornou intermitente. Além disso, alguns dos sistemas existentes estavam efetivamente em fim de vida útil e realmente deveriam ser substituídos completamente. A substituição do sistema legado é um grande desafio, e normalmente envolve projetos longos com uma grande equipe até que uma paridade de funcionalidade seja alcançada e o sistema antigo possa ser desligado à medida que o novo é colocado on-line.

Assim, os lançamentos de manutenção eram a única área dentro da TI da Corbis onde o kanban poderia permitir alguma forma de agilidade nos negócios.

Pequenos Projetos para Manutenção não Estavam Funcionando

O sistema existente para entregar os lançamentos de manutenção, o sistema que estava quebrado, era agendar uma série de projetos curtos de duas semanas. Isso se encaixou bem dentro do paradigma existente para o grupo de gerenciamento de projetos e sua abordagem tradicional para o trabalho com base no *Project Management Body of Knowledge* do *Project Management Institute* (PMI). No entanto, trazia despesas gerais significativas tanto nos custos de coordenação como nos custos de transação. Quando cheguei, a negociação do escopo para um ciclo de lançamento de duas semanas estava demorando cerca de três semanas. Os custos de transação prévios a um lançamento eram maiores do que o trabalho de valor agregado. Estava levando cerca de seis semanas para conseguir uma liberação de duas semanas.

Implementando Mudança

Estava claro antes de fazer quaisquer mudanças que o status quo era inaceitável. O sistema atual era incapaz de entregar os níveis desejáveis de agilidade do negócio. A manutenção do sistema nos deu uma oportunidade ideal para introduzirmos mudança. O trabalho de manutenção geralmente não era de missão crítica. Era, no entanto, altamente visível. Os gestores do negócio tinham participação direta na priorização e suas escolhas eram altamente táticas e importantes para os objetivos de negócios de curto-prazo. A manutenção do sistema era algo com que todos se preocupavam e queriam que funcionasse de modo eficaz. E finalmente, havia uma razão convincente para fazer mudanças: todos estavam infelizes com o sistema existente. Os desenvolvedores, testadores e analistas estavam incomodados com o tempo desperdiçado na negociação, e os gestores do negócio estavam altamente insatisfeitos com os resultados. As únicas pessoas relativamente satisfeitas com o status quo eram os gerentes de projeto e seu gerente do grupo, que trabalhavam de acordo com suas credenciais profissionais, o *Project Management Professional* (PMP), concedido a eles pela aprovação em um exame do PMI. Eles não assumiram a responsabilidade pela falha no projeto, nem nunca foram responsabilizados. Seu papel era acelerar o processo burocrático e apontar o dedo da culpa para os gerentes de departamento quando as expectativas não eram atendidas. Se houvesse resistência, esperávamos que viesse dos gerentes de projeto. Todos os demais estavam ansiosos por mudança.

Ao trabalhar com Rick Garber, o líder da equipe de melhoria de processos, projetamos um sistema kanban com lançamentos quinzenais, programados para as quartas-feiras às 13h, e reuniões de reabastecimento com os gestores do negócio agendadas, todas as segundas-feiras às 10h. Efetivamente, definimos uma cadência de reabastecimento semanal e uma cadência de entrega quinzenal. A frequência desses eventos foi determinada através de discussões colaborativas com os gestores do negócio e parceiros secundários em operações de TI e com base nos custos de transação e coordenação das atividades. Algumas outras mudanças foram feitas. Introduzimos um buffer (de entrada) de Pronto para Engenharia com um limite de WIP de cinco itens e, em seguida, adicionamos limites de WIP durante todo o ciclo de vida de análise, desenvolvimento, compilação e teste do sistema. O teste de aceitação, a preparação e o pronto para a produção foram deixados ilimitados, pois não foram considerados restritos pela capacidade e estavam, em certa medida, fora de nosso controle político imediato.

Efeitos Primários das Mudanças

Os efeitos da introdução de um sistema kanban foram, em um nível, nada surpreendentes, mas em outro, foram notáveis. Começamos a fazer lançamentos a cada duas semanas. Cerca de três interações depois, elas ocorriam sem incidentes. A qualidade estava boa e havia pouca ou nenhuma necessidade para reparos de emergência quando um novo código entrava em produção. A sobrecarga para agendamento e planejamento de lançamentos havia caído drasticamente, e as brigas entre as equipes de desenvolvimento e o escritório de gerenciamento de projetos haviam desaparecido quase completamente. Assim, o kanban cumpriu sua promessa básica. Estávamos fazendo lançamentos de alta qualidade com muita regularidade, com um mínimo de sobrecarga de gerenciamento. Os custos de transação e coordenação de um lançamento foram drasticamente reduzidos. A RRT estava fazendo mais trabalho e estávamos entregando esse trabalho ao cliente com mais frequência.

Foram os efeitos secundários de um sistema kanban que foram ainda mais notáveis.

Corbis: Resultados Sem Brilho Trazem Mudança Cultural Emergente

Efeitos Imprevistos da Introdução do Kanban

Era meados de Janeiro de 2007; tínhamos acabado de fazer nossa terceira entrega sob o novo sistema kanban. Darren Davis, gerente da equipe de desenvolvimento e líder responsabilizável e também responsável pela operação RRT e seu sistema kanban, uma função agora chamada de "gerente de entrega de serviço", estava sentado em frente à minha mesa na nossa rotineira reunião semanal. "Está funcionando!", ele me disse. "Estamos enviando liberações. As pessoas gostam. Os clientes estão mais felizes. No entanto, simplesmente não estamos vendo as melhorias de produtividade que você alcançou com a XIT na Microsoft."

"O que você sugere?"

"Gostaria de colocar um quadro na parede e visualizar o processo. Deixar que todos vejam o que está acontecendo".

Essa técnica de visualizar o trabalho de desenvolvimento de software, usando um quadro com cartões de índice grudados nele, onde cada cartão representava uma solicitação individual de funcionalidade, começou alguns anos antes, dentre a comunidade conhecida como *Extreme Programmers* (Programadores Extremos, em livre tradução). Eles chamavam estes quadros de "paredes de cartão". Darren estava pedindo permissão para usar uma parede de cartão de Extreme Programming, mas fazendo com que modelasse e visualizasse nosso fluxo de trabalho RRT, com cada ticket no quadro representando um pedido de mudança.

Concordei que era uma boa ideia, e Darren passou a montar o quadro. Ele começou a fazer reuniões matinais, em torno do quadro, todos os dias às 09h30 por quinze minutos. O quadro físico tinha um enorme efeito psicológico comparado a qualquer coisa que obtivemos da ferramenta eletrônica de rastreamento que usamos na Microsoft e que tínhamos adotado na Corbis. Ao participar todos os dias da reunião, os membros da equipe foram expostos a uma espécie de fotografia de lapso de tempo do fluxo de trabalho através do quadro. Os itens de trabalho bloqueados eram marcados com tíquetes na cor rosa, e a equipe ficou muito mais focada na resolução de problemas e em manter o fluxo. A produtividade aumentou drasticamente.

Com o fluxo de trabalho agora visível no quadro, comecei a prestar atenção ao funcionamento do processo. Com isso, fiz algumas mudanças no quadro. Minha equipe de gerentes passou a entender as mudanças que eu estava fazendo e porque eu as estava fazendo, e em março, eles mesmos estavam fazendo mudanças. Por sua vez, os membros de sua equipe — os desenvolvedores, testadores e analistas individuais — começaram a ver e entender como as coisas funcionavam. No início do verão, todos na equipe se sentiam com poder para sugerir uma mudança, e observamos a afiliação espontânea de grupos (muitas vezes multifuncionais) de indivíduos que discutiam problemas e desafios do processo e faziam mudanças conforme achassem apropriado. Normalmente, eles informariam a cadeia de gestão após o fato. Isso é buscar o comportamento de perdão, em vez de adiar à espera pela permissão. Buscar o perdão nos permite avançar mais rápido, a nos mover com agilidade. É um comportamento associado a maior capital social. É a evidência de uma cultura de maior confiança. O que havia surgido ao longo de aproximadamente seis meses foi uma cultura kaizen em nosso grupo de desenvolvimento de aplicativos. Como qualquer pessoa de um grupo de cerca de cinquenta e cinco funcionários poderia desempenhar um papel no RRT em qualquer semana, agora tínhamos um departamento inteiro que se sentia empoderado. O medo havia sido removido. Minha equipe agora se orgulhava de seu profissionalismo e de suas conquistas, e eles estavam claramente motivados a fazer ainda melhor.

Mudança Sociológica

Desde a experiência na Corbis, houve outros relatos similares em todo o mundo. Rob Hathaway, na época consultor da empresa Indigo Blue, em Londres, foi o primeiro a realmente replicar esses resultados de mudança cultural com a IPC Media, uma editora que possui vários periódicos famosos, como o *New Musical Express* (NME). Quando visitei a IPC, vi cinco quadros kanban diferentes, apoiando de trinta a cinquenta pessoas. As mudanças culturais foram tão impressionantes que foi o diretor de marketing que subiu ao palco da conferência UK Lean, em Londres, naquele outono, para apresentar seu estudo de caso.

O fato de outros terem sido capazes de replicar os efeitos sociológicos do Kanban observados na Corbis me fez acreditar que havia uma causalidade e que o resultado não era uma coincidência nem um efeito direto do meu envolvimento pessoal. Foi a prova de que nem David nem Dragos precisavam estar na sala para que a abordagem funcionasse!

Pensei muito sobre o que provocou essas mudanças sociológicas. Programadores extremos e outros que usam metodologias ágeis de desenvolvimento de software tiveram o benefício dos quadros visuais por quase uma década e, no entanto, geralmente a cultura kaizen não havia surgido. Isso é evidenciado pela observação de que seus processos raramente variam muito longe das definições prescritas nos livros. Se a mudança evolucionária estivesse acontecendo nas organizações exclusivamente diferentes, teríamos esperado divergência das definições de livros e muita diversidade nos fluxos de trabalho. No entanto, isso não aconteceu. Por outro lado, as organizações que seguem o método kanban parecem ter alcançado a cultura kaizen. As organizações que adicionaram o Kanban à sua adoção existente de desenvolvimento de software Ágil encontraram uma melhoria significativa no capital social entre os membros da equipe. Isso me fez perguntar: "Por que isso acontecia?"

Minha conclusão foi que Kanban proporciona transparência não só para o trabalho, mas também para o processo (ou fluxo de trabalho). Mais do que apenas uma visualização do estado de trabalho "Para Fazer, Fazendo e Feito", Kanban proporcionou visibilidade de como o trabalho flui através de uma série de atividades de valor agregado. Ele fornece insights de nível de serviço além das preocupações restritas e locais de uma única equipe executando uma única função. Kanban permitiu a todo stakeholder ver os efeitos de suas ações ou inações. Se um item estivesse bloqueado e alguém fosse capaz de desbloqueá-lo, o Kanban mostraria isso. Talvez, houvesse uma exigência ambígua. Normalmente, o especialista no assunto que pudesse resolver a ambiguidade poderia receber um e-mail com uma solicitação de reunião. Depois de uma chamada de acompanhamento, eles marcariam uma reunião para se adequar ao seu diário, talvez três semanas depois. Com o Kanban e a visibilidade que ele oferecia, o especialista no assunto perceberia o efeito da inação, priorizaria a reunião e talvez reorganizaria seu cronograma para que isso acontecesse e evitasse mais atrasos.

Além da visibilidade do fluxo do processo, os limites de WIP também forçam que interações desafiadoras aconteçam mais cedo e com mais frequência. Não é fácil ignorar um item bloqueado e apenas trabalhar em outra coisa. Kanban incentivou o comportamento conhecido como *stop the line* ou *Andon* do sistema Jidoka da Toyota para controle de qualidade. Isso encorajou o comportamento de enxame em todo o fluxo de trabalho. Quando pessoas de diferentes áreas e com diferentes cargos se debruçam sobre um problema e colaboram para encontrar uma solução, mantendo assim o fluxo de trabalho e melhorando o desempenho no nível do sistema, o nível de capital social e confiança da equipe aumentam. Com níveis mais altos de confiança gerados por meio de uma colaboração aprimorada, o medo é eliminado da organização.

Os limites de WIP, juntamente com as classes de serviço (explicadas no volume 2, *Implementando Kanban*), também capacitam indivíduos a tomar decisões de seleção, sequenciamento e cronograma por conta própria, sem a supervisão gerencial ou instruções. O empoderamento melhora o nível de capital social ao demonstrar que os superiores confiam nos subordinados para tomar decisões de alta qualidade por conta própria. Os gerentes são liberados da supervisão de colaboradores individuais e podem concentrar sua energia mental em outras coisas, como desempenho de processos, gerenciamento de risco, desenvolvimento de funcionários e melhoria da satisfação de clientes e funcionários.

O Kanban aumenta muito o nível de capital social através de uma organização. A melhoria dos níveis de confiança e a eliminação do medo incentivam a inovação colaborativa e a resolução de problemas. O resultado é o rápido surgimento de uma cultura kaizen e uma organização de alta maturidade capaz de atender às expectativas do cliente, gerenciar riscos e entregar resultados econômicos superiores.

Disseminação Viral da Colaboração

O Kanban claramente melhorou a atmosfera no departamento de engenharia de software da Corbis, mas foram os resultados além daquele grupo que foram os mais notáveis. É importante ressaltar e analisar como a disseminação viral do Kanban melhorou a colaboração dentro da empresa.

Corbis: Disseminação Viral da Mudança Cultural

Toda a segunda-feira, às 10h00 da manhã, Diana Kolomiyets, a gerente de projeto responsável por coordenar os lançamentos de manutenção de sistemas de TI, convocava a reunião de reabastecimento do RRT. Os participantes de negócio eram geralmente os vice-presidentes. Eles eram executivos da empresa que administravam uma unidade de negócios e se reportavam a um vice-presidente sênior do comitê executivo. A Corbis ainda era pequena o bastante, com apenas 1.300 pessoas, que fazia sentido para um gerente de alto escalão participar da reunião semanal. Igualmente, as escolhas táticas que estavam sendo feitas eram muitas vezes suficientemente importantes para que eles realmente precisassem da direção de um vice-presidente para influenciar uma boa escolha.

Normalmente, cada participante recebia um e-mail na sexta-feira anterior à reunião. Seria algo como, "Antecipamos que haverá dois slots livres na fila na próxima semana. Por favor, examine seus itens de backlog e selecione os candidatos para a discussão na reunião de segunda-feira".

Barganha

Nas primeiras semanas do novo processo, alguns dos participantes viria com a expectativa de negociar. Eles podem dizer: "Eu sei que há apenas um slot livre, mas eu tenho dois pequenos, você pode simplesmente fazer os dois?" Essa negociação raramente era tolerada. Os outros participantes da reunião se asseguravam que todos seguissem as regras. Eles poderiam responder, "Como sei que eles são pequenos? Deveria aceitar sua palavra?" ou rebater: "Eu tenho dois pequenos também. Por que eu não deveria ter meus favoritos selecionados?" Me refiro a isso como "Período de Barganha", porque eles não estavam em negação sobre os limites do WIP e a capacidade das restrições do nosso fluxo de trabalho. Entretanto, acreditavam que eram elásticos e poderiam ser um pouco dobrados. Eles estavam preparados para testar essa elasticidade pela negociação.

O comportamento que observamos dos outros participantes, clientes de negócio nas reuniões de reabastecimento de RRT, manteve todos responsáveis. Eles não estavam preparados para tolerar esse comportamento de barganha ou negociar qualquer elasticidade no conceito de unidade de trabalho — algo ao qual um kanban seria atribuído. Esse grupo impôs um bom comportamento, e o grupo de TI como provedor de serviços não precisou mais resistir ou apontar o acordo formal como defesa. O limite WIP se manteve firme. Isso aconteceria repetidas vezes, como você verá em várias das histórias da Corbis relatadas mais adiante neste livro.

Observar o comportamento do grupo de clientes — os participantes das reuniões de reabastecimento na Corbis — levou a algumas orientações gerais. Acredito que é melhor agregar a demanda de vários clientes juntos e entregá-la por meio de um grupo maior de serviços compartilhados do que ter uma equipe pequena fornecendo serviços para um único cliente. Vale a pena notar que isso representa a antítese da orientação convencional na comunidade de desenvolvimento de software Ágil, onde um único dono do produto por equipe de entrega (ou pipeline) é preferido. Em vez disso, com o Kanban, quando existe um serviço compartilhado maior, atendendo a múltiplos clientes, esses clientes têm um interesse adquirido e compartilhado para garantir que todos joguem de forma justa. Bullying e comportamento manipulador são atenuados. Consequentemente, o fluxo de trabalho de prestação de serviços ganha alívio do que historicamente tem sido uma fonte de sobrecarga.

Outras evidências que apoiam o uso de grupos maiores de serviços compartilhados surgiram posteriormente na história do Método Kanban. Isso levou diretamente a padrões de design de quadro kanban mais avançados, que permitiram maior liquidez do pool de mão de obra, como visto no Nível de Maturidade 5 do Modelo de Maturidade Kanban. Uma empresa do sul da Flórida descreveu o processo como "reconstruir os departamentos", tendo anteriormente os dividido em várias pequenas equipes Ágeis. Se provou muito mais eficaz ter sistemas kanban de serviço compartilhado apoiados por vinte e quatro a trinta e seis pessoas, em vez de quatro a seis pequenas equipes independentes.

Democracia

Após cerca de seis semanas, e coincidentemente na mesma época em que a equipe de desenvolvimento apresentou o uso do quadro branco físico, os participantes da reunião de reabastecimento introduziram um sistema de votação democrático. Eles espontaneamente ofereceram isso, pois estavam cansados de brigar um com o outro. A barganha na reunião estava gastando tempo. Foram necessárias algumas iterações para refinar o sistema de votação para o novo sistema democrático, mas foi estabelecido um acordo em que cada participante recebia um voto para cada slot livre — cada kanban livre — na fila naquela semana. No início da reunião, cada membro proporia um pequeno número de candidatos para seleção. Com o passar do tempo, as solicitações de propostas ficaram mais sofisticadas; algumas pessoas vieram com slides do PowerPoint, outras com planilhas que apresentavam um case de negócios. Mais tarde, soubemos que alguns membros estavam pressionando seus colegas levando-os para almoçar. Acordos estavam sendo feitos: "Se eu votar pela sua escolha nesta semana, você votará na minha escolha na próxima semana?" Subjacente ao novo sistema democrático de priorização, o nível de colaboração entre as unidades de negócios no nível de vice-presidente estava crescendo. Embora não percebêssemos na época, o nível de capital social em toda a empresa estava crescendo. Quando os líderes das unidades de negócio começaram a colaborar, então, parece que o mesmo acontece com as pessoas dentro de suas organizações. Eles seguem a liderança de seu líder. O comportamento colaborativo junto a visibilidade e transparência gera mais comportamento colaborativo. Me refiro a esse período como o "Período da Democracia".

Abaixo a Democracia

A democracia estava muito bem, mas depois de mais quatro meses, parecia que a democracia nem sempre elegera os melhores candidatos. Um esforço considerável foi dispendido na implementação de uma funcionalidade de e-commerce para o mercado da Europa Oriental — aparentemente havia um enorme mercado para fotografias de alta qualidade entre as agências de publicidade na capital Ucraniana de Kiev. O case de negócios parecia estelar, mas sua candidatura era suspeita desde o início, e alguns questionaram a qualidade dos dados da pesquisa de mercado. Depois de várias tentativas, esta funcionalidade foi selecionada e devidamente implementada. Foi uma das maiores funcionalidades processadas pelo sistema RRT. Envolvia uma nova capacidade sistema para listar um catálogo de países em moeda estrangeira. A Corbis não tinha interesse em administrar o risco de volatilidade cambial na Grivna ucraniana e, em vez disso, os preços deveriam ser listados em zloty polonês. Isso envolveu uma mudança básica na arquitetura do sistema, e muitas pessoas se envolveram. A solicitação de mudança do catálogo do país ucraniano foi amplamente notada. Dois meses após o lançamento, nosso Diretor de Business Intelligence fez uma mineração de dados sobre a receita gerada. Era uma fração do que havia sido prometido no case de negócios original, e o período de retorno estimado em relação ao esforço despendido foi calculado em dezenove anos. Devido à transparência que o Kanban nos ofereceu, muitos stakeholders ficaram cientes disso, e houve uma discussão sobre como uma capacidade preciosa foi desperdiçada nessa escolha, quando uma escolha melhor poderia ter sido feita. A solicitação de mudança do catálogo do país ucraniano acabou com o período de democracia.

Colaboração

O que o substituiu foi bastante notável. Lembre-se de que o comitê de seleção nas reuniões de reabastecimento consistia principalmente de funcionários de nível de vice-presidente e executivos da empresa. Eles tinham ampla visibilidade sobre aspectos do negócio que muitos de nós desconhecíamos. Portanto, no início da reunião, eles perguntavam: "Diana, qual é o lead time atual?" Ela poderia responder "atualmente, estamos com uma média de 44 dias até produção". E então eles fizeram uma pergunta simples: "Qual é a iniciativa tática de negócios mais importante nesta empresa daqui a 44 dias?" Poderia haver certa discussão, mas normalmente havia um acordo rápido. "Oh, esse será o lançamento da nossa campanha de marketing europeia na conferência em Cannes." "Ótimo! Quais itens do backlog são necessários para dar suporte ao evento de Cannes?" Uma pesquisa rápida poderia produzir uma lista de seis itens. "Então, há três slots livres esta semana. Vamos escolher três dos seis e chegaremos aos outros na próxima semana. Houve pouco debate. Não houve barganha ou negociação. A reunião terminou em cerca de vinte minutos. Passei a me referir a isso como o "Período de Colaboração". Ele representa o mais alto nível de capital social e confiança entre as unidades de negócios que foi alcançado durante meu tempo como Diretor Sênior de Engenharia de Software na Corbis.

O que havíamos vivido representou uma melhoria de maturidade organizacional em toda a empresa. Da barganha à democracia, à colaboração entre unidades de negócios e ao alinhamento em toda a empresa, vimos uma progressão no comportamento que mapearia do Nível 1 ou 2 até o Nível 4 ou 5 no Modelo de Maturidade Kanban (consulte o Capítulo 13). O comportamento deixou de ser egoísta: "O que eu ganho com isso?" como executivo ou "O que ganhamos com isso?" como uma unidade de negócios para um altruísta "Como posso ajudar o negócio mais amplamente a alcançar os melhores resultados possíveis?" e a crença de que o que é bom para o negócio como um todo, com sorte, refletirá em mim, como vice-presidente, e em minha unidade de negócios. Muitas vezes, me referi a essa história como um exemplo de "Magia Kanban" — a incrível capacidade do Kanban de gerar benefícios sociais ou psicológicos secundários sem intervenção direta. As reuniões de reabastecimento de Kanban para serviços compartilhados têm um impacto direto na seleção e sequenciamento do trabalho e têm uma influência oblíqua no capital social, colaboração, confiança, alinhamento e ação congruente. Atingir níveis profundos de maturidade organizacional parece acontecer melhor por meio de abordagens oblíquas, em vez de uma abordagem direta de estabelecer uma meta para atingir um nível, como evidenciado pelos estudos de caso de Kanban e CMMI que surgiram por volta de 2010. Foi observado que a maturidade mais profunda foi alcançada mais rapidamente com a adoção do Kanban, em vez de criar uma meta direta para atingir um determinado nível de maturidade CMMI.

Mudança Cultural é Talvez o Maior Benefício do Kanban

Foi interessante ver essa mudança cultural emergir e ver como ela afetou a empresa como um todo, à medida que os funcionários seguiram o exemplo de seus vice-presidentes e começaram a colaborar mais com seus colegas de outras unidades de negócio. Essa mudança foi tão profunda que em 2007, Gary Shenk, recém-promovido a CEO, me chamou em seu escritório para perguntar se eu tinha alguma explicação. Ele me disse que tinha observado um novo nível de colaboração e espírito colegiado nos escalões seniores da empresa e que unidades de negócios anteriormente antagônicas pareciam estar se dando muito melhor. Ele sugeriu que o processo RRT tinha algo a ver com isso e perguntou se eu tinha alguma explicação para isso. Embora eu tenha certeza de que eu não era tão articulado naquela época, eu o convenci de que nosso sistema kanban havia aumentado muito a colaboração e, com isso, o nível de capital social entre todos os envolvidos.

Os efeitos colaterais culturais do Kanban foram um tanto inesperados e, em muitos aspectos, contraintuitivos. Ele perguntou: "Por que não estamos fazendo todos os nossos principais projetos dessa maneira?" Por que de fato? Assim, com o entusiasmo dos executivos seniores, começamos a implementar o Kanban no portfólio de grandes projetos. Fizemos isso porque o Kanban possibilitou uma cultura kaizen, e essa mudança cultural era tão desejável que o custo de mudar as muitas mecânicas de priorização, agendamento, relatórios e entrega que resultariam da implementação do Kanban em todo o nosso portfólio foi considerado um preço que valia a pena ser pago.

Resumo

◆ *Kaizen* significa "melhoria contínua."

◆ Uma cultura kaizen é aquela onde os indivíduos se sentem empoderados, agem sem medo, se afiliam espontaneamente, colaboram e inovam.

◆ Uma cultura kaizen tem alto grau de capital social e confiança entre os indivíduos, independentemente de seu nível na hierarquia corporativa.

◆ O Kanban proporciona transparência tanto sobre o trabalho como o processo através do qual o trabalho flui.

◆ A transparência do processo permite que todos os stakeholders vejam os efeitos de suas ações e inações.

◆ Os indivíduos são mais suscetíveis a doar seu tempo e colaborar quando podem ver o efeito que isso terá

◆ Os limites de WIP do Kanban permitem o comportamento *stop the line*

◆ Os limites de WIP do Kanban encorajam o engajamento em grupo para resolver os problemas.

◆ O aumento da colaboração de engajamento em grupo em problemas e interação com stakeholders externos eleva o nível de capital social dentro da equipe e a confiança entre os membros da equipe.

◆ Os limites de WIP do Kanban e as classes de serviço capacitam os indivíduos para puxar o trabalho e tomar decisões de priorização e agendamento sem supervisão ou orientação de um superior.

◆ Os níveis aumentados de empoderamento aumentam o capital social e a confiança entre trabalhadores e gerentes.

◆ O comportamento colaborativo pode se espalhar de forma viral.

◆ Os indivíduos seguirão a liderança dos gerentes seniores. O comportamento colegiado e colaborativo entre os líderes seniores afetará o comportamento de toda a força de trabalho.

5

Obliquidade!

Mais Magia Kanban: Revisão de Operações

Obliquidade[19], pelo economista e escritor do *Financial Times*, John Kay, descreve como empresas contra-intuitivamente se saem melhor quando não tentam atingir seus objetivos diretamente.

Enquanto o livro traz vários exemplos, um tópico recorrente em sua narrativa reconta o fim da maior e mais bem-sucedida empresa de manufatura da Grã-Bretanha, a Imperial Chemical Industries (ICI). A ICI tinha um portfólio de negócios de natureza similar à americana DuPont: uma coleção de empresas químicas e farmacêuticas, talvez mais conhecidas por sua marca de tintas Dulux e sua divisão farmacêutica que desenvolveu betabloqueadores. O portfólio incluía a empresa de explosivos de Alfred Nobel, a Nobel's Explosive Company, onde meu pai trabalhou por trinta e dois anos até sua aposentadoria aos 57 anos em 1992. A fábrica local adjacente à minha cidade natal empregou mais de 35 mil pessoas em seu auge. A essa altura tinha reduzido para em torno de 700. Então, a história de Kay tinha um elemento pessoal para mim.

ICI não existe mais! Passou de uma das duas empresas mais ricas do Reino Unido ao esquecimento em apenas quinze anos: enquanto outras divisões foram alienadas ou fechadas, a base da empresa sobreviveu como uma fabricante especializada em essências e perfumes. Se você gostou da essência no elevador do seu hotel recentemente, pode muito bem ter sido um produto da ICI que você experimentou. Kay acredita que a humilhação da ICI, a joia da coroa da indústria britânica do século XX, era tanto compreensível quanto evitável. Ele atribuiu o desaparecimento

---

19. Kay, John. *Obliquity: Why Our Goals Are Best Achieved Indirectly.* 1ª ed. Nova York: Penguin, 2011.

a dois eventos relacionados: a aquisição de uma participação minoritária pelo investidor ativista e predador corporativo Lord Hanson e como o conselho de administração reagiu aos desafios de Hanson.

Em 1991, Hanson adquiriu ações suficientes na ICI para desafiar a liderança do conselho na reunião anual dos acionistas. Hanson era um predador corporativo ou "destruidor de ativos". Sua tática era comprar as participações minoritárias em empresas e então forçar o conselho de administração a desmembrar a empresa e vender as partes. Se o conglomerado de negócio fosse subavaliado, seu valor para o acionista poderia ser instantaneamente liberado pelo desmembramento, proporcionando um retorno rápido e lucrativo para os investidores. Os americanos que lerem este texto podem estar mais familiarizados com o equivalente americano de Hanson, Ivan Boesky. Apesar de Hanson não ter vencido seu desafio, o conselho de administração da ICI, abalado o suficiente por isso, optou por se desfazer de seu negócio farmacêutico como Zeneca (agora AstraZeneca, uma das maiores empresas farmacêuticas do mundo). Isso deixou o negócio de produtos químicos, incluindo o negócio de explosivos, com a marca ICI.

Tradicionalmente, a ICI seguiu um conjunto de valores e uma declaração de missão, que em 1990 continha uma frase-chave "aplicação responsável da química". Em outras palavras, comercialização da ciência química estava no escopo, independentemente do campo ou aplicação. Isso significava que manter negócios como a Nobel's Explosive Company era inteiramente congruente com sua missão, e testes com drogas e o desenvolvimento de um portfólio farmacêutico era igualmente congruente. Após a tentativa de invasão e rompimento de Hanson, o conselho mudou a missão, em 1991, para uma declaração muito mais direta: "ser o líder da indústria na criação de valor aos clientes e acionistas". Não houve qualquer menção à química. Nos cinco anos seguintes, eles começaram a se desfazer de mais negócios e adquirindo outros, mais rentáveis. O preço das ações subiu de acordo e manteve os investidores dóceis. Kay afirma que a ICI perdeu sua alma — perdeu seu propósito e sua força motriz para fazer coisas legais com a química e trazer inovação científica para disponibilidade comercial. Dez anos depois, em 2007, as sobras do negócio foram adquiridas e a ICI deixou de existir como entidade independente. Levou dezesseis anos para declinar do melhor para o fim.

O título de seu livro, *Obliquidade*, foi sugerido para Kay por Sir James Black, o químico ganhador do Prêmio Nobel que descobriu os betabloqueadores enquanto trabalhava como pesquisador na ICI, na década de 1960, que passou a acreditar que os objetivos das empresas eram geralmente mais bem alcançados sem intenção de fazê-lo. Como descrito no Capítulo 4, as abordagens oblíquas podem ser contraintuitivas e os resultados são emergentes. Os resultados podem ser reconciliados retrospectivamente, mas uma ação não garante um determinado resultado. As abordagens oblíquas requerem algum ato de fé, alguma crença em um conjunto de valores ou uma visão, uma missão ou um propósito. Sem um propósito explicitamente definido, é difícil, talvez impossível, buscar abordagens oblíquas. O conceito de obliquidade parece significar "Faça a coisa certa, dentro do escopo e nos limites da nossa visão, missão ou propósito — nossa razão de existir" e "Não espere retornos diretos ou imediatos; apenas aceite que você fez certo e que eventualmente você acredita que será recompensado por isso."

Este capítulo apresenta mais alguns exemplos de obliquidade em ação com o Kanban e examina a Magia Kanban que deriva do seu uso para revisão das operações[20]. A revisão de operações é projetada para ser usada na escala de uma unidade de produto ou unidade de negócio ou um portfólio de linha de negócios ou um grande departamento dentro de uma grande organização, ou em todo o nível de negócios para uma empresa de pequeno ou médio porte. As revisões de operações, tipicamente, consideram a eficácia operacional das unidades organizacionais de 100 ou mais pessoas, até talvez 600 ou 800 pessoas. Além disso, haveria múltiplas instâncias de tais reuniões dentro de uma empresa inteira.

Minha primeira experiência e exposição a uma revisão de operações foi durante meu tempo na Sprint, onde meu chefe, John Yuzdepski, a instituiu para sua unidade de negócios de 350 pessoas. Yuzdepski, um ex-oficial militar da OTAN e piloto da força aérea, modelou o conceito de Avaliações de Prontidão da OTAN — reuniões que examinam a prontidão de forças armadas e fornecem opções operacionais disponíveis a políticos em tempos de tensão ou conflito aberto. Nossas revisões de operações na Sprint contavam com a presença de cerca de setenta pessoas representando níveis salariais desde o líder da equipe até o vice-presidente. Na Corbis, em 2007, a revisão de operações foi adaptada para todo o departamento de TI, cerca de 150 pessoas.

Corbis: Preparando a Primeira Revisão de Operações

A Formação de Gerentes

Quando cheguei na Corbis em setembro de 2006, havia pouca ou nenhuma visibilidade do trabalho vindo através do departamento de engenharia de software. Como equipe de gerenciamento, o grupo de seis se reportando a mim estava voando às cegas. Já fazia cinco meses que eles conversavam sobre a instalação do software de rastreamento da Microsoft, o Team Foundation Server. No entanto, isso não tinha acontecido ainda, e não houve impulso. No final do mês, em minha reunião semanal de equipe, anunciei que faríamos nossa primeira revisão de operações na segunda sexta-feira de dezembro. Expliquei o conceito da revisão de operações: que cada gerente apresentaria dados sobre sua capacidade departamental, demanda, qualidade, e assim por diante, e que era uma oportunidade de destacar questões de dependência e problemas que não pudessem ser solucionados por uma única equipe ou departamento.

---

20. Volume 2, *Implementando Kanban*, vai desenvolver e definir Revisão de Operações como das sete Cadências do Kanban, cada uma promove um mecanismo para feedback e ações de melhoria.

Depois de um ou dois dias, comecei a receber visitas individuais desses gerentes. A conversa que se segue é parafraseada e provavelmente representa várias conversas originais, mas a ideia geral é mostrar o impacto à medida que o conceito e as implicações da revisão de operações eram incorporados...

"David, essa reunião que faremos em dezembro — você quer que eu apresente nessa reunião?"

"Sim, eu quero!"

"Ah!"

"Sobre o que você gostaria que eu falasse?"

"É simples: o que seu departamento faz? E quão bons vocês são nisso? Que demanda vocês estão vendo e de onde ela está vindo? Quão bem vocês estão atendendo a essa demanda? E o que está impedindo vocês de fazer melhor?"

"Ah, ok! Obrigado."

E um ou dois dias passaram . . .

"David, a reunião em dezembro, que você me pediu para apresentar, o que exatamente você quis dizer? Você poderia me dar alguns exemplos do que você espera?"

"Em que negócio você está? Que tipos de trabalho seu departamento faz? Espero que você seja capaz de articular isso.

"Depois, para cada um desses tipos de trabalho, informe: quantas solicitações você viu no mês anterior; quantos você entregou; em média quanto tempo eles levaram ou como um conjunto com um intervalo de valores; quanto trabalho você tem em andamento; e quão bem você está atendendo às expectativas do cliente.

"Não espero mais do que de três a cinco slides com um gráfico em cada slide. Você terá oito minutos para apresentar, ou seja, cerca de um minuto por slide, mais tempo para uma ou duas perguntas ou quaisquer observações."

Esbocei alguns gráficos básicos semelhantes aos descritos em detalhes no volume 2, *Implementando Kanban*.

O Valor da Coleta Manual de Dados

Como um aparte, meu primeiro trabalho de gerenciamento de verdade começou no verão de 1991, depois que me formei na faculdade, em uma empresa chamada Rombo no desenvolvimento industrial da "cidade nova" de Livingston, no centro da Escócia, entre Edimburgo e Glasgow. O nome da empresa era uma relíquia evolutiva interessante: seu primeiro produto foi uma placa ROM plug-in para firmware de expansão para alguns computadores domésticos populares da época. Eles não faziam mais a placa ROM e passaram para dispositivos de captura de imagem, vídeo e som e aplicativos de software de suporte. Quando entrei na empresa, ela tinha cinco anos e empregava trinta pessoas, a maioria na seção de fabricação de eletrônicos. O CTO e cofundador era o designer eletrônico, e o CEO era o principal desenvolvedor e arquiteto, mas estava muito ocupado. Fui contratado para formar uma nova equipe de desenvolvimento de software — apenas três desenvolvedores, dois dos quais haviam estudado comigo na faculdade, mas já eram desenvolvedores de jogos experientes com conhecimento de várias linguagens assembly e qualificações acadêmicas em eletrônica e arquitetura de sistemas de computador.

Também fui designado para a função de "serviço de atendimento ao cliente". Na época, eram dois jovens de aproximadamente dezessete anos. Eram alunos que terminaram a escola — crianças que não se qualificaram para uma vaga na universidade. O desemprego juvenil era alto no Reino Unido durante a década de 1980 e no início dos anos 1990. O governo havia introduzido um plano de subsídios com a intenção de ajudar os jovens a adquirirem experiência e habilidades reais no local de trabalho. Esse programa pagava metade de seus salários, efetivamente, o salário-mínimo.

Originalmente conhecido como Youth Opportunity Program — YOP (ou Programa de Oportunidade Juvenil, em livre tradução), foi renomeado para Youth Training Scheme — YTS (ou Plano de Treinamento Juvenil, em livre tradução) porque alguém no YOP ficou conhecido na gíria britânica como YOPPER, e todo o programa desenvolveu uma reputação de má qualidade. Então, eu tinha dois estagiários do YTS no meu help-desk. Seu trabalho era atender o telefone quando os clientes ligavam com problemas.

Conversei com o mais experiente dos dois. Ambos eram entusiastas da tecnologia. Gostavam de trabalhar na empresa e gostavam da tecnologia. Também parecia que eles gostavam de interagir com nossos clientes. Eles gostavam das conversas telefônicas e foram mantidos ocupados. Eles podiam descrever problemas típicos sobre os quais os clientes ligavam e desenvolveram uma lista bastante especializada de causas e efeitos para resolver os problemas dos clientes. O sistema parecia estar funcionando. No entanto, o que eles não podiam me dizer era quantos problemas havia, com que frequência eles ocorriam ou mesmo quantos telefonemas haviam atendido. Para um "call center" era a menor maturidade imaginável!

A liderança da empresa estava preocupada. Antigamente não havia help-desk. Quando os clientes ligavam, os fundadores, que eram os desenvolvedores, atendiam as ligações e resolviam os problemas. Então havia uma pessoa de help-desk. Agora eram duas. A demanda por pessoa no help-desk parecia estar crescendo. Houve várias perguntas legítimas: Em que essas pessoas estão gastando seu tempo? Vamos precisar de mais deles? E se sim, quando e quanto vai custar?

Voando às cegas, decidi que precisava de visibilidade. Então, desenhei uma ficha de formulário de chamada e imprimi uma pilha deles. Levei à minha equipe e expliquei que queria que preenchessem uma ficha para cada ligação recebida. Era bastante simples de preencher enquanto eles estavam na chamada. Ele registrava o SKU do produto, a versão, uma descrição do problema, conselhos dados e se o problema foi resolvido satisfatoriamente.

Ao final de cada dia, a pilha de folhas era arquivada em uma gaveta. No final do mês, recolhia todas as folhas e as levava para casa numa sexta-feira à noite. Passei várias horas no fim de semana reunindo-os para produzir um relatório do volume de chamadas por produto e tipo de defeito. No primeiro mês, os dados revelaram que apenas um problema estava produzindo 50% do nosso volume de chamadas. Nossa placa de captura de vídeo para o IBM PC era problemática para instalar.

Os leitores mais antigos lembrarão que os periféricos usavam portas de E/S atribuídas por meio de um conjunto de chaves DIP na placa-mãe do PC. Embora a IBM fabricasse PCs, também havia muitos fabricantes de clones e não havia um padrão real de como as portas de E/S eram atribuídas. Nosso produto foi projetado para usar uma porta que normalmente não era usada, mas nem sempre. Esse problema estava gerando metade do nosso volume de chamadas. Embora a configuração e a correção fossem descritas profundamente no manual do produto, os usuários não liam o manual ou, se o faziam, não encontravam o conselho de que precisavam. Em resposta, projetamos uma única folha de papel impressa com o título LEIA-ME PRIMEIRO em letras maiúsculas. Descrevia como um usuário poderia verificar as configurações da porta de E/S e configurar sua máquina apropriadamente. O produto foi enviado em uma caixa com luva e embalado em plástico termo retrátil. Inserimos a folha LEIA-ME dentro da capa da caixa. Ao abrir o produto, remover o plástico e deslizar a caixa para fora de sua capa, a folha LEIA-ME PRIMEIRO cairia da caixa. No final do segundo mês, nosso volume de chamadas para o suporte técnico havia caído pela metade.

"Ah, ok! Obrigado."

E mais um ou dois dias se passaram. . .

"David, a reunião em dezembro que onde você me pediu

para apresentar dados sobre o desempenho do meu departamento — onde obterei esses dados?"

"Bom, você pode coletá-los manualmente. Você é o gerente. Não é tão difícil rastrear quando o trabalho é iniciado e concluído e, a partir daí, derivar os outros dados necessários."

A história na barra lateral, descrevendo meu primeiro trabalho gerencial em 1991, serve como um arquétipo do que eu esperava de um gerente: Trazer transparência para um problema; obter dados; analisar os dados; determinar os grupos de problemas; desenvolver uma correção para uma causa raiz; implementar a correção; obter mais dados; demonstrar que a correção funcionou ou repetir o processo e tentar novamente com uma correção alternativa.

Ao longo da minha carreira, não tive escrúpulos em dizer a um gerente subordinado a mim para ir ao chão de fábrica e coletar dados manualmente.

"Hmmm."

"Talvez fosse melhor se tivéssemos um software para fazer o rastreamento?"

"Sim, isso te pouparia bastante tempo."

"Então, deveríamos instalar Team Foundation Server?"

"Sim!"

"Ah, ok! Obrigado."

E mais um ou dois dias se passaram. . .

"Então, David, estive pensando sobre nossa conversa no outro dia . . ."

"Sim."

"Essa reunião é em dezembro, não é? Eu balancei a cabeça. "E se a reunião for em dezembro, você vai querer que reportemos os dados de novembro, certo?" Eu balancei a cabeça novamente. "E se precisarmos de dados para novembro, então precisamos do Team Foundation Server instalado e funcionando antes disso, certo?"

"Sim."

"Então, precisamos que esteja pronto na última semana de outubro, e esta é a última semana de setembro. Então, temos quatro semanas para instalá-lo, configurá-lo e colocá-lo em uso regular?"

"Sim."

"Mas, já gastamos cinco meses e não chegamos a lugar nenhum."

"De fato!

Isso era um pouco da Magia Kanban — uma pequena obliquidade. Em nenhum momento eu disse à minha equipe de gerenciamento que precisávamos instalar o Team Foundation Server, nem estabeleci qualquer data para seu comissionamento e adoção. Nenhuma ordem direta foi dada ou alvo definido. Quando você pergunta a alguém para estrelar seus oito minutos de fama na frente de aproximadamente cem colegas, eles percebem que precisam dizer alguma coisa e que todo o resto decorre daí.

No conceito de antifragilidade de Nassim Taleb, essencialmente, sua observação na teoria evolutiva, há o conceito de "estressor" — quando uma entidade antifrágil está sob estresse, é provocada sofrer mutações, a melhorar ou a mudar. Pedir para uma pessoa se apresentar em um palco é um estressor. Isso provoca mudanças no comportamento da pessoa: ou ela intensificará seu jogo e entregará, ou se curvará ao estresse e se retrairá em si mesma. Este é um teste decisivo para um gerente — um teste para saber se ele tem o que é preciso para assumir a responsabilidade que lhe foi atribuída e se tem a capacidade de liderança para ser eficaz em sua função.

Em que negócio você está?

No Capítulo 2, uma das minhas primeiras perguntas para Dragos foi "Em que negócio você está?" Queria saber o que o departamento dele fazia, e mais, eu queria saber se ele sabia em que ramo estava.

É surpreendente quantos gerentes conheço, até hoje, que lutam para responder à pergunta mais básica: "Em que negócio você está?" Muitos deles acreditam que seu papel como gerente é se comportar como "agente de encontros", um casamenteiro — diante da chegada de uma tarefa para sua equipe, seu trabalho é combinar a tarefa com o funcionário mais adequado e mandá-los em um encontro juntos. Eles também costumam se ver como guardas de tráfego, direcionando o fluxo de trabalho: as tarefas chegam, e o trabalho do gerente é encaminhá-las da maneira mais eficaz e eficiente possível. Assim, ao ouvir a pergunta: "Em que negócio você está?" suas mentes evocam esta estranha autoimagem de um guarda de trânsito casamenteiro — um consultor matrimonial de uniforme!

Meu trabalho como coach ou mentor é ajudá-los a fazer a transição dessa identidade. Preciso que os gerentes se vejam como responsáveis por um sistema que executa algumas formas de trabalho. O sistema consiste em políticas que o controlam. Seu trabalho é controlar as políticas: saber quando as sobrepuser; saber quando mudá-las; e saber quando escalar a uma autoridade superior. Seu trabalho é assegurar que o sistema, do qual eles foram encarregados, está fluindo sem problemas. Preciso que os gerentes percebam que é o sistema que está sob sua responsabilidade, não o conjunto de pessoas que se reportam a eles no organograma. A revisão das operações e aqueles oito minutos sob os holofotes também têm um papel oblíquo a desempenhar aqui.

Mais uma vez, a conversa a seguir é um livro de memórias; ela parafraseia o que pode ter acontecido de fato . . .

A conversa aconteceu em uma reunião privada e individual no meu escritório. Essas eram oportunidades que meus gerentes tinham para discutir como as coisas estavam indo, expor seus problemas e desafios, e buscar minha ajuda. Isso também se transformou no que agora veríamos como uma reunião degenerada de revisão de entrega de serviço (SDR) — degenerada porque tem apenas dois participantes, quando, idealmente, gostaríamos que toda a equipe de um fluxo de trabalho de entrega de serviço participasse de uma SDR. A SDR é discutida com mais detalhes no volume 2, *Implementando Kanban*.

"Você poderia me dar alguns conselhos sobre o que eu devo apresentar na reunião?"

"Claro. Em que negócio você está? Quais os trabalhos que seu departamento faz? Quem são seus clientes? O que eles te pedem? E o quanto eles pedem? Qual a taxa de chegada de demanda de cada tipo?

"Você também vai querer relatar sua taxa de entrega — quantos você entregou no mesmo período, seu WIP e sua tendência. Se está crescendo, o que está causando isso e o que pode ser feito a respeito?

"Você vai querer reportar sobre qualidade. Quanto retrabalho você está fazendo? Qual é a sua demanda de falha — coisas que tem chegado somente porque você não as faz bem o suficiente da primeira vez?"

"Mais tarde, você vai querer relatar dependências e fontes de atraso e talvez sua eficiência de fluxo, mas vamos começar com o básico: o que você faz; quantos; quão rápido; e com que qualidade."

Esse processo de solicitar ao gerente que apresente na revisão de operações os força a pensar nas coisas certas. Ninguém poderia imaginar apresentar seu consultor matrimonial ou condutor de tráfego. Então, se verifica que a revisão de operações tem um papel oblíquo a desempenhar na autoimagem e na mudança de identidade. Sem treiná-lo explicitamente, sem ter que primeiro quebrar a autoimagem existente e ajudar o indivíduo a aceitar a sua nova, simplesmente pedindo-lhe para apresentar e dar alguma orientação sobre o que apresentar catalisa a mudança.

Uma solicitação para apresentar na revisão de operações envia um sinal sobre o que você valoriza. Implicitamente, como líder, você está comunicando como você valorizará a contribuição de um líder da equipe ou gerente de departamento. Eles internalizam isso. Diz a eles como seu chefe os valorizará e, mais importante, eles querem se sentir valorizados por seu chefe. Consequentemente, ajusta como eles avaliam sua autoestima, autoimagem, e seu status social entre seus pares. Pedir para que apresentem na revisão de operações e, com o passar dos tempos, como eles se saem nessas revisões, reforma sua autoimagem e autoestima. De agentes de encontro e guardas de tráfego, eles se transformaram em pensadores sistêmicos que entendem que seu papel é supervisionar e controlar um sistema que de fato funciona. Eles serão julgados pela eficácia e eficiência com que o sistema faz o trabalho. Um pouco mais da Magia Kanban — um pouco mais de obliquidade.

O que fazemos é arte; você não pode medir isso!

O gerente do meu departamento de análise de sistemas (vamos proteger sua identidade) foi passivo-agressivo sobre o anúncio da revisão das operações. Embora ele fosse pública e abertamente a favor, em particular, ele deixou claro para mim que não se aplicava a ele: A análise de sistemas era uma forma de arte e não era possível medi-la. Sim, ele se apresentaria na reunião, mas não seguiria o mesmo formato que os demais gerentes na equipe— dados e métricas não eram para ele ou sua equipe, nem o software de rastreamento Team Foundation Server.

Quando dezembro chegou, ele se levantou para seu momento na linha de frente. Ele tinha algumas fotos bonitas. Ele tinha algumas histórias. Seu relato poderia ter sido da minha filha adolescente recontando o que aconteceu no último episódio de *The Bachelor*. Quando os outros terminaram de apresentar, ele parecia um idiota, não apenas para mim ou para meu chefe, mas para seus colegas. No mês seguinte, sem qualquer intervenção direta minha, sua equipe estava acompanhando seu trabalho com o software, e ele tinha um conjunto de slides com gráficos mostrando em qual negócio eles estavam inseridos; quem pedia trabalho para eles; quanto disso chegou; o que tinham feito; e quão efetivos tinham sido (em termos de interrupções e resolução de problemas com desenvolvedores causadas por ambiguidade — qualidade inicial efetivamente ruim). Seu comportamento tinha mudado; ele se alinhou com seus colegas. Ele viu que havia um novo sistema de valores em vigor, e embora talvez ele não se importasse se eu o tinha rotulado como rebelde ou encrenqueiro, ele se importava com o que seus colegas pensavam dele. Afinal, parecia que a análise de sistemas poderia ser rastreada, medida e reportada. Ainda, um pouco mais da Magia Kanban, outro exemplo de obliquidade em ação.

Corbis: Revisão de Operações, 9 de março de 2007

Antes da Reunião

Eram 07h30 da manhã, na segunda sexta-feira de março. Estou no trabalho cedo porque esta manhã é a quarta revisão mensal das operações do nosso departamento. Estou acompanhado por Rick Garber, o gerente do nosso grupo de engenharia de processo de software. Rick tem o trabalho de coordenar a agenda e a reunião de revisão de operações. Ele está ocupado imprimindo o folheto que contém aproximadamente setenta slides de PowerPoint para a reunião de hoje. Assim que a impressão está pronta, seguimos para o Harbour Club, no centro de Seattle, com uma caixa com 100 apostilas. A revisão de operações está programada para começar às 8h30, mas um buffet de café da manhã quente é servido a partir das 8h. O convite inclui toda a minha organização; a do meu colega Erik Arnold, incluindo o grupo de processos, analistas de negócios e gerentes de projeto; e nosso grupo de operação de rede e sistemas liderado por Peter Tutak, embora seu pessoal não esteja apresentando. Eles, afinal, precisam recuperar sistemas com falha na produção, então eles sentem mais a dor de nossa falha. São eles também que sentem o maior impacto quando fazemos novos lançamentos para produção. Então, sem dúvida, eles têm mais a ganhar participando ativamente. O convite também inclui meu chefe, o CIO da Corbis, e vários outros gerentes seniores, que são nossos clientes comerciais.

No entanto, com alguns de nossos colegas na Índia, alguns em outras partes dos EUA e sempre alguns que não podem comparecer por motivos pessoais, esperamos cerca de oitenta participantes.

Descobrimos que oferecer comida era um incentivo oblíquo muito forte para chegar cedo. Na primeira sessão, servimos um café da manhã continental e recebemos feedback de que um café da manhã quente seria mais apreciado. Isso custaria cerca de $1.800 dólares americanos por mês. Erik teve a ousadia de pedir ao nosso convidado que o patrocinasse: por isso, "o café da manhã deste mês é cortesia do nosso patrocinador, o Departamento de Marketing". Foi uma ideia genial! Perguntamos ao vice-presidente do departamento se ele gostaria de quinze minutos para falar em nossa reunião geral, explicando o que eles fazem e como a TI pode ajudá-los a fazer isso, em troca de patrocinar o café da manhã. Uma cobrança do patrocinador de mais de $100 dólares americanos por minuto. Surpreendentemente, todos os convidados aceitaram o convite e pagaram!

O grupo começa a chegar a tempo de tomar o café da manhã. A sala fica no último andar de uma torre de Seattle, a cerca de um quarteirão de nosso próprio prédio, e oferece a todos nós belas vistas da cidade, do porto, dos píeres e da baía de Elliott. A sala é organizada com mesas redondas, com seis a oito pessoas sentadas em cada uma. Temos uma tela de projetor e um púlpito em uma extremidade. Rick gerencia o cronograma com precisão. Cada apresentador tem cerca de oito minutos para seus quatro ou cinco slides. Existem alguns buffers de tempo para permitir a variabilidade que vem com perguntas e discussões. Eu começo as coisas prontamente com algumas observações iniciais. Peço a todos que pensem no final de janeiro e no que estávamos fazendo naquela época. Lembro a todos que estamos aqui para avaliar o desempenho da organização no mês de fevereiro. Rick escolheu uma bela foto dos arquivos da empresa para simbolizar o tema do mês e ajudar a refrescar as memórias, lembrando a todos de uma atividade importante do mês passado.

Defina um Tom de Negócios Desde o Início

Passo os procedimentos para Rick, que resume os itens de ação gerencial do mês anterior e fornece uma atualização sobre o status. A seguir, apresentamos nosso analista financeiro, que apresenta um resumo do desempenho da empresa no mês — o motivo do atraso até a segunda sexta-feira do mês subsequente foi para que pudéssemos ter os dados financeiros após o fechamento dos livros do mês anterior. Ela resume os detalhes do orçamento para os centros de custo meu e de Erik. Analisamos o planejado versus o real para todas as principais áreas orçamentárias, bem como as metas de número de funcionários. Discutimos requisições em aberto e incentivamos os membros da equipe a enviar candidatos para vagas em aberto. Saindo desse primeiro segmento, todos os presentes sabem como a empresa está indo bem e como o grupo de engenharia de software está gerenciando o orçamento e, portanto, quanta folga temos para comprar novos equipamentos, como grandes monitores de tela plana e computadores mais potentes. O objetivo de liderar com as finanças é lembrar a todos da equipe que estamos administrando um negócio; não estamos apenas aparecendo todos os dias para nos divertir em um grupo de amigos. Isso é liderança por sinalização: ela comunica parte de nossos valores culturais.

Receber Convidados Amplia o Público e Agrega Valor

O próximo palestrante é um convidado — um vice-presidente de outra parte da empresa. Tive a brilhante ideia de que, se quiséssemos que nossos clientes comerciais se interessassem, deveríamos demonstrar interesse por eles e convidá-los a apresentar. Oferecemos a cada convidado quinze minutos. A cada mês, não tínhamos problemas para encontrar um candidato, então naquele mês ouvimos uma apresentação sobre operações de vendas, a parte do negócio que atende aos pedidos dos clientes e garante a entrega do produto. Embora alguns dos negócios da Corbis fossem feitos na web e entregues eletronicamente, nem tudo que a empresa oferecia era entregue por download; um departamento inteiro atendia a pedidos mais complexos para agências profissionais de publicidade e empresas de mídia. Nos meses seguintes, nossa equipe aprendeu sobre muitos aspectos do negócio, e os líderes seniores de toda a empresa aprenderam o que fazíamos, como fazíamos e o quanto estávamos tentando lidar com nossos problemas.

Eu disse que o Kanban mudou a cultura da Corbis. O Capítulo 4 descreveu os efeitos emergentes secundários das reuniões de reabastecimento. As revisões de operações tiveram um impacto secundário similar. No verão de 2007, os executivos falavam abertamente sobre como o TI era bem governado e nos tornamos a referência ou arquétipo de governança e disciplina de gerenciamento. Eu sabia que havíamos mudado a empresa quando em uma tarde, sem ser convidado, o mesmo vice-presidente de operações de vendas da nossa reunião de março entrou em meu escritório. "Davi! Eu preciso de sua ajuda. Estou sob pressão para controlar meu departamento e fazê-lo funcionar com mais eficiência. Você pode me ensinar como está conduzindo essas reuniões mensais? Acredito que isso é exatamente o que preciso para transformar minha própria unidade." Apenas mais um pouco de Magia Kanban, outro exemplo de obliquidade em ação.

Agenda Principal

Assim que nosso convidado terminava, seguíamos para a parte principal da reunião. Cada gerente tinha oito minutos para uma apresentação sobre o desempenho de seu departamento. Seguimos isso com algumas atualizações específicas de projetos de nosso escritório de gerenciamento de programas. Cada um dos gerentes imediatos da equipe se levantou e passou cinco minutos apresentando rapidamente suas métricas: Eles apresentaram informações sobre as taxas de defeitos, lead time, taxa de entrega, demanda de falhas, eficiência do fluxo, e ocasionalmente, um relatório específico que detalhava algum aspecto do processo que eles estavam investigando para uma possível melhoria. Em seguida, por alguns minutos eles recebiam perguntas, comentários e sugestões dos demais participantes.

Este quarto mês de revisão de operações, março de 2007, foi particularmente interessante. A primeira revisão de operações tinha acontecido, como mencionado anteriormente, em dezembro. Naquela primeira vez, todos vieram, quase 100% de comparecimento. Havia muita curiosidade e depois muitos comentários como, "Nunca vi uma transparência assim na minha carreira", e "Isso é muito interessante, nunca trabalhei em um lugar que compartilhasse informação assim". O feedback mais acionável, mencionado antes, foi: "Da próxima vez, podemos ter um buffet de café da manhã quente ao invés do frio?" No segundo mês, as pessoas diziam: "Sim, outro bom mês. Um tanto interessante! Obrigado pelo café da manhã quente!" No terceiro mês, alguns dos desenvolvedores perguntavam: "Por que preciso levantar-me tão cedo?" e "Este é um bom uso do meu tempo?" O entusiasmo estava diminuindo e o comparecimento, embora ainda estivesse alto, era claramente frágil.

O que aconteceu depois representa o cadinho definidor para uma revisão de operações: após três meses de navegação tranquila, fluxo tranquilo e de entregas quase sem falhas, houve um problema significativo e agora íamos conversar sobre isso. A empresa tinha adquirido um negócio na Austrália, chamado Australia Picture Library (ou APL). Solicitaram ao TI que todos os sistemas do TI da APL fossem desligados e que os cinquenta usuários migrassem para os sistemas da Corbis. A solicitação tinha uma data arbitrária, mas urgente. Essa data foi baseada em uma economia de custos no estilo "economia de escala" que justificou parcialmente o preço de aquisição, portanto, houve um custo de atraso envolvido. A solicitação chegou como um único item em nossa fila de manutenção. Era grande o suficiente para justificar dez tíquetes, mas nós o tratamos como apenas um. O efeito de um item de tamanho grande como este entrando em um sistema kanban é bem compreendido na engenharia industrial. Ele obstrui o sistema e aumenta muito o lead time para tudo o que vem atrás dele. E assim foi conosco. O lead time saltou, em média, de trinta para cinquenta e cinco dias. A teoria das filas também nos diz que reduzir um backlog quando já está totalmente carregado leva muito tempo. Descobrimos mais tarde que levaríamos cinco meses para recuperar nossa meta de lead time de trinta dias.

Além disso, fizemos um lançamento que exigiu uma correção de emergência, a primeira ocorrência desse tipo desde que implementamos o Kanban e as revisões de operações. Então, havia muito o que falar.

De repente, a sala se encheu de perguntas, comentários e debates. Após três meses de dados chatos e bons, tínhamos uma história para contar. A equipe ficou surpresa com o fato de que nós (os gerentes) estávamos dispostos a falar abertamente sobre os problemas e o que fazer a respeito deles, e que a revisão de operações não era apenas para mostrar o quão bons nós éramos, ao apresentar apenas os bons dados; se tratava de enfrentar problemas, enfrentar nossa realidade e assumir responsabilidades. Nenhum dos funcionários questionou novamente por que realizamos a reunião todos os meses.

A reunião terminou com Rick resumindo os itens de ação gerencial das discussões da manhã e agradecendo a presença de todos. Eram 10h30 e hora de atravessar a rua de volta para o escritório.

Respeito pelos Gerentes e Ação Gerencial

A revisão de operações comunica um senso bem mais amplo de "equipe" — de repente, a equipe é uma unidade de negócios com todos colaborando para possibilitar objetivos compartilhados. Uma unidade de negócios existe para fornecer um conjunto de serviços e as revisões de operações promovem transparência para aqueles serviços e capacidade atual para cumpri-las dentro das expectativas do cliente. Consequentemente, as revisões de operações melhoram os níveis de respeito pelos gerentes e pela ação gerencial, e desenvolvem confiança em ambas as direções — tanto para cima como para baixo na hierarquia organizacional. As revisões de operações, por meio de sua transparência, concentram-se na ação compartilhada colaborativa, na atribuição explícita de responsabilidades e na prestação de contas clara, e melhoram o capital social em toda a organização.

A Confiança Tem Duas Vias

Para se mover com agilidade, gerentes seniores precisam estar aptos a delegar, capacitar e empoderar subordinados e funcionários para agir com autonomia. No entanto, o empoderamento geralmente vem com o medo da perda de controle — medo de que a organização opere sem governança. O Kanban oferece a oportunidade de fornecer autonomia sem perda de controle. A revisão de operações, com sua capacidade de examinar e modificar políticas, desempenha um papel importante na agilidade dos negócios. A confiança segue duas vias: os gerentes devem confiar que os comandos são executados conforme o esperado e que as decisões e ações tomadas estão sob a autoridade dos subordinados; e os trabalhadores devem confiar que os gerentes agem no melhor interesse de todos os envolvidos e que suas ações melhoram as chances de sucesso organizacional. Os trabalhadores precisam ver os gerentes agindo no sistema, por meio de mudanças nas políticas, de modo que estejam preparados para o sucesso — trabalhando dentro de um sistema capaz de atender às expectativas. Os trabalhadores devem querer seguir a condução dos líderes porque confiam em seu julgamento e visão, enquanto os líderes devem confiar que os trabalhadores seguirão sua direção conforme pretendido. A Revisão de Operações desempenha um papel vital na ativação desse mecanismo.

Revisão de Operações: Pedra Fundamental de uma Cultura Kaizen

Há muitas coisas importantes para entender sobre a Revisão de Operações. Acredito que seja o pivô ou a pedra fundamental do Método Kanban. É uma retrospectiva objetiva e baseada em dados sobre o desempenho organizacional. Está acima e além de qualquer projeto e estabelece uma expectativa de gerenciamento quantitativo objetivo, baseado em dados. A Revisão de Operações define e incorpora os novos valores da organização e sua liderança. Fornece o ciclo de feedback que permite aprofundar a maturidade organizacional e a mudança evolucionária em larga escala. Tem um impacto cultural enorme e essencial na adoção de um novo sistema de valores.

Resumo

- O conceito de "obliquidade" foi postulado pelo químico ganhador do Prêmio Nobel Sir James Black, que descobriu os betabloqueadores enquanto trabalhava para a ICI nos anos 1960.

- Sir James Black acreditava que os objetivos da empresa eram melhor alcançados de forma indireta.

- O economista e escritor da *Financial Times* John Kay tornou o termo "obliquidade" famoso ao adotá-lo como título do seu livro de 2011.

- A Revisão de Operações é uma das sete cadências do Kanban — reuniões usadas como mecanismos de feedback para evoluir e melhorar os fluxos de trabalho operacionais, políticas, gerenciamento de risco, estratégia de mercado, segmentação de clientes e provisão de serviço.

- A Revisão de Operações desempenhou um papel único na demonstração de obliquidade — alcançando objetivos de negócios por meios indiretos.

- Iniciar uma revisão de operações concentrou a atenção dos gerentes de equipe em:
  - Instrumentação de fluxos de trabalho gerenciados;
  - Entender sobre o negócio que estão inseridos;
  - Compreender a eficácia da prestação de serviços e os fatores que a influenciam.

- Servir comida melhorou o comparecimento nas Avaliações de Operações.

- Liderar a agenda com dados financeiros define um tom de negócios para a reunião e lembra a todos os objetivos organizacionais atuais.

- Convidar um palestrante de nível executivo de outra unidade de negócios ou parceiro de prestação de serviços amplia o comparecimento e agrega valor, permitindo que os participantes tenham insights além da operação de sua própria unidade de negócios.

- Comparecimento melhora quando há problemas conhecidos para discutir.

- Discutir abertamente problemas conhecidos e definir ações corretivas atribuídas aos gerentes comunica à equipe que os gerentes serão responsabilizados e que a ação gerencial pode melhorar as condições e o desempenho para todos.

- As Revisões de Operações comunicam um senso muito maior de equipe e colaboração em objetivos comuns. O capital social melhora. O respeito pelo valor dos gerentes e pela ação gerencial melhoram.

- A Revisão de Operações é considerada a pedra fundamental do Método Kanban e o elemento central para permitir a agilidade em toda a empresa. É o coração que bombeia vida a uma cultura de melhoria contínua em escala empresarial — uma verdadeira cultura kaizen.

6

Histórias Scrumban

A Ascensão e Queda do Scrum na Posit Science

Durante aquele ano de mudança cultural na Corbis, Corey Ladas juntou-se à nossa equipe como coach de processo. Conheci Corey pela primeira vez em 2005 em sua função como parte da equipe de Excelência em Engenharia da Microsoft. Ele fazia parte de uma equipe que se reportava a Eric Brechner, que por sua vez se reportava a Jon De Vaan, o chefe do grupo. Jon apareceu pela primeira vez no Capítulo 2 com sua política de que o departamento de TI da Microsoft seguiria a metodologia de desenvolvimento de software TSP/PSP. Eric passou a liderar o desenvolvimento de partes da plataforma Xbox One, onde introduziu o Kanban. As experiências de Eric estão capturadas em seu livro de 2015 *Agile Project Management with Kanban*[21], onde descreve a aplicação muito específica do Kanban para produtos de software de grande escala.

Na primavera de 2007 eu convenci Corey a vir para a Corbis. Eu precisava de ajuda para treinar a implantação do Kanban em nosso portfólio. Ele se juntou à equipe de engenharia de processo de Rick Garber e começou a trabalhar com diferentes equipes de projeto na sede da Corbis na Second Ave, no centro de Seattle. Um dia ele veio até mim e disse: "Estou descobrindo que os projetos em que ainda estão usando um processo tradicional de ciclo de vida de desenvolvimento de software (SDLC) precisam de um treinamento diferente daqueles que adotaram (a metodologia Ágil de desenvolvimento de software) Scrum".

---

21. https://www.amazon.com/Project-Management-Kanban-Developer-Practices/dp/0735698953/

O que estávamos vendo era o surgimento do que Corey mais tarde chamou de "Scrumban" — a aplicação do Kanban a uma posição inicial onde uma equipe de projeto ou uma organização composta por muitas dessas equipes (normalmente de seis a oito pessoas por equipe) já havia adotado o Scrum como sua maneira de trabalhar e coordenar uns com os outros.

Já bem estabelecido entre os entusiastas do desenvolvimento Ágil de software, o Scrum se tornou amplamente adotado e globalmente popular na indústria de tecnologia. Na conferência Agile em 2008, Corey apresentou seus dois tipos de orientação Kanban — para aqueles que usam um SDLC tradicional e separadamente para aqueles que já usavam Scrum. Simultaneamente, ele publicou um artigo sobre a técnica, e o termo "Scrumban" entrou no léxico dos metodologistas da engenharia de software — apenas para, quase instantaneamente, tornar-se amplamente incompreendido. Scrumban significava, simplesmente, a aplicação do Kanban a uma posição inicial onde o Scrum já estava em uso. Não significava algum híbrido dos dois métodos, selecionando práticas de cada um em alguma nova abordagem prescritiva. Não significava pegar um pouco disso e um pouco daquilo, fazer um passe de mágica e agitar bem, e você tem algo novo e saudável. Scrumban significa "fazer todo o Kanban e aplicá-lo em um ambiente que já está usando o Scrum". Tão forte era a mentalidade entre os metodologistas no mundo do desenvolvimento de software que muitos lutaram para entender o conceito de uma abordagem de personalização que desenvolveu uma maneira única de trabalhar para uma situação específica. Para eles, qualquer abordagem de gerenciamento de engenharia de software tinha que vir como um método prescritivo projetado, empacotado e definido. Suas mentes foram definidas por trinta anos de tais métodos prescritivos. Uma abordagem para desenvolver sua própria solução "sem marca" era nova.

Escrevendo quinze anos depois, sei que esse mal-entendido continua. Um teste simples para saber se uma organização entende ou não o Scrumban é perguntar quantas mudanças em seu processo ocorreram recentemente e se eles podem descrever uma linha do tempo das mudanças introduzidas desde que "adotaram o Scrumban". Se eles olharem para você com um olhar confuso e vazio, eles provavelmente não entenderam o conceito e a natureza evolucionária do Kanban. Kanban sempre foi a abordagem "comece com o que você faz agora" e evolua. Você adiciona Kanban ao que já existe. Quando o que já existe é o processo definido chamado Scrum, então sua história, como tantas outras, é uma história Scrumban.

Vemos duas variedades comuns de histórias do Scrumban em nosso trabalho: a primeira é onde o Scrum ajudou inicialmente uma organização, mas as melhorias estagnaram e teimosamente se recusam a melhorar mais; a outra é onde as circunstâncias mudaram, o mercado mudou, as expectativas do cliente mudaram e, consequentemente, a abordagem Scrum de *timeboxes* de duas semanas, conhecidas como "Sprints", de planejamento, trabalho e verificação com os stakeholders com uma demonstração e retrospectiva em uma cadência quinzenal não é mais apropriada. Na primeira categoria, muitas vezes descobrimos que leva muito tempo para reconhecer que as coisas não estão melhorando. Os gerentes geralmente perseveram com o Scrum por meses ou anos antes de estarem prontos para procurar uma alternativa: dois anos é típico, enquanto até quatro anos não é incomum. Sei disso pela experiência de receber e-mails pedindo ajuda e ler as histórias. "As coisas não melhoraram mais nos últimos dois anos e gostaríamos que alguém desse uma nova olhada e sugerisse algumas novas ideias". Isso é típico de tal situação.

Com a segunda categoria o prazo é menor. Simplesmente, devido a mudanças no contexto e nas circunstâncias, a abordagem do sprint de duas semanas não está funcionando e está causando estresse, ansiedade e dor, resultando em comportamento disfuncional e tensão entre a equipe, gerentes e clientes. Em ambas as situações, há motivação para encontrar "um caminho alternativo para a agilidade" — ser capaz de agir rapidamente, responder às mudanças e adaptar-se adequadamente às necessidades do cliente. Independentemente da motivação, dado que a organização já estava usando o Scrum, sua escolha de introduzir o Kanban para os levar mais longe significa que eles também têm uma história de Scrumban.

Corey disse: "Scrumban é uma jornada". Para entender melhor isso, aqui está uma dessas jornadas, de uma das primeiras histórias de Scrumban, Posit Science em São Francisco. A história deles é principalmente do segundo tipo: suas circunstâncias mudaram e, consequentemente, o Scrum não estava mais atendendo às suas necessidades. Sua motivação era encontrar uma nova maneira de trabalhar, atender às expectativas dos gestores do negócio e aliviar a sobrecarga de sua organização de pesquisa e desenvolvimento. Eles precisavam de um fluxo mais suave, entrega mais previsível e um ritmo de trabalho sustentável. O Kanban provou ser uma escolha boa e eficaz como um caminho a seguir.

Posit Science: Histórico — A Empresa de Aeróbica Cerebral

O Dr. Michael (Mike) M. Merzenich, fundador da Posit Science, teve uma longa história de realizações científicas. No final dos anos 1980, ele fez parte da equipe que inventou o implante coclear, um dispositivo que permite que surdos ouçam. Na década de 1990, sua carreira mudou para a neurociência — especificamente, o campo da plasticidade cerebral. Ele é o autor de *"Soft Wired: How the New Science of Brain Plasticity Can Change Your Life"*[22].

Ao longo de sua carreira, Mike Merzenich sabia como o aprendizado contínuo é importante para os adultos. Como neurocientista, ele sabia que o aprendizado contínuo mais importante era para o indivíduo e para a saúde de seu cérebro, especialmente à medida que envelhecia. Professor emérito na Universidade da Califórnia, em São Francisco, teve muitas realizações em seu campo. Sua devoção e pesquisa sobre a plasticidade cerebral lhe renderam um lugar na Academia Nacional de Ciências em 1999. Desenvolver uma compreensão de que os cérebros são plásticos e podem ser exercitados e treinados interrompeu a crença de longa data de que os cérebros humanos param de mudar no início da idade adulta. Há muito se supunha que, após completar seu desenvolvimento em adultos

---

22. https://www.amazon.com/Soft-Wired-Science-Brain-Plasticity-Change/dp/0989432823/

jovens, o cérebro mudava pouco, iniciando assim seu declínio, deterioração e morte. Supunha-se que não havia nada que a medicina ou a tecnologia pudessem fazer para evitá-lo.

Mike e alguns colegas com ideias semelhantes acreditavam no contrário. Eles acreditavam que os cérebros são plásticos, que podem ser treinados e moldados, mesmo na idade adulta. Essa crença surgiu da simples observação de pessoas de diferentes contextos culturais. Embora todos concordem que as crianças se desenvolvem de maneira diferente com base em sua criação e contexto, poucos pensaram que isso também fosse verdade para os adultos. Mas, como ele havia observado, os humanos mais velhos continuaram se diversificando mais com o passar do tempo, aprendendo novas habilidades ainda mais tarde na vida. Eles concluíram que o cérebro é flexível e mutável, sua adapta-bilidade e plasticidade nunca desaparecem. Poderia essa plasticidade desencadear mudanças que negassem a deterioração, eles se perguntavam. Juntamente com sua equipe de pesquisadores, Mike dedicou sua carreira a encontrar os gatilhos exatos para essa plasticidade.

Em 2004, ele estava pronto para falar mais publicamente sobre o assunto. Ele fez um TED talk[23] naquele fevereiro em Monterey, Califórnia. As pessoas não esquecem porque o cérebro esqueceu de lembrar, explicou. As pessoas perdem a memória porque o cérebro começa a representar as coisas que estão vendo, ouvindo e sentindo de forma menos saliente. "Quando você é jovem e vê algo surpreendente, seus olhos são atraídos por isso. Seus olhos brilham, literalmente. Seus olhos tiram uma série de retratos instantâneos que revelam informações sobre o que está lá fora." Esses retratos instantâneos deixam uma marca no cérebro, que mantém o maquinário ativo. Mas como a pegada do que se vê ou ouve é menos clara e vívida, o maquinário por trás disso começa a funcionar menos. Como resultado, começam a ocorrer perda de memória e declínio neurológico. Mais adiante, o maquinário torna-se cada vez mais inativo e eventualmente começa a morrer.

Mike, é claro, acreditava que havia um antídoto para tudo isso!

Simplesmente manter sua mente ativa não é suficiente para corrigir isso. Para realmente compensar o desaparecimento do maquinário em seu cérebro, ele acreditava que eram necessárias atividades muito específicas e desafiadoras. Esses desafios para manter o cérebro afiado podem ser na forma de aprendizado contínuo, como aprender uma língua estrangeira ou aprender a tocar um instrumento musical, como o violão, por exemplo. Ou, o que ele afirmava ser a coisa do futuro — "aeróbica cerebral".

Jogos interativos baseados na plasticidade cerebral podem envolver os mecanismos naturais de aprendizado do cérebro. Jogos criados especificamente para envolver as partes deterioradas do cérebro podem compensar o declínio das habilidades cognitivas. À medida que a comunidade cien-tífica melhorava sua compreensão de questões neurológicas específicas, eles se sentiam mais con-fiantes de que as atividades de treinamento poderiam ser projetadas para aproveitar a plasticidade do cérebro para criar e reforçar caminhos neurais para resultados específicos. Com a melhoria das

---

23. http://www.ted.com/talks/michael_merzenich_on_the_elastic_brain

tecnologias de computador, esses métodos de treinamento de aeróbica cerebral podem ser mais avançados e precisos. Por meio do uso de algoritmos complexos, eles puderam monitorar as respostas e fazer ajustes de uma maneira que aumentasse o envolvimento e se tornasse personalizado para atender às deficiências individuais.

Como acontece com tantas outras palestras esclarecedoras do TED, essa também parecia pura ficção científica para o público. Se fosse verdade, se as pessoas pudessem manter suas habilidades cognitivas por mais algum tempo, essa seria uma das descobertas mais fenomenais do século. No entanto, Mike já havia iniciado os passos para torná-lo realidade. Alguns meses antes, ele havia fundado a Posit Science — a empresa que comercializaria "aeróbica cerebral" com uma série de jogos de computador interativos.

Eles escolheram o nome "Posit" de propósito: significa "colocar para frente ou avançar" e refletia sua esperança de fazer uma mudança positiva na vida das pessoas. "Science" também nos disse algo — isso não era superstição ou crença, nem era entretenimento — não era uma empresa de jogos; era um esforço científico produzir um produto de grau médico projetado para ajudar pessoas com disfunções em suas habilidades cognitivas devido ao envelhecimento ou lesões.

Encontrei a Posit Science pela primeira vez em 2009. Há apenas uma outra organização que visitei que teve uma sensação semelhante com base em como experienciei a cultura, os funcionários e o que eles disseram sobre porque ingressaram na empresa e o que eles esperavam alcançar lá: a outra era a Fundação Bill & Melinda Gates. As pessoas na Posit Science haviam se juntado por motivos altruístas. Elas se juntaram para fazer algum bem social — e para dar algo em troca a uma sociedade mais ampla. A Posit Science pagava bem o suficiente às pessoas, mas os salários talvez estivessem 15% abaixo da norma do mercado de São Francisco. Isso também é verdade para a Fundação Gates, onde os salários são tipicamente abaixo da taxa de mercado de Seattle, e todos os funcionários têm alguma motivação altruísta para ingressar. Em ambos os casos, as pessoas que ingressam nessas organizações acreditam na missão, e isso dá a cada um a sensação de contribuir para o bem maior.

A Posit Science como uma tribo consistia em três subtribos distintas: os cientistas, neurocientistas que produziram a pesquisa original; os desenvolvedores de jogos, que produziram o produto; e pessoas de negócio, que levaram esse produto ao mercado. Independentemente de sua formação, todos eles compraram a visão, a missão e o propósito, e acreditaram em Mike Merzenich. Embora todos estivessem sendo adequadamente remunerados por seu trabalho, todos estavam ali por motivos altruístas, para retribuir algo à sociedade. Se fosse apenas pelo dinheiro, eles estariam trabalhando em outro lugar. Assim, havia três grupos sociais distintos, mas o propósito (a visão e a missão) da Posit era o fator unificador que os tornava uma supertribo altamente coesa.

Juntos, a equipe de pesquisa e os desenvolvedores de jogos lutaram para tirar as tecnologias dos laboratórios e colocá-las nas mãos das pessoas, onde poderiam fazer o maior bem. Aqueles que urgentemente precisavam dela, e de interesse primário para Posit, eram os idosos. O treinamento baseado em computador poderia ajudá-los a manter seus "cérebros"? Poderia capacitá-los a serem mais infantis, compreendendo tudo de forma mais vívida? Posit estava desenvolvendo um conjunto de exercícios chamado *"The Brain Fitness Program"* (ou Programa de Condicionamento do Cérebro, em livre tradução).

O que o Dr. Merzenich e a Posit Science pretendiam fazer com seu programa de aeróbica cerebral era abordar todos os três problemas principais do declínio cerebral: a diminuição da velocidade de processamento do cérebro; os sinais enfraquecidos dos sentidos para o cérebro; e a diminuição na produção de substâncias químicas cerebrais essenciais. Eles acreditavam que apresentando os estímulos certos, na ordem certa, com o tempo certo por meio de programas intensivos, repetitivos e progressivamente desafiadores, eles poderiam lidar com todos os três. Eles acreditavam que jogos cerebrais e treinamento eram a solução.

Nenhuma outra espécie brinca com objetos e com a linguagem tanto quanto os humanos. Buscamos uma ampla variedade de entretenimento por longos períodos. Nós gostamos de diversão. Isso, claro, não é coincidência, pois a brincadeira é uma importante ferramenta evolutiva. O desenvolvimento físico, cognitivo e social, bem como o treinamento geral para emergências e desastres, tem suas raízes nos jogos lúdicos ou de simulação. Como diz Francis Steen, da Universidade da Califórnia em Los Angeles, brincar é uma adaptação evolutiva para o aprendizado; é uma espécie de simulador que permite a crianças e adultos imaginar e experimentar diferentes cenários com pouco risco[24]. Para a Posit, esses cenários imaginários e lúdicos poderiam ajudar a trazer muitas mudanças necessárias no cérebro.

A extraordinária e nobre causa da Posit Science atraiu a atenção dos investidores. A startup recebeu sua primeira rodada de financiamento de risco e iniciou suas operações em 1º de outubro de 2003. Com o dinheiro disponível, foi possível montar um grupo global de especialistas em neurociência para desenvolver, testar, refinar e validar exercícios que rejuvenesceriam o cérebro. Nos primeiros anos, eles testaram aqueles jogos em algumas casas de repouso escolhidas onde montaram centros de aprendizado para observar os efeitos dos jogos nos residentes. Eles procuravam por melhorias na função cognitiva — ou falta dela — decorrentes de seus exercícios. Os cientistas, determinados a ter uma tecnologia clinicamente comprovada, precisavam de dados substanciais de que seus exercícios de treinamento cerebral funcionavam antes de comercializar seus produtos.

Para resumir o contexto: temos uma startup recém-formada, financiada por capital de risco, com uma visão poderosa e unificadora, empregando neurocientistas de referência mundial e desenvolvedores de jogos bem-sucedidos, comercializando novas ciências na indústria médica altamente regulamen-tada com um mercado nascente e não comprovado, localizado no centro de alto custo e alta taxa de queima da indústria de tecnologia global, São Francisco, Califórnia. Isso é o que os define.

No final de 2005, a Posit apresentava resultados positivos. Durante o encontro anual da *Society for Neuroscience* em Washington, D.C., Mike Merzenich apresentou os resultados de um dos primeiros

---

24. https://www.newscientist.com/article/mg21428610.300-human-nature-being-playful/

estudos sobre jogos cerebrais. O estudo[25] mostrou que os participantes que usaram o programa melhoraram em dez anos ou mais, em média, o status neuro-cognitivo. O estudo foi conduzido em Rossmoor, uma comunidade de aposentados perto de São Francisco, Califórnia, com 95 voluntários com idades entre 61 e 94 anos. Os pesquisadores compararam os resultados das pontuações de memória e avaliação cognitiva em participantes inscritos em sessões de treinamento de 41 horas com um grupo de controle usando um computador e com um grupo sem contato. Os participantes que usaram o programa de treinamento baseado em plasticidade cerebral apresentaram melhora. Os participantes que completaram níveis mais difíceis de exercícios mostraram melhorias ainda maiores. Logo depois, a Posit Science lançou o primeiro CD-ROM do *Brain Fitness Program*. Em março de 2006, começaram a vendê-lo por meio de uma rede de parceiros. O preço era de 395 dólares para um único usuário. Era caro, mas o valor superava em muito os dólares, ou assim acreditavam a Posit e sua equipe de cientistas.

O lançamento deste produto representou o primeiro grande marco, e ponto de inflexão, na história da Posit Science. Até então, eles estavam no modo científico — pesquisando, experimentando e queimando lentamente o capital de seus investidores. Agora, em 2006, eles eram uma entidade comercial, buscando ganhar dinheiro com seu produto e, esperavam, um dia tornar o fluxo de caixa positivo, não precisando mais de investimentos para continuar as operações.

Pontos de inflexão na história de uma organização são sempre boas oportunidades para introduzir mudanças. Os pontos de inflexão podem assumir várias formas:

- Lançamento de um primeiro produto
- Fazer uma rodada de investimento
- Chegada de um novo CEO ou líder
- Saída de indivíduo chave (normalmente um fundador ou criador de propriedade intelectual)
- Fusão, aquisição, alienação
- IPO (oferta pública inicial — abrindo o capital de uma empresa de capital fechado)
- Mudanças regulatórias, legais, políticas ou econômicas importantes (como uma crise financeira ou uma pandemia)
- Terceirização e/ou *offshoring* de trabalho
- Reorganização da empresa
- Contenção
- Chegada de um novo concorrente ou modelo de negócios disruptivo (como companhias aéreas de baixo custo nas décadas de 1980 e 1990)
- Chegada de uma inovação disruptiva em um mercado (como jatos comerciais no negócio de hidro-avião e transporte marítimo, como aconteceu no final da década de 1950).

---

25. http://www.brainhq.com/news/brain-training-program-enhances-memory-cognition

É famosa a expressão "os primeiros 100 dias". É usado, por exemplo, para se referir ao mandato de um novo presidente e chefe de estado, ou um novo líder em uma organização. Os 100 dias começam com o ponto de inflexão e duram aproximadamente três meses. Durante esse período, todos estão se ajustando à turbulência, e um novo líder pode culpar seu antecessor ou as condições que existiam antes de assumir o controle. Como consequência do ponto de inflexão — ou das condições cada vez piores que existiam antes dele, metaforicamente, uma condição de "aquecimento global", um aquecimento que acaba forçando a mudança, provocando algum ponto de inflexão arquitetado, como uma reorganização de um negócio — o novo líder tem a oportunidade de fazer mudanças sem muita resistência.

A Posit tinha um novo produto no mercado, mas demorou muito para se concretizar e o código do software era instável. A empresa aproveitou a oportunidade para contratar um novo chefe de desenvolvimento de software, David Hoffman.

Hoffman percebeu rapidamente que a Posit sofria de um problema comum para jovens empresas de software: seu código de software era frágil e difícil de manter, e a engenharia de seu produto era tal que poderia ser descrita como um protótipo. Isso é típico de produtos de software de primeira geração, em que o foco tem sido explorar a funcionalidade e as características necessárias para atender a um mercado, e não a integridade do código e sua arquitetura subjacente. Foi documentado pela primeira vez por Fred Brooks em seu trabalho clássico, *The Mythical Man Month*[26], onde ele disse, "planeje jogar um fora, porque você o fará de qualquer maneira." Em outras palavras, a primeira geração de um produto sempre tem código de baixa qualidade interna, e a empresa descobre que deve descartar o código e começar de novo para um produto de segunda geração.

Até este ponto de sua história, a Posit Science não era uma startup típica do Vale do Silício. Desde a sua fundação, os funcionários trabalharam em horários normais e humanos, o que lhes proporcionou um tempo de qualidade com a família e uma vida sustentável. Para as pessoas preocupadas com a saúde do cérebro, elas sabiam muito bem que isso não anda bem com a sobrecarga. Talvez mais do que qualquer outra organização de desenvolvimento de software no planeta, os desenvolvedores da Posit Science entenderam o dano que poderiam causar trabalhando muito enquanto estavam ansiosos, sobrecarregados e estressados. No entanto, esse confortável equilíbrio entre vida pessoal e profissional que havia sido uma característica da história de Posit até agora estava sob tensão e logo seria rompido. O frágil código por trás do *Brain Fitness Program* estava gerando muito retrabalho conforme os defeitos eram descobertos, e a manutenção para adicionar pequenos aprimoramentos era muito mais problemática do que o previsto. Enquanto isso, a Posit havia começado a trabalhar em um produto de segunda geração, um conjunto de jogos a ser chamado de *Insight*. À medida que as coisas ficavam mais complexas, o calor começou a aumentar. O equilíbrio entre vida pessoal e profissional estava sendo lentamente corroído pela urgência do trabalho e, consequentemente, o departamento de Hoffman estava ficando ansioso e estressado.

---

26. Brooks, Frederick P. *The Mythical Man-Month: Essays on Software Engineering*, Edição de Aniversário (2ª ed.). Reading, MA: Addison-Wesley, 1995.

Hoffman decidiu que precisava agir: era hora de começar de novo, e eles tinham que desenvolver uma nova arquitetura de sistema e um novo conjunto de código de software mais limpo que seria muito mais robusto e fácil de manter. Ele estava criando seu próprio ponto de inflexão menor como resposta ao problema do aquecimento global em seu departamento. Eles descartaram a base de código existente e começaram novamente para o novo produto, e aproveitaram a oportunidade para apresentar uma nova maneira de trabalhar. O departamento adotou a metodologia Ágil de desenvolvimento de software conhecida como Scrum. Os desenvolvedores do produto estavam motivados e prontos para a mudança. Eles abraçaram a oportunidade com vivacidade! Consultores e instrutores chegaram, e uma popular ferramenta de software de gerenciamento de projetos Ágil foi adquirida para ajudar todos a acompanhar o trabalho e relatar o progresso.

Posit Science: A Ascensão e Queda do Scrum (Parte 1)

David Hoffman contratou um gerente de projetos para liderar as mudanças e ajudar sua organização a superar todo o trabalho que estava acumulado. É neste ponto que Janice Linden-Reed entra nessa história e na nossa história, a história do Kanban. Janice tinha tido uma longa carreira, iniciado no início dos anos 90, como designer de jogos, produtora e executiva nas empresas como a Maxis e a Total Entertainment Network (TEN). Ela se juntou a Posit como gerente de projeto sênior, atraída à empresa por um amigo próximo, um antigo desenvolvedor de jogos que havia se juntado à equipe executiva na Posit. O equilíbrio entre vida pessoal e profissional foi a primeira coisa que ela notou. A indústria de jogos não tem a melhor reputação de manter um ritmo sustentável. Ela passou muitas noites em empregos anteriores, dormindo debaixo de sua mesa com uma pilha de trabalho interminável em cima. Relativamente falando, a Posit era muito mais relaxada.

Com a decisão de adotar o Scrum, David Hoffman acreditou que seu pessoal poderia trabalhar de uma maneira mais inteligente ao invés de mais intensa.

Adotar o Scrum mudou muitas coisas na Posit, do layout do escritório e a divisão do trabalho em partes menores, que poderiam ser completadas mais cedo, à variedade de novas reuniões, como o "scrum" diário e o periódico "planejamento da sprint"; a mudança surpreendeu os funcionários. Foi difícil no primeiro ano. Eles não estavam acostumados à transparência avassaladora que veio do uso de uma ferramenta de rastreamento de gerenciamento de projetos Ágil, onde todos poderiam ver o estado de seu trabalho a qualquer momento. Nenhum dos desenvolvedores estava acostumado a ter seu próprio trabalho examinado de perto com tanta regularidade, ainda assim precisavam desesperadamente mudar como estavam trabalhando. A maneira antiga não era sustentável. Com o tempo, eles se acostumaram e as coisas começaram a melhorar. Com uma ideia melhor do que estava acontecendo, eles entregaram mais rápido. A mudança para o Scrum foi amplamente considerada uma coisa boa.

O Scrum é ideal para organizações de baixa maturidade que buscam adicionar processos e trazer algum controle ao caos de seu ambiente. Um dos criadores da abordagem Scrum, Ken Schwaber, nomeou seu site original de controlchaos.com. Ken sabia exatamente quais tipos de problema estava tentando resolver com o design do Scrum, e a decisão de David Hoffman em adotá-lo na Posit era inteiramente apropriado.

A Posit fez apenas uma alteração na definição canônica do Scrum: eles concordaram com um período de três semanas para cada "sprint" ao invés das habituais duas semanas. Parte dos processos da Posit eram "testes de validação clínica". Isso não testando o software para defeitos; em vez disso, estava testando a funcionalidade completa — o verdadeiro jogo do cérebro — para validar que estava entregando a ciência por baixo. Os testes de validação clínica demonstravam se o produto apresentava os resultados clínicos esperados e fornecia os benefícios médicos esperados. Isso significava testar o produto com pacientes para medir e validar as melhorias esperadas em sua função cerebral. Isso leva tempo; o jogo começa um processo químico no cérebro para fortalecer as vias neurais. Para ver resultados leva pelo menos alguns dias, possivelmente mais. Consequentemente, foi necessário o mínimo de uma semana para os testes clínicos de nova funcionalidade. Dada a sobrecarga para cada sprint, eles decidiram que seriam necessárias duas semanas para desenvolver funcionalidade suficiente para que valesse a pena testar com pacientes e, portanto, uma terceira semana seria necessária para reunir os resultados dos testes. Embora os produtos Posit e o campo geral da plasticidade cerebral ainda não fossem regulados pela FDA (Food, Drug Administration), a Posit procedia como se fossem. Seu treinamento como cientistas não os permitia pegar atalhos na eficácia. Suas carreiras e reputações dependiam desses jogos de aeróbica cerebral cumprindo suas reivindicações clínicas. Não poderia haver qualquer concessão em testes clínicos.

O Scrum deu a eles um ritmo regular. Eles evitavam sobrecarga demais. Eles tiveram tempo e espaço para arquitetar e codificar o conjunto de jogos *Insight* com qualidade muito superior à do *Brain Fitness Program* que o precedeu. O *Insight* foi lançado com sucesso em 2007. Como tantas histórias do Scrumban, a história da Posit começa com uma adoção apropriada e bem-sucedida do Scrum.

Resumo

- Scrumban é o nome que implica a aplicação do Método Kanban a um fluxo de trabalho de entrega de serviços que adotava anteriormente o uso do Scrum.

- Scrumban tem duas motivações principais: a melhoria usando o Scrum estagnou; ou circunstâncias externas mudaram de tal forma que o Scrum não é mais adequado e não oferece os níveis necessários de satisfação do cliente.

- O Scrumban não é um processo. Em vez disso, implica uma jornada. Scrumban sugere uma história de como a organização evolui do uso do Scrum como uma metodologia de processo definida e prescritiva para sua própria solução de processo exclusivamente desenvolvida e personalizada.

- A Posit Science é uma empresa de jogos de treinamento do cérebro que emprega alguns dos neurocientistas mais proeminentes no mundo.

- O Dr. Michael Merzenich, fundador da Posit Science, teve a visão de estender a vida útil do cérebro e melhorar a qualidade de vida dos adultos mais velhos, permitindo a eles manterem sua independência e funções cognitivas básicas por mais tempo.

- Tanto os investidores quanto os funcionários em potencial aderiram a essa visão.

- Muitos funcionários da Posit Science acreditavam que estavam fazendo um bem social e retribuindo altruisticamente à sociedade.

- Os jogos de treinamento cerebral da Posit Science eram produtos de nível médico clinicamente comprovados com um preço caro.

- O lançamento de seu primeiro produto representou um ponto de inflexão na história da Posit Science.

- A Posit aproveitou o lançamento do primeiro produto para nomear um novo chefe de desenvolvimento de produto, que por sua vez contratou o primeiro gerente de projeto da empresa.

- O primeiro produto foi mal arquitetado e a base de código era frágil.

- Para o lançamento de um segundo produto, eles desenvolveram uma nova arquitetura de sistema e um novo conjunto de código mais limpo, mais robusto e fácil de manter.

- Havia uma percepção de que Posit precisava de uma forma melhor de trabalhar, e o novo chefe de desenvolvimento usou seus primeiros 100 dias para introduzir o uso do Scrum.

7

Proto-Kanban

Introdução ao Kanban em uma Organização
de Baixa Maturidade

Posit empregou quase 100 pessoas no centro de São Francisco; sua taxa de queima em 2007 deve ter sido bem superior a um milhão de dólares por mês. Havia uma expectativa de que, com dois produtos no mercado, a receita das vendas começasse a melhorar o fluxo de caixa. O dinheiro dos investidores não duraria para sempre. Se as receitas não melhorassem, era previsível que o negócio ficaria sem dinheiro. A atenção executiva começou a mudar da ciência e do desenvolvimento de produtos para finanças e vendas.

Posit Science: A Ascensão e Queda do Scrum (Parte 2)

Janice se esforçou para aprender tudo que havia para saber sobre o Scrum, para que então ela pudesse ajudar os desenvolvedores a fazer um uso melhor dele. Ela passou a acreditar muito em seus ensinamentos. Ela apreciava a previsibilidade, a honestidade e a ausência de medo. Por mais que gostasse, aos poucos começou a perceber que os desenvolvedores continuavam tendo muitos problemas. Ainda havia muito trabalho a fazer. Além da criação dos jogos, o grupo de desenvolvimento tinha inúmeras outras coisas para fazer. Fornecer suporte aos usuários do programa *Brain Fitness* foi um deles. Participar da pesquisa científica dos novos jogos era outra. Além disso, eles também trabalhavam com os centros de aprendizagem nas casas de repouso e precisavam estar cientes e aderir ao FDA e outros requisitos de conformidade. Eles estavam ajudando no estudo IMPACT, um projeto conjunto da Mayo Clinic e da University of Southern California, o estudo mais sofisticado até hoje sobre a eficácia dos jogos de treinamento cerebral. Além de tudo isso, os desenvolvedores também trabalhavam em estreita colaboração com os departamentos de marketing e vendas. O número de fontes de demanda e o impacto que isso causava no dia a dia dos desenvolvedores foram crescendo com o passar do tempo e tanto as linhas de produtos quanto a base de clientes cresceram.

Janice descobriu que não importa o quanto ela tentasse ajudar, todas essas demandas eram avassaladoras. Ela testemunhou como estava se tornando insuportável para os desenvolvedores. As reuniões de planejamento eram longas e excruciantes, os sprints eram interrompidos com trabalho preemptivo e urgente e os desenvolvedores e testadores estavam exaustos. Quase sempre muito otimista, a equipe de desenvolvimento assumiu mais do que poderia lidar e perdeu muitos prazos, quebrando promessas como resultado. A confiança entre as pessoas de negócio e os desenvolvedores começou a se deteriorar. Dúvidas sobre sua capacidade de entrega espreitavam ameaçadoramente na atmosfera em torno de seu escritório em São Francisco.

A reunião de planejamento da sprint a cada três semanas era temida por todos. A situação piorou à medida que o backlog do produto aumentava mais do que nunca. No começo de 2008, essa lista de desejos de gestores do negócio, clientes e stakeholders regulatórios havia crescido para mais de 800 solicitações. O planejamento de sprint se tornou um evento intenso durante o qual os desenvolvedores deveriam decidir em que trabalhar e o que deixar para depois. O desafio de selecionar por volta de quarenta itens de um conjunto disponível de mais de 800 era esmagador. Qualquer nova solicitação para o backlog precisava ser analisada e quebrada nas chamadas histórias que eram consideradas pequenas o suficiente para serem concluídas em uma sprint. Então, as histórias precisavam ser estimadas para determinar o número antecipado de horas de trabalho. Depois, era feita uma triagem para escolher o trabalho a ser iniciado imediatamente versus todo o resto que teve que esperar até mais tarde. Havia sete grupos de stakeholders em cada reunião de planejamento de sprint, com dois representantes para cada grupo, mais dois desenvolvedores e Janice como facilitadora. Em um campo especializado como a ciência da plasticidade cerebral, você poderia esperar uma força de trabalho altamente especializada, e uma vez que você adiciona aquelas funções de negócio — incluindo o atendimento ao cliente — é fácil ver por que tantas pessoas precisavam comparecer. Todos reclamavam dessas reuniões. Elas eram longas demais, muito estressantes e pareciam agregar pouco valor, enquanto os sprints eram constantemente interrompidos com novos trabalhos urgentes e críticos. Ninguém, de fato, queria se envolver com isso por mais tempo; eles simplesmente queriam trabalhar. Algumas pessoas pararam de comparecer completamente. Como costuma acontecer quando pessoas com informações valiosas não comparecem, não participam do debate e não contribuem com as decisões, o resultado é uma tomada de decisão de baixa qualidade. Isso leva a mais reclamações sobre más decisões, e um ciclo vicioso se segue. Janice tentaria qualquer coisa em que pudesse pensar apenas para tornar a reunião de planejamento um pouco mais suportável. Ela trazia brinquedos para que as pessoas pudessem mexer neles e aliviar um pouco de sua frustração. No entanto, as reuniões eram tão intensas que o alívio era muito pouco para fazer a diferença. Janice passou a temer essas reuniões. Ela perdeu o sono por causa delas. Ela sofria de ansiedade e apreensão sobre como seria cada nova sessão de planejamento da sprint.

O que estava acontecendo na Posit era que suas circunstâncias estavam mudando lentamente. Eles estavam, mais uma vez, (metaforicamente falando) em uma condição de aquecimento global. As coisas estavam esquentando lentamente de tal forma que no dia a dia ninguém notaria as mudanças, mas vista por um período mais longo, estava claro que a situação estava se deteriorando. A pressão de negócios para ter produtos geradores de receita bem-sucedidos aumentava à medida que o financiamento dos investidores diminuía. Havia maior complexidade e muito mais urgência em seu ambiente. O negócio havia se tornado reacionário a todas as oportunidades de geração de receita ou investimento que surgiam. Planejar a cada três semanas não era suficiente. As condições que permitiam um fluxo de trabalho Scrum bem-sucedido não existiam mais.

Muitos itens de trabalho bloqueados — devido à preempção por algo ainda mais urgente e crítico — significavam o aumento da multitarefa. As entregas estavam demorando mais para serem concluídas e os lançamentos estavam cada vez mais imprevisíveis. Os desenvolvedores estavam esgotados e sobrecarregados. Outros na empresa pensavam que eles eram simplesmente preguiçosos. Os relacionamentos estavam tensos. Janice sentia que a suposição de preguiça e falta de motivação era injusta e falsa. Ela queria ajudar seu departamento de desenvolvedores. Ela se sentia diretamente responsável. Ela iniciou conversas para ajudar a entender o que estava errado e como torná-lo melhor. Ela começou a pesquisar se outras organizações de desenvolvimento de software estavam experienciando problemas similares. Ela buscou conselhos em todo o lugar que podia. Ela achou que os consultores e coaches, contratados por seu fornecedor de software de gerenciamento de projetos Ágeis, eram inúteis. Eles culparam os desenvolvedores, dizendo que não aderiram a todas as regras do Scrum, que lhes faltava disciplina. Os consultores argumentaram que o Scrum não poderia estar errado se fosse aplicado corretamente. Não poderia falhar; se as coisas não estivessem funcionando, então só poderia ser culpa das pessoas envolvidas.

Janice sentiu que essa orientação de seus coaches externos era insatisfatória, até mesmo um insulto. Esta era uma equipe de desenvolvedores de jogos de carreira de sucesso e neurocientistas com Ph.D. Não era provável que eles precisassem de muita disciplina para alcançar sucesso em suas carreiras? E se eles pudessem reverter os efeitos do envelhecimento cerebral, não seria provável que também fossem capazes de ler e seguir uma receita simples de processo prescritivo, como o Guia do Scrum? Janice sabia o quão inteligentes essas pessoas eram, o quão devotadas eram ao produto, e o quão motivadas eram a usar seu conhecimento e experiência para beneficiar aqueles que poderiam precisar de ajuda para aumentar seu poder cerebral. Eles não eram preguiçosos. Eles não eram rebeldes. Era chocante que seus conselheiros pagos os tratassem com tanto desrespeito.

O que Janice ouviu dos consultores estava enraizado na orientação de Ken Schwaber, cocriador do Scrum, que dizia: "O Scrum é projetado para funcionar em um contexto. Seu trabalho era criar o contexto para que então o Scrum funcionasse para você".

Essa declaração realmente define o Scrum como o oposto da abordagem do Kanban "comece com o que você faz agora". O Scrum requer que você mude o seu contexto para facilitar o método de trabalho. É focado em si mesmo e egoísta por natureza. Da perspectiva do desenvolvedor: "Dado que eu me sinto sobrecarregado e estressado pelo caos ao meu redor, tudo no meu mundo deve mudar para facilitar que eu possa fazer meu trabalho sem interrupção e com alta qualidade".

O Kanban adota o contexto que você tem e possibilita que a forma de trabalho evolua, ajuste e otimize seu ambiente. O Scrum requer que você mude o ambiente. Para a Posit, parecia que eles não controlavam seu ambiente, seu mercado ou suas circunstâncias empobrecidas; eles estavam ficando sem dinheiro e desesperados para manter sua visão à tona, sobrevivendo da forma que pudessem.

O que permitiu o sucesso do Scrum na Posit um ano antes foi que o mundo deles ainda não era suficientemente caótico. Ainda não era suficientemente complexo. Ao desenvolver um único produto e com bastante capital de investidor para gastar, o ambiente era relativamente simples. Apresentar horizontes de planejamento de três semanas e pequenos lotes de trabalho para caber nessas três semanas foi bom. À medida que o tempo passava e a escala aumentava — com mais produtos, mais clientes, outros stakeholders, um acúmulo cada vez maior de trabalho em sua lista de desejos — e com uma pressão cada vez maior para buscar receita e oportunidades de negócios, pois o capital do investidor estava acabando, Scrum simplesmente fracassou para eles. Não foi culpa de ninguém. Não foi falta de disciplina. Também não foi a inabilidade de controlar o ambiente e criar o contexto no qual o Scrum funcionaria com sucesso. Sugerir que Posit poderia ter modificado seu ambiente para resolver seus problemas era, e seria até hoje, uma ilusão. "Se ao menos tivéssemos investidores mais ricos e um capital mais paciente atrás de nós, então o Scrum funcionaria para nós." "Se ao menos novas oportunidades de negócios não surgissem com tanta frequência e imprevisibilidade, exigindo provas de conceito e demonstrações, agendadas conforme a conveniência do cliente, então o Scrum funcionaria para nós." Não há ilusão no Kanban, e se você se pegar dizendo: "Se ao menos...", então você já saiu do caminho do pragmatismo.

Janice continuou buscando explicações e ideias de como ajudar os desenvolvedores. Por meses, ela usou todos os momentos livres para assistir webinários, ler posts de blogs e ter discussões com alguns dos melhores na área. No trajeto de ida e volta para o trabalho, ela ouvia vários podcasts todos os dias.

Um dia, ela se deparou com uma postagem de blog que descrevia problemas como os da Posit. No post, o autor explicou como, na tentativa de resolver seus problemas, eles pararam de fazer uma das práticas essenciais do Scrum — eles abandonaram o uso de sprints de duas semanas de timebox. Em vez de piorar seu desempenho — como haviam sido alertados pelos consultores de software de desenvolvimento Ágil —, isso os ajudou. O "concessor de permissão" para essa mudança veio de outra postagem no blog, um relato de uma apresentação de Corey Ladas durante a conferência Toronto Agile de 2008. Da sessão de Corey, o autor percebeu que havia outro caminho a seguir se o Scrum não funcionasse para suas circunstâncias: usar o Kanban era um caminho alternativo para a agilidade. A partir dessas duas postagens do blog, Janice gostou de como o Kanban soava. Limitar o trabalho em progresso (WIP) parecia um conceito simples, mas poderoso.

Fascinada pela afirmação de que a culpa não era dos desenvolvedores, mas do seu método de trabalho, foi a vez de Janice introduzir um pequeno ponto de inflexão. Ela sugeriu que Posit fizesse uma mudança e introduzisse o Kanban.

Posit Science: Kanban é Rejeitado

Janice tinha certeza de que seus colegas abraçariam qualquer tipo de melhoria, mas para sua surpresa, eles rejeitaram qualquer mudança sugerida. Talvez o Scrum tivesse se tornado uma grande parte da identidade deles? Por dois anos, eles tiveram suas regras e práticas incutidas neles por seus treinadores externos. O Scrum havia se tornado popular na área da baía de São Francisco e havia uma pressão social mais ampla de colegas profissionais para serem vistos como parte do movimento. Enquanto isso, eles foram criticados, menosprezados e ridicularizados por sua incapacidade de fazer funcionar para eles. Eles foram levados a se sentirem culpados por sua falta de disciplina. Eles não queriam ser vistos como desistentes. Havia algum risco de ostracismo social profissional por seguir um rumo diferente. O Scrum tinha que ficar.

Para Janice parecia que, embora o Scrum funcionasse bem naqueles primeiros dias, as circunstâncias haviam mudado tanto que as políticas e práticas do Scrum estavam literalmente prejudicando os desenvolvedores. E, no entanto, eles resistiram à mudança. A ideia de mudança parecia ser ainda mais dolorosa do que a situação atual. Se sentindo surpresa, ela continuou a ler tudo o que encontrava, tentando entender melhor o Kanban.

Ela começou a perceber alguns dos males descritos na nascente literatura Kanban na época. Durante a reunião diária da equipe, ficou claro que os desenvolvedores estavam trabalhando em praticamente tudo no sprint, tudo ao mesmo tempo. Havia muita multitarefa e os indivíduos estavam claramente sobrecarregados. Nunca havia ocorrido a ela o quão problemático isso era até que ela leu sobre limitar o WIP. Embora ela pudesse ver os problemas — e uma solução — sua equipe não queria se desviar da definição de Scrum que eles foram treinados para seguir.

Janice pensou que o Scrum não dissesse nada sobre limitar o WIP. Ela nunca havia ouvido falar daquilo, nem havia sido mencionado por nenhum dos coaches profissionais externos à Posit. Na verdade, você tem que olhar profundamente na literatura do Scrum, e voltar aos seus primórdios, para encontrar conselhos de Jeff Sutherland, o outro cocriador do Scrum, para encontrar menção ao foco. Os membros da equipe devem se concentrar e não começar muito trabalho de uma só vez. No entanto, essa orientação nunca especificou um limite de WIP ou mesmo o conceito de uma política para limitar o WIP. Era apenas uma orientação geral, vagamente formulada, sugerindo que os indivíduos não deveriam se sobrecarregar voluntariamente. Em 2008, era raro encontrar um coach que conhecesse, muito menos ensinasse, essa prática de foco do Scrum.

Janice não desistiu. Ela continuou a plantar sementes da possível mudança e melhoria. Ela esperou que as pessoas estivessem prontas para isso. Eventualmente, David Hoffman interveio. Ele concordou que algo precisava mudar. Ele mostraria a liderança que o departamento de desenvolvimento precisava. Às vezes, as pessoas precisam de ajuda para se ajudarem. Elas precisam de liderança. Ele estava disposto a tentar, a experimentar o Kanban.

No entanto, ainda havia resistência e medo. Os desenvolvedores se opuseram a uma implementação Kanban completa e a um sistema kanban (sinal) para puxar o trabalho quando tivessem capacidade. Janice teve que recuar e reduzir o escopo das mudanças. Em outubro de 2008, ela conseguiu fazer apenas três mudanças simples, mas importantes: ela foi capaz de estender o quadro visual para análise upstream, introduzir limites pessoais de WIP e abandonar o estilo Ken Schwaber de estimar cada solicitação em horas de trabalho, substituindo-o por um sistema mais simples que simplesmente pedia um "tamanho de camiseta" variando de extra pequeno a extragrande (XS, S, M, L e XL). Foi acordado por consenso que os indivíduos trabalhariam em não mais do que três coisas ao mesmo tempo: seu limite de WIP pessoal seria três. Isso foi visualizado no quadro pela introdução de pequenos avatares — fotografias dos membros da equipe montadas em ímãs. Cada pessoa tinha três avatares e os colocava ao lado dos tíquetes para os quais contribuía com algum esforço. Todos podiam ver quem estava trabalhando em quê, quem estava colaborando e quais tíquetes estavam sendo ignorados. As mudanças nas práticas estão resumidas na Figura 7.1, enquanto o novo quadro estendido é mostrado na Figura 7.2.

No quadro estendido, o processo Scrum é mostrado no lado direito, ou downstream, enquanto uma atividade upstream para elaborar as solicitações do cliente — transformando uma solicitação de funcionalidade em um conjunto de histórias de usuários — é mostrada no lado esquerdo. Os tíquetes fluem da esquerda para a direita. A cada três semanas, a atividade de planejamento do sprint fornece o ponto de compromisso. As histórias selecionadas para uma sprint são confirmadas, enquanto o backlog do produto contém um número potencialmente ilimitado de histórias não confirmadas. O backlog do produto não é visualizado no quadro; em vez disso, ele é armazenado na ferramenta de software.

	Antes	Depois
Iterações	✓	✓
Scrum Master, PO	✓	✓
Planejamento de Sprint	✓	✓
Reunião Diária	✓	✓
Aceite do PO	✓	✓
Demonstração	✓	✓
Retrospectiva	✓	✓
Estimativa	Por Tarefa	Por história de usuário (T-shirt sized)
Outros		Limite WIP por Pessoa

Figura 7.1 Práticas de implementação do Scrum na Posit Science, outubro de 2008

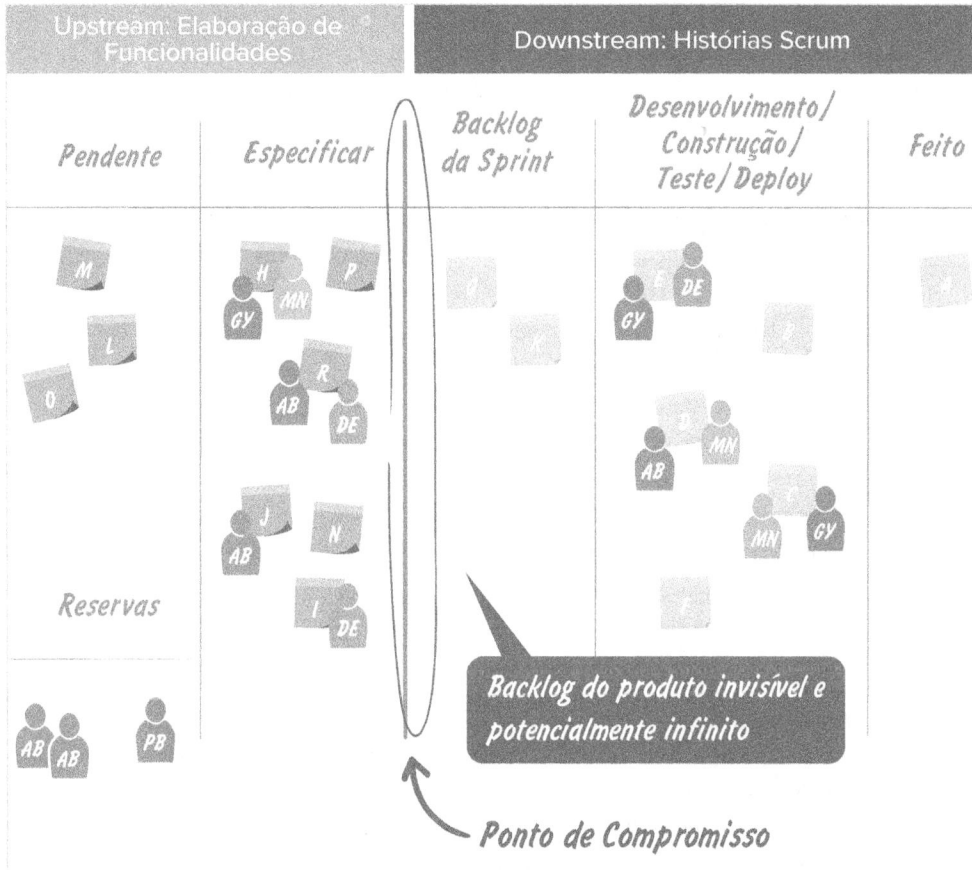

Figura 7.2 Quadro visual estendido da Posit Science, outubro de 2008

Esta representação visual revela alguns detalhes importantes que talvez não estivessem claros anteriormente: as pessoas que realizam o trabalho de elaboração mostrado na coluna Especificar são, na verdade, as mesmas pessoas que realizam o trabalho de desenvolvimento. Como consequência, os desenvolvedores da equipe se dividem entre o trabalho estimado, planejado e comprometido e o trabalho não-planejado, no upstream, de elaboração de requisitos. A elaboração de requisitos na Posit era não-planejada, não-governada e perturbadora. Parte da incapacidade de cumprir os compromissos do sprint se devia à distração de trabalhar na elaboração de requisitos não planejados.

Como regra geral, nunca queremos ver uma situação em que os trabalhadores cruzam um ponto de compromisso e executam várias tarefas entre o trabalho planejado e comprometido e as solicitações opcionais, não planejadas e não confirmadas. Isso é especialmente verdadeiro quando são feitos compromissos específicos com datas de entrega.

Então, já podemos ver espaço para mais melhorias na Posit. O problema era que os desenvolvedores ainda não estavam prontos para isso. Talvez ficar em frente a este quadro todos os dias os ajudasse a ver o que nós já podíamos ver? O tempo diria. Janice, agora no papel de coach de Kanban, teve que ser paciente.

A ideia por trás da mudança na abordagem da estimativa era se afastar da precisão desnecessária. Estava causando muita dor, e a precisão da estimativa era sempre questionável. O "tamanho de camiseta" daria uma certa ideia do tamanho de cada solicitação, especialmente para as partes interessadas que não estavam familiarizadas com o trabalho de desenvolvimento de software. Ser menos preciso certamente era mais fácil e rápido, e tendia a produzir consenso. Era esperado que também tivesse mais exatidão, lhes permitindo cumprir as suas promessas. Janice comunicou que a única métrica importante era: "Entregamos o que prometemos?" Cumprir promessas afeta os níveis de ocitocina no cérebro. A ocitocina é a substância química do cérebro associada à confiança e algumas outras emoções, como o amor. Ao falar a linguagem da neurociência com seus neuro-cientistas, ela esperava os fazer entender e levá-los à ação. Todo esse departamento compreendia que o hipotálamo no cérebro de quem era confiante e de quem era confiável produzia ocitocina quando as entregas eram feitas conforme o prometido. Cada sprint concluído com uma promessa correspondente de funcionalidade melhoraria o relacionamento entre as partes interessadas e os desenvolvedores.

Essa implementação de outubro de 2008 na Posit (Figura 7.3) não é um sistema Kanban. Não há limites de WIP atribuídos ao fluxo de trabalho e o sistema de ponta a ponta não é isento de sobrecarga O trabalho no sistema pode crescer de forma ilimitada, enquanto dentro do sprint não há restrição quanto à quantidade de multitarefa que pode acontecer Da mesma forma, o trabalho pode ser iniciado e depois deixado de lado por períodos de tempo. O trabalho no backlog da sprint é limitado apenas pelo planejamento, e sua eficácia é função da precisão do processo de estimativa. Embora haja comprometimento adiado e puxado, está na escala de um lote de trabalho que deve ser concluído em três semanas, enquanto um verdadeiro sistema Kanban funciona na escala de solicitações individuais, um kanban — um tíquete — por vez.

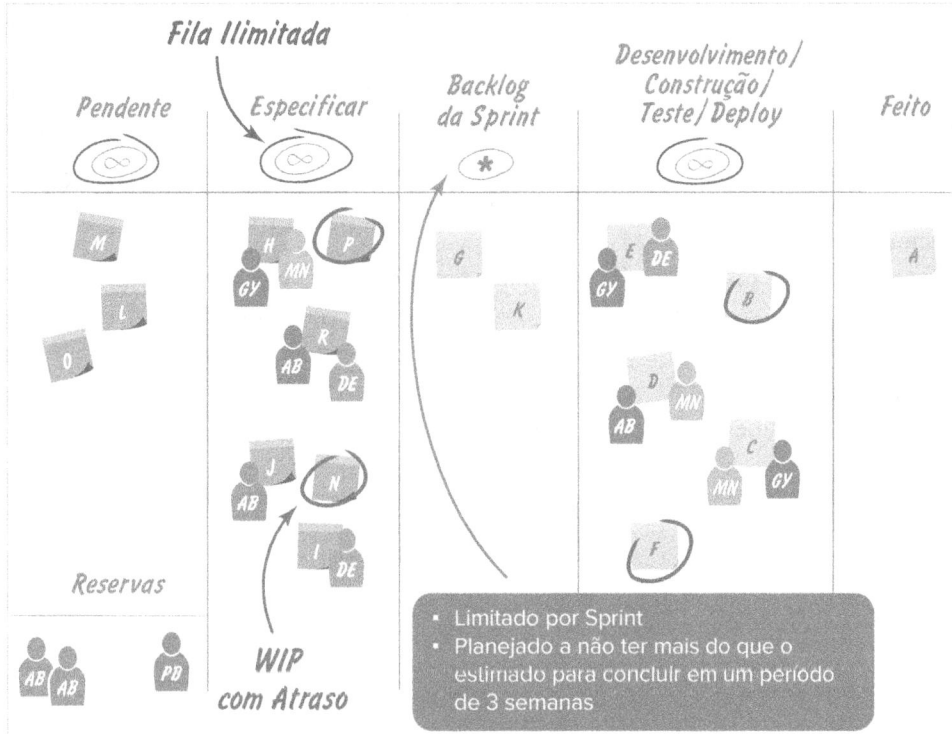

Figura 7.3 Proteger as pessoas da sobrecarga não protege um fluxo de trabalho da sobrecarga.

Nomeando o Proto-Kanban

Esta e outras variantes de implementações parciais do Kanban passaram a ser conhecidas como "proto-Kanban", um termo cunhado pelo acadêmico de engenharia de software Richard Turner, anteriormente do Stevens Institute. "Proto" implica predecessor evolutivo. Essas implementações são assim chamadas por causa de histórias como esta, a história da Posit Science. Como você verá, esse sistema kanban parcial degenerado na Posit evolui para uma implementação completa e adequada posteriormente. Então, essas implementações degeneradas são, de fato, degraus e são uma parte ativa do processo evolutivo. Portanto, esta história não é apenas uma história Scrumban; é também uma história proto-kanban.

O termo "proto-Kanban" caiu em desuso entre a comunidade de coaching Kanban, em favor de "uma implementação de baixa maturidade" ou, mais simplesmente, apenas "Kanban de baixa maturidade". Isso ocorreu após a chegada do Modelo de Maturidade Kanban (KMM) em 2018. Juntamente com Teodora Bozheva, demonstrei que os padrões de implementação do Kanban se correlacionam com níveis distintos de maturidade organizacional. Lá, as implementações de proto-Kanban são típicas de organizações de menor maturidade. Nos casos em que evoluíram para implementações completas do Kanban, eles ilustram que a organização e sua liderança amadureceram e exigiram mais de seus processos e mais do Kanban. Nos casos em que a implementação não amadureceu, não evoluiu, estagnou, isso indica que a organização e sua liderança não amadureceram. Esse problema de platô, com uma organização teimosamente presa em um modo de operação de baixa maturidade, agora é reconhecido como um dos dois modos de falha mais comuns de uma implementação Kanban.

Este registro da história da Posit Science também ilustra um dos primeiros exemplos de uso de um limite de WIP por pessoa com um fluxo de trabalho que envolve uma escala considerável — mais de vinte pessoas. Naquela época, outono de 2008, essa abordagem estava associada apenas ao nascente conceito de Kanban Pessoal, que ainda não havia sido codificado ou documentado.

Resumo

- O Scrum funcionou bem para a Posit Science e possibilitou a eles lançarem seu segundo produto dentro das expectativas

- A complexidade em seu ambiente — dando suporte a dois produtos e perseguindo oportunidades de receita enquanto construíam um terceiro produto — criou pressão e ansiedade nunca vistas antes na Posit Science.

- As reuniões de planejamento de sprint se tornaram longas, estressantes e emocionais. Algumas pessoas desistiram e deixaram de frequentá-las. A tomada de decisão de pior qualidade resultou do comparecimento intermitente.

- Uma condição de "aquecimento global" é uma circunstância em que algo piora lenta e gradualmente, de maneira imperceptível no dia a dia, mas muito mais evidente após um longo período.

- A condição de aquecimento global na Posit era que estava se tornando cada vez mais reacionária ao desenrolar eventos e perdendo a visão dos objetivos de longo prazo

- Quando o Scrum começou a falhar sob pressão, os consultores Ágeis insistiram que a falha era do pessoal da Posit e não do processo. Esta análise falhou em aceitar que as circunstâncias podem ter mudado e que o Scrum não era mais uma escolha apropriada.

- Janice Linden-Reed descobriu o Kanban através da discussão online do trabalho de Corey Ladas e sua apresentação na conferência Agile 2008 sobre Scrumban.

- A proposta de Janice para adotar o Kanban foi imediatamente rejeitada pela organização de desenvolvimento de produto.

- Depois de algum tempo, o vice-presidente responsável pelo departamento concordou que algo precisava ser feito e que o Kanban deveria ter uma chance.

- Ainda assim, houve resistência. Apenas uma implementação parcial, com um limite de WIP por pessoa, um quadro estendido para incluir alguma função upstream e uma mudança para um estilo de estimativa menos precisa, mas talvez mais correta, era possível.

- As implementações parciais ou rasas do Kanban são conhecidas como "proto-Kanban".

- Proto-Kanban implica um predecessor evolutivo.

- O termo "proto-Kanban" foi cunhado porque implementações rasas e parciais geralmente levam, ao longo do tempo, a uma implementação completa.

◆ A Posit Science foi um dos primeiros estudos de caso documentados a exibir esse comportamento proto-Kanban e evoluir para um sistema Kanban completo.

◆ O termo "proto-Kanban" caiu em desuso nos círculos de coaches Kanban.

◆ O Proto-Kanban está associado a implementações de menor maturidade do Kanban e aos Níveis de Maturidade 1 e 2 do Modelo de Maturidade Kanban (KMM).

◆ Os limites de WIP por pessoa vistos neste estudo de caso são mais comumente associados ao Kanban Pessoal. No entanto, o uso de limites de WIP por pessoa tornou-se uma parte estabelecida das implementações proto-Kanban típicas.

8

Seja Paciente

Removendo Objeções para Permitir a Mudança

Os problemas do negócio descritos no Capítulo 7 não haviam ido embora. Sob pressão financeira, a política se tornou um assunto dentro da Posit, e diferentes grupos com opiniões sobre como a empresa deveria proceder começaram a surgir. Havia pressão para entrar no espaço de consumidor final; um facilitador para isso seria uma implementação baseada na web em vez dos produtos atuais que precisavam ser instalados como aplicativos nativos no computador do usuário. A Posit ainda estava muito empenhada em produzir CD-ROMs contendo aplicativos nativos e enviar caixas físicas por meio de um canal de distribuição e varejo.

Tanto a precisão quanto a velocidade alcançada pelo usuário eram importantes para a eficácia clínica dos jogos. A integridade dos dados também era vital — perder dados ou confundir dados de um usuário com outro anularia o valor clínico de jogar. Eram jogos de computador prescritos como remédios: "Jogue este jogo quinze minutos por dia e sua visão periférica deve melhorar". Eles precisavam ser tratados tanto como dispositivos médicos quanto como drogas, dizia o argumento. Os funcionários da Posit eram cientistas envolvidos em brincadeiras sérias, não em entretenimento.

Lumosity é agora uma bem conhecida marca e uma das quais os leitores podem estar familiarizados. Investiu pesadamente em marketing ao consumidor, especialmente em comerciais de televisão. O Lumosity faz jogos de exercícios cerebrais, assim como a Posit. Eles foram e são pares. Durante a última parte da primeira década deste século, a Lumosity estava ganhando terreno enquanto a Posit lutava pela adoção do mercado e receita. A pressão para copiar a liderança da Lumosity era forte. No entanto, se você fizer uma breve pausa e ler atentamente a publicidade ou o site da Lumosity, perceberá que eles não fazem alegações médicas quanto à eficácia de seu produto. A Lumosity não se mantém no padrão clínico e de nível médico que a Posit. É muito mais fácil ter um produto de consumo a um preço acessível ao consumidor quando você não se prende ao mesmo regime regulatório. Sem dúvida alguma, a Lumosity emprega cientistas da plasticidade cerebral, e seus produtos são baseados em fundamentos científicos e boas intenções, mas aspectos de qualidade não funcional em que os cientistas da Posit não estavam dispostos a comprometer — como tempo preciso de operação e testes clínicos antes do lançamento — podem ter sido áreas em que o Lumosity foi capaz de economizar custos e acelerar o tempo de colocação no mercado.

A identidade da Posit como cientistas e sua visão e missão para sua empresa — seu propósito — era criar produtos de nível médico que revertessem os efeitos do envelhecimento e reparassem danos causados por traumas, como lesões sofridas em acidentes automobilísticos ou em combate. A Lumosity presumivelmente se via de maneira diferente — metaforicamente falando, mais no negócio de suplementos dietéticos do que no negócio de medicamentos prescritos. Embora estivessem usando ideias científicas, não pareciam aspirar a resultados clínicos robustos. Se seus respectivos produtos fossem vendidos em uma farmácia, os da Posit seriam vendidos atrás do balcão ou talvez "somente com receita médica", enquanto os da Lumosity estariam disponíveis na prateleira. A disposição da Lumosity em se comprometer e desenvolver uma plataforma baseada na web permitiu que eles alcançassem muito mais pessoas e extraíssem uma riqueza de informações desses usuários baseados na web. Consequentemente, suas finanças e *valuation* estavam em muito melhor forma.

Posit Science: As Coisas Esquentam e Motivam Mais Mudanças

InSight, o novo conjunto de jogos da Posit Science, foi criado para ser exatamente como o anterior *Brain Fitness Program*, entregue em um CD-ROM e com preço semelhante. Muitas pessoas achavam que era caro para o público-alvo designado. Essa questão se tornaria gradualmente uma preocupação cada vez maior.

Janice continuou a se concentrar nos desenvolvedores. Implementar um sistema proto-Kanban rudimentar foi uma pequena vitória para ela, que viu as coisas melhoraram um pouco. Os desenvolvedores estavam mais focados e menos ansiosos sobre se poderiam cumprir suas promessas. Embora eles sentissem alívio da sobrecarga e aproveitassem seu limite de WIP de três itens por pessoa, as mudanças fizeram pouco para aliviar os problemas maiores de entregar projetos inteiros dentro do cronograma esperado. O fluxo de trabalho era imprevisível e ainda havia muito trabalho, incluindo uma parte não planejada — uma reação às circunstâncias atuais. A equipe continuou tendo dificuldades para lidar com a situação. Janice percebeu que o papel mais valioso que ela poderia desempenhar era ajudar os desenvolvedores a perceber o que realmente estava afetando seu desempenho. Se pudessem ver e sentir, talvez se sentissem motivados a implementar mais mudanças, aos poucos. Foi por isso que ela havia gostado do Kanban em primeiro lugar. Sua natureza evolucionária parecia sintonizada com a natureza do comportamento humano.

Uma das maneiras que ela ajudou foi perguntar continuamente a eles durante as reuniões de retrospectiva como se sentiam — para que expressarem suas frustrações em um ambiente seguro. Ela começou a mudar o vocabulário deles, ao apresentar a linguagem como "trabalho em progresso" (WIP), "classe de serviço", "custo de atraso", e assim por diante. Armados com um léxico melhor para expressar seus problemas, eles foram capazes de ver novas formas para melhorar.

O que continuava a ser problemático era selecionar o que trabalhar e o que deixa para depois. Perguntar os gestores do negócio sobre prioridades não ajudou: Aparentemente tudo era alta prioridade. Quando prioridades mudavam porque algo urgente não havia sido selecionado, os desenvolvedores simplesmente absorviam a solicitação, aceitando cada vez mais trabalho. Enquanto individualmente estavam limitados a multitarefa em apenas três itens, o fluxo de trabalho foi preenchido com trabalho comprometido. O problema descrito em relação a Figura 7.3 era real. Depois de alguns meses, eles perceberam que tinham que lidar com a sobrecarga de todo o sistema se quisessem melhorar sua capacidade de atender às expectativas do cliente.

Uma fonte de demanda era gerada a partir da tomada de decisões táticas pela alta gestão. O modelo de precificação que pouco preocupava o grupo de desenvolvimento se tornou seu problema direto. Mais do que nunca, havia pressão para seguir o mercado. Clientes potenciais e investidores eram ativamente procurados. A fim de atrair clientes ou investidores, a liderança da Posit veio com muitos pedidos de demonstrações pontuais e aprimoramentos das funcionalidades. Muitos deles tinham que ser concluídos e apresentados em prazos curtos. Trabalho não planejado e urgente se sobrepunha ao trabalho em progresso comprometido. Essa demanda de negócio reacionária e oportunista raramente poderia esperar três ou mais semanas e ser planejada para uma sprint programada. A Posit precisava de todo tipo de negócio que pudesse ter, e ninguém poderia dizer não para estes pedidos. Planejamento, estimativas e trabalho com prazos rígidos se tornaram cada vez mais auxiliares e desnecessários naquele contexto. A Posit estava quebrando as regras do Scrum: itens urgentes e críticos eram somados a compromissos existentes de sprints. Este trabalho não era planejado como parte de um sprint nem entregue no final do sprint; em vez disso, era enviado ao cliente sempre que necessário. Apesar do apego emocional ao Scrum que tanto se tornou a identidade dos desenvolvedores nos últimos três anos, havia um crescente reconhecimento de que suas regras não serviam às suas necessidades. Eles estavam tendo sucesso apesar do Scrum e não por causa dele.

No início de 2009, a Posit estava pronta para abraçar mais mudanças. David Hoffman perguntou a Janice se havia mais mudanças que poderiam ser implementadas. Naturalmente, a resposta foi sim; então ela começou a facilitar a colaboração da equipe em um processo melhor — baseado em Kanban, não apenas inspirado nele.

Posit Science: Novos Insights sobre Prioridade, Urgência e Impacto

A Posit agora estava trabalhando ativamente em seu terceiro produto, DriveSharp, que consistia em três jogos. Através de pesquisas com idosos, os neurocientistas da Posit perceberam que um dos maiores problemas enfrentados por esse grupo demográfico é a deterioração da capacidade de dirigir, principalmente devido a dois fatores: a deficiência da visão periférica e a incapacidade de reagir rapidamente em situações de direção mais complexas. Dirigir sempre esteve associado à independência e, para essa geração baby boomer, ter um carro e a liberdade de ir aonde e quando quiser é algo que eles valorizam muito. Ser incapaz de dirigir significa a perda de independência e dependência em outras pessoas — é uma questão central de identidade. Pessoas ferozmente independentes relutam em abrir mão. Um produto que permitisse que as pessoas continuassem dirigindo por muito tempo em sua aposentadoria e, assim, protegesse sua valiosa independência estava fadado a se sair bem no mercado. Por meio dos três jogos que faziam parte do DriveSharp, a Posit pretendia estender a independência e a liberdade para a geração Baby Boomer. Desta vez, o canal para o mercado seria em parceria com seguradoras de automóveis, com uma oferta que consistia em "se inscreva para jogar este jogo e receba um desconto no seu seguro". Quem já ouviu falar de idosos que não gostam de desconto? Este produto era um vencedor infalível. Consequentemente, a equipe de desenvolvimento precisava se concentrar imediatamente nisso e entregá-lo rapidamente.

No entanto, eles foram prejudicados pela contínua falta de comunicação entre eles e seus stakeholders. Os gestores de negócios davam a eles itens de trabalho sem pensar muito em quão ocupados eles estavam ou no que outras partes interessadas lhes pediam. Diziam sim a tudo e perdiam a maior parte dos prazos. Eles se sentiam infelizes. Todo o processo estava arruinando as relações entre as pessoas em toda a empresa. Tinha que haver uma maneira melhor do que dizer sim constantemente e permitir que todos acreditassem que seu pedido era o mais importante. A conversa precisava mudar para a compreensão dos riscos do negócio, o que facilitaria as discussões sobre urgência e impacto, permitindo assim uma melhor compreensão de quando iniciar um novo trabalho.

Embora a meta de longo prazo fosse ter uma organização mais madura que pudesse atender às expectativas dos clientes e aos objetivos de negócios, Janice teve de começar com planos pequenos e realistas. Ela se concentrou nas questões que as pessoas estavam levantando nas reuniões de retrospectivas. Ela examinou suas anotações e fez uma lista das fontes de insatisfação. Ela iria abordar estes um por um.

Uma fonte recorrente de insatisfação da equipe costumava ser chamada de "fragmentação". As prioridades em constante mudança significavam que os desenvolvedores eram continuamente interrompidos e puxados em direções diferentes. Isso os impedia de se concentrar e concluir o trabalho com alta qualidade ou em tempo hábil. Havia baixa satisfação e pouco senso de realização. Janice sabia que esse era um ponto crítico para a equipe, então ela se ofereceu para aliviar suas reclamações "suavizando o fluxo" e evitando interrupções e mudanças de direção.

Janice está olhando diretamente para o ponto de dor emocional — fragmentação — interrupções constantes, baixo senso de realização, provavelmente baixa autoestima, frustração e falta de orgulho do trabalho. Quando ela propõe a nova solução de sistema kanban, ela a vende para a equipe como um novo sistema de "fluxo". Ela não usa a palavra "Kanban" diretamente. Essas são as pessoas do Scrum, então ela evita causar irritação enquanto se oferece para aliviar sua dor. O bom coaching é humano. O bom coaching tem empatia pela humanidade dos indivíduos envolvidos. Às vezes, isso é chamado de "escola Kanban do Clube da Luta[27]" porque "a primeira regra do Clube da Luta é que você nunca fale sobre o Clube da Luta". Aborde um ponto de dor emocional diretamente com sua proposta e prossiga.

Ela teve que limitar o WIP em todo o sistema, não apenas para cada indivíduo. Seus desenvolvedores estavam prontos para fazer essa mudança. Depois de vários meses observando seu quadro e vendo a causa e o efeito da limitação do WIP, eles agora entendiam por que era necessário e os benefícios que traria. Com os limites de WIP corretos, Janice conseguiu criar um equilíbrio no qual desenvolvedores e testadores estivessem igualmente ocupados, mas nunca sobrecarregados. O trabalho fluiria melhor!

Ela se sentou para discutir todas as mudanças propostas com todos os envolvidos, incluindo os gestores do negócio. Ela precisava de sua adesão e consenso para seguir em frente. As mudanças pareciam contraintuitivas para muitos, especialmente os mais experientes. Ela talvez tenha tido sorte por toda essa organização entender a função cerebral, a plasticidade e como os humanos lidam com a mudança. Eles estavam preparados para seguir um caminho que parecia errado enquanto entendiam que fazia sentido lógico: seu cérebro límbico (sua percepção sensorial e capacidade de correspondência de padrões) estava se opondo enquanto seu córtex pré-frontal (sua capacidade de inferência lógica) concordava com a análise e a lógica da proposta.

A próxima coisa a abordar era o planejamento e priorização disfuncionais. Ela precisava trazer alguma organização e colaboração colegiada para o processo de seleção, sequenciamento e programação do trabalho.

Na mesma época, eu estava desenvolvendo o manuscrito para o livro azul e tentando codificar as classes de serviço, que surgiram pela primeira vez na implementação da Corbis em 2007, identificando a natureza do custo do atraso em um item de trabalho que, por sua vez, resultava na escolha de uma classe de serviço para aquele item. Havia quatro classes de serviço derivadas empiricamente e eu as nomeei: Expedite, Data Fixa, Standard e Intangível. Janice me pediu para aconselhá-la e ajudar a Posit com seus planos de transição. Assim, a Posit teve primeiro acesso ao material novo e, na época, inédito e foi a primeira organização a ver a associação de esboços de funções de custo de atraso mapeadas a classes de serviço, conforme mostra a Figura 8.1 a seguir.

---

27.   Baseado no livro homônimo de Chuck Palahniuk, Clube da Luta é um filme americano que se tornou um clássico cult. De acordo com uma de suas estrelas, Edward Norton, examina os conflitos de valores da Geração X como a primeira geração criada na televisão. https://en.wikipedia.org/wiki/Fight_Club

Cor	Custo do Atraso	Classes de Serviço e Suas Políticas
		Expedite Custo crítico e imediato do atraso; pode exceder outro limite de kanban (atrapalha outro trabalho).
		Data Fixa O custo do atraso aumenta significativamente após o prazo.
		Standard Urgência crescente, o custo do atraso é raso, mas acelera antes de nivelar.
		Intangível O custo do atraso pode ser significativo, mas não é incorrido até muito mais tarde (se é que ocorre).

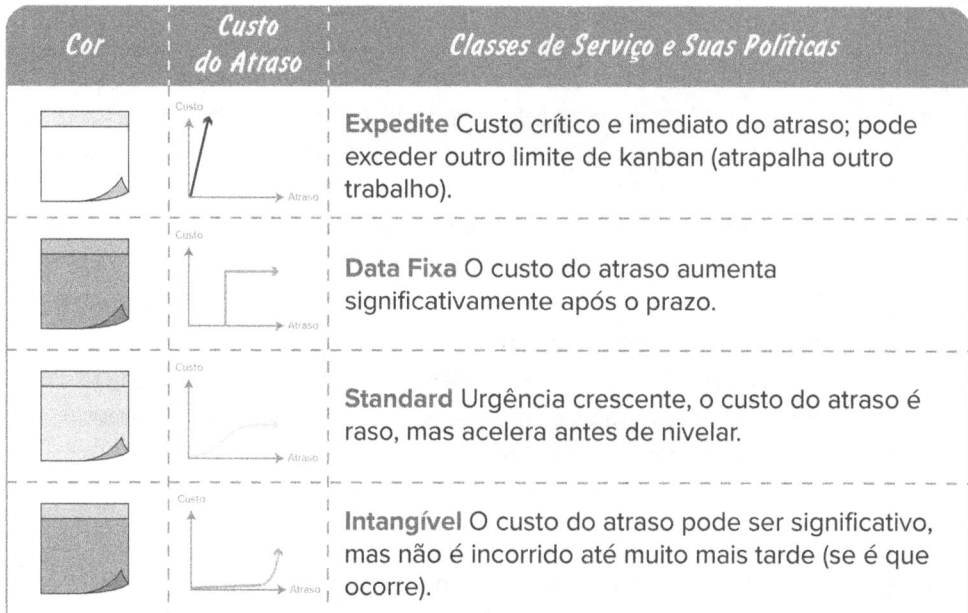

Figura 8.1 Esboços de curvas de Custo de Atraso mapeadas para classes de serviço

O conceito era simples: pedir aos gestores de negócios que descrevam o impacto ao longo do tempo para uma determinada função. Isso permitiria uma determinação de urgência. A discussão ajudaria a facilitar o agendamento, bem como a classe de serviço necessária após a seleção e confirmação do trabalho. Stakeholders eram informados sobre o conceito e a eles era solicitado selecionar a função de custo de atraso que melhor correspondia aos riscos de negócios associados à solicitação. Isso funcionou incrivelmente bem. Foi talvez a mais facilmente adotada de todas as novas técnicas que Janice introduziu na Posit. Ela rapidamente se institucionalizou e, anos depois, ainda era usada para avaliar riscos e selecionar e agendar trabalhos.

Os esboços mostram o eixo y rotulado com o conceito abstrato de impacto. Isso facilitou várias formas de avaliar o "custo" relacionado ao tempo: custo de oportunidade de receita perdida, despesa operacional incorrida, assinantes adquiridos ao longo do tempo, impacto em intangíveis, como satisfação do cliente, valor da marca, reconhecimento, confiança do investidor e assim por diante.

Embora ao longo dos anos esse conjunto de esboços tenha sido estendido, ele continua sendo a maneira mais simples e possivelmente mais poderosa de vincular qualitativamente o custo do atraso à classe de serviço usada para um tíquete em um sistema kanban. Embora as técnicas quantitativas tenham surgido posteriormente e estejam incluídas em meus currículos de treinamento de Enterprise Services Planning (Planejamento de Serviços Corporativos, em tradução livre) disponíveis na Kanban University, elas são muito mais difíceis de entender, exigem dados de entrada difíceis de adquirir e o uso de software para executar um algoritmo de convolução para estabelecer uma função "provável custo de atraso ao iniciar" e, de sua derivada, um valor quantitativo para urgência. Consequentemente, a avaliação quantitativa do custo do atraso continua sendo uma curiosidade intelectual, enquanto a abordagem qualitativa simples, usando esboços que mostram o impacto ao longo do tempo, provou ser poderosa e fácil de adotar. O fato de esta técnica prevalecer por mais de uma década é uma forte indicação de sua eficácia e robustez. Algumas análises matemáticas de dados quantitativos, realizadas em 2018, nos mostraram que as quatro curvas originais nos esboços, de fato, mapeiam funções matemáticas observadas e refletem com precisão o risco de atraso. Portanto, a robustez das quatro curvas originais esboçadas não é um acidente; agora temos uma prova matemática. Examinar os detalhes dessa prova matemática está além do escopo deste texto, mas é ensinado em meus currículos de Enterprise Services Planning.

Além do custo de atraso, a equipe executiva também foi treinada em outra taxonomia simples de avaliação de risco qualitativo que descreve o papel desempenhado no mercado por uma determinada funcionalidade ou função. Esses papéis são:

- Commodity (funcionalidades básicas esperadas pelos clientes; a omissão é inaceitável)
- Redutores de custo (funcionalidades que economizam custos [Posit] em desenvolvimento, produção ou serviço de campo)
- Regulatório (exigido por um regulador, sujeito a alterações regulatórias; a omissão é inaceitável)
- Spoilers (também conhecidos como Catch Up, ou funcionalidades de neutralização; eles copiam o diferencial de um concorrente)
- Diferenciador (uma nova funcionalidade, exclusivo para o mercado)

Embora essa taxonomia fizesse muito sentido para a equipe executiva da Posit, treinada na escola de negócios, eles a rejeitaram. O argumento deles era que essa taxonomia era claramente para mercados mais maduros com um conjunto estabelecido de concorrentes e expectativas do cliente bem compreendidas. O argumento deles era que a Posit estava em um mercado nascente e emergente e, embora existissem outras empresas de plasticidade cerebral como a Lumosity, elas não eram diretamente competitivas. Portanto, Posit acharia pouco ou nenhum valor em rotular funcionalidades usando essa taxonomia. Saber que algo era uma aposta na mesa ou diferenciador não afetaria sua tomada de decisão. Então, desafiei-os a criar algo melhor, algo mais relevante e sintonizado com o seu negócio e o seu mercado. Depois de uma breve reunião, talvez quinze minutos depois, eles retornaram com sua própria taxonomia. Era bem simples:

- Mercado existente
- Novo

Eles reconheceram que precisavam proteger o risco alocando capacidade em seu portfólio. Eles precisavam aprimorar e desenvolver produtos existentes, ampliando e aprofundando seu alcance de mercado, enquanto também precisavam continuar a sondar novos mercados e segmentos de mercado comercializando mais de suas pesquisas científicas fundamentais.

Eu os desafiei um pouco mais, e depois de outra conversa curta, talvez apenas cinco minutos, houve um consenso de que deveria haver uma divisão 60/40. Sessenta por cento das funcionalidades que fluem por seu sistema kanban devem ser para o desenvolvimento de mercado existente, enquanto quarenta por cento devem ser para comercialização de pesquisa e introdução de novos produtos.

Assim, dois métodos muito simples foram introduzidos para facilitar o planejamento e a priorização: os pedidos seriam triados usando o custo de atraso e o compromisso seria postergado até o "último momento responsável" antes que um item fosse muito urgente, com uma classe de serviço apropriada para facilitar fluxo e entrega; uma alocação de capacidade garantiria uma combinação de trabalho destinada a gerenciar a exposição ao risco em todo o portfólio de produtos.

Anteriormente, os gestores de negócios tinham medo de limitar o WIP e adiar o compromisso. Agora, com melhores meios para avaliar o risco e uma nova linguagem para discutir os riscos comerciais comparativos, eles se sentiram confortáveis com a introdução de um sistema kanban. Desde 2010, os métodos de avaliação qualitativa de riscos são reconhecidos como essenciais para facilitar a implementação bem-sucedida do Kanban, e tais práticas aparecem nos níveis intermediários 3 e 4 no Modelo de Maturidade Kanban.

Havia mais um obstáculo: os desenvolvedores se opunham à nomenclatura das classes de serviço, especificamente a classe de serviço Intangível. Descobriu-se que quase todo trabalho com probabilidade de ser classificado como tendo um custo de atraso postergável (e, portanto, atribuído à classe de serviço Intangível) era trabalho proposto pela organização de desenvolvimento. Esse trabalho consistia principalmente em arquitetura de sistema, manutenção de código e infraestrutura de sistemas. Eles se opuseram ao fato de seu trabalho ser rotulado como tendo valor "intangível" e temiam que nunca fosse selecionado.

Respondendo às objeções deles, Janice iniciou algumas negociações: dois dos dez espaços no buffer de reabastecimento, conhecidos como Top Dez, seriam reservados para itens da classe Intangível; além disso, as classes seriam renomeadas.

Em 2009, fui persuadido por Julian Everett, na época arquiteto-chefe superinteligente dos websites da BBC, que o custo de atraso poderia ser modelado como função linear. Julian mostrou que em discussões com gestores do negócio, ele poderia fazer com que eles declarassem um valor comercial para uma funcionalidade, como um novo conjunto de páginas de web para a próxima temporada de Dr. Who, e então determinar um nível de confiança para ajustar o número. O website da BBC ganhava dinheiro com publicidade; portanto, o número de impressões de anúncios antecipadas era uma métrica para determinar o valor comercial. Se o gestor do negócio pensasse que um novo conjunto de páginas geraria 1,2 milhão de visualizações de página (e, portanto, impressões de anúncios) em um ano, mas eles claramente tinham apenas cerca de 75% de confiança nesse número, então Julian ajustaria 1,2 milhão para 900.000 mil e calcularia uma taxa mensal como uma média — efetivamente criando uma regressão linear para o valor. Em sua experiência, se a taxa de visualizações de página era realmente plana e agregada linearmente, não era importante. Ao fazer uma seleção comparativa entre diferentes oportunidades para a mesma equipe de desenvolvimento de web, ele descobriu que as funções lineares eram boas o suficiente. Dado que Julian tinha experiência no mundo real, minha orientação foi baseada em seus relatórios e inicialmente forneci a Posit um esboço de uma linha ascendente linear para a classe de serviço Padrão.

Os neurocientistas Ph.Ds foram imediatamente inteligentes o suficiente para reagir contra isso, argumentando que as funções típicas de custo de atraso estavam "acelerando" e, finalmente, diminuiriam como uma curva em S. Ironicamente, minha orientação anterior afirmou isso, mas a experiência de Julian sugeriu que as linhas lineares eram boas o suficiente e muito mais simples — a ideia de custo de atraso como uma taxa constante é atraente e sedutora. As pessoas da Posit Positivo não estavam acreditando nisso e, na verdade, seu pressentimento está correto. Talvez no domínio restrito de Julian de avaliação comparativa das funcionalidades do website fizesse sentido, mas o tempo me convenceu de que era uma orientação geral ruim.

A classe de serviço Standard foi renomeada como Acelerando, e o esboço usado foi como a curva S mostrada na Figura 8.2. Isso significava que a palavra "Standard" não era usada para essa classe de serviço. Enquanto isso, havia uma objeção emocional ao "Intangível" e, portanto, a classe mais baixa de serviço passou a ser chamada de "Standard" como uma personalização única e facilitadora para a Posit Science.

Cor	Custo do Atraso	Classes de Serviço e Suas Políticas
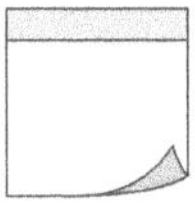	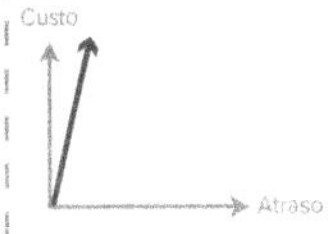	**Expedite** Custo crítico e imediato do atraso; pode exceder outro limite de kanban (sobrepõe-se a outros trabalhos).
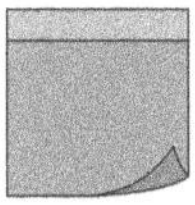	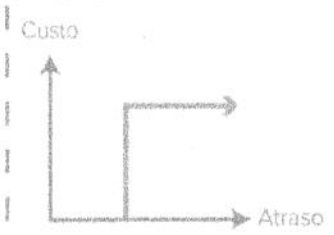	**Data Fixa** O custo do atraso aumenta significativamente após o prazo.
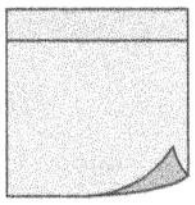		**Acelerado** Urgência crescente, o custo do atraso é superficial, mas acelera antes de nivelar.
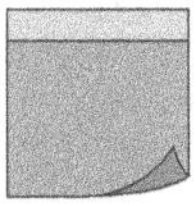	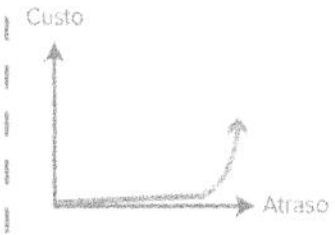	**Standard** O custo do atraso pode ser significativo, mas não é incorrido até muito mais não é incorrido até muito mais tarde (se é que ocorre).

Figura 8.2 Classes de serviço na Posit Science

Todo agente de mudança — todo o coach de Kanban — deve esperar alguma resistência nos designs iniciais. Assim como Janice, eles deveriam estar preparados para recuar em primeira instância e implementar algo superficial, algo planejado como um proto-kanban, e então ser paciente — esperar que todos os envolvidos internalizem os problemas e que a motivação seja construída para permitir uma mudança completa. Da mesma forma, ao obter resistência em elementos menores, como a nomeação de uma classe de serviço, esteja preparado para negociar e fazer alterações. Se houver uma pedra em seu caminho, esteja preparado para negociar em torno dela. Textos como este estão aqui para aconselhá-lo e fornecer orientação ilustrativa; eles não são prescritivos. Com o Kanban, você tem a liberdade de adaptar e desenvolver suas próprias soluções exclusivas de fluxo de trabalho. Abrace essa liberdade. Não se sinta constrangido pelas palavras destas páginas.

Resumo

- Lumosity, concorrente da Posit Science, tinha um foco maior no mercado consumidor e desenvolveu uma plataforma baseada na web para seus jogos.

- As letras pequenas na embalagem, no site e na publicidade da Lumosity não fazem nenhuma afirmação clínica sobre seus produtos. Esses quase certamente não são projetados de acordo com os padrões científicos de nível médico dos produtos da Posit Science. Esse compromisso permitiu que a Lumosity oferecesse preços mais baixos e ganhasse participação de mercado significativa.

- Com o passar do tempo, a pressão de negócios aumentou e a Posit Science tornou-se cada vez mais reacionária. Embora a implementação do Proto-Kanban tenha ajudado, havia uma necessidade crescente de melhorias adicionais. As pessoas estavam cada vez mais sobrecarregadas e estressadas.

- Com tempo suficiente, o calor de sua condição de "aquecimento global" tornou-se suficientemente severo para que a equipe puxasse mudanças adicionais. Eles estavam prontos para implementar o Kanban adequadamente.

- Para obter aceitação dos limites de WIP e de um sistema kanban puxado, foi necessário fornecer aos donos de negócios novos meios de avaliar o risco do negócio e entender como selecionar o trabalho, em que sequência o selecionar e quando agendá-lo.

- Os métodos qualitativos de análise de risco são essenciais para a adoção bem-sucedida do Kanban pela empresa.

- A associação dos esboços de função (ou curvas) de custo de atraso com classes de serviço foi introduzida pela primeira vez na Posit Science. Foi altamente eficaz e popular entre os executivos de negócios.

- Esteja preparado para negociar pequenos detalhes de um design de sistema kanban a fim de obter adesão para prosseguir; por exemplo, alterando convenções de nomenclatura para classes de serviço

9

Um Sistema de Fluxo

Design e Implementação do Kanban na Posit Science

Nós tínhamos acabado de fazer nossa última interação[28]. Mudamos para o fluxo." Janice anunciou em seu feed do Twitter que havia iniciado a adoção do novo sistema de "fluxo" na Posit. O alívio era tangível. As dolorosas sprints com timebox agora eram coisa do passado. Assim como a empresa sobre a qual ela havia lido, não fazia sentido trabalhar com timebox no contexto da Posit. Os intervalos de três semanas não eram úteis para os gestores de negócios ou para qualquer pessoa do lado da prestação de serviços. Todo mundo estava infeliz. A mudança para um sistema de fluxo sob demanda atendeu muito melhor às necessidades de todos.

Posit Science: O Sistema Kanban

A tabela na Figura 9.1 resume as mudanças feitas do sistema proto-Kanban de 2008 para o sistema Kanban completo introduzido em 2009. Sprints (iterações) foram substituídas por um sistema de fluxo sob demanda com um acordo de nível de serviço (SLA) de 21 dias. O SLA foi escolhido para corresponder à cadência anterior de sprints de três semanas. O objetivo era encorajar a divisão do trabalho a ser pequena o suficiente para ser concluída em três semanas

---

28.   A comunidade de desenvolvimento Ágil de software geralmente se refere às atividades da equipe com timebox como "iterações". Este é um termo inadequado, pois a atividade raramente é iterativa no sentido de que o trabalho será revisitado e aprimorado com maior fidelidade, como, digamos, uma pintura a óleo pode ser feita por seu artista. Em vez disso, o trabalho de desenvolvimento Ágil de software é principalmente incremental e cada "iteração" contém a conclusão de uma pequena peça – parte de um todo. "Iteração" é usada como sinônimo de Sprint na metodologia Scrum, com "iteração" sendo considerada uma terminologia ágil mais genérica e não específica do Scrum.

e acalmar os temores de que o trabalho demoraria mais sem a pressão de um limite de sprint ou promessa de entrega específica.

	Antes	*Depois*
Iterações	✓	✗ Fluxo & SLA
Scrum Master, PO	✓	✓
Planejamento de Sprint	✓	✗ Acionado, por Funcionalidade
Reunião Diária	✓	✓
Aceite do PO	✓	✓
Demonstração	✓	✓ Calendário
Retrospectiva	✓	✓ Calendário
Estimativa	Por Tarefa	Por funcionalidade por SLA
Outros		Fluxo de trabalho mais detalhado
Outros		Limite WIP do Fluxo de trabalho

Figura 9.1 Resumo das mudanças do proto-Kanban de 2008 para o sistema Kanban completo de 2009

Existe um mito comum de que a falta de compromisso com o prazo de entrega, como uma demonstração de sprint, levará à falta de foco, preguiça e prazos de entrega cada vez mais longos. Não há, de fato, nenhuma evidência em mais de uma década de uso do Kanban. O medo é gerado por aqueles que vendem treinamento e coaching Scrum para ganhar a vida e desejam dissuadir a adoção do Kanban ou clientes existentes de mudar.

A Posit usou, como coaches e conselheiros, consultores de um conhecido fornecedor de desenvolvimento Ágil de software que tinham um longo histórico de dissuadir ativamente a adoção do Kanban nas empresas de seus clientes. Ironicamente, eles usavam um sistema kanban para seu próprio desenvolvimento de software, mas como seu produto foi projetado para Scrum, eles não queriam que seus clientes o usassem.

Houve uma motivação significativa para a mudança na Posit. Os consultores já haviam perdido a argumentação sugerindo que era "falta de disciplina" e culpa do pessoal da Posit. Eles haviam perdido a capacidade de fornecer liderança e seu contrato não seria renovado. No entanto, os medos que eles depositaram tiveram que ser mitigados. Janice fez isso ao incluir a garantia de entrega de três semanas no acordo de nível de serviço.

Além do SLA de 21 dias, houve uma mudança adicional na forma como a estimativa era conduzida. Você deve se lembrar que eles começaram com o método de estimativa muito preciso, de especular quantas pessoas-hora seriam necessárias para cada tarefa: Essa abordagem foi prescrita por Ken Schwaber, um dos dois fundadores do Scrum, em seu livro original. Na época, essa abordagem de estimativa era a abordagem preferida da empresa de consultoria que auxiliava a Posit. As estimativas precisas, na verdade, ofereciam pouco valor informativo, pois tinham uma probabilidade muito baixa de serem precisas. Quando eles introduziram as mudanças do proto-Kanban, eles mudaram da precisão para uma abordagem de tamanho de camiseta para histórias de usuário. Isso sobe um nível na hierarquia, pois as histórias geralmente consistem em tarefas. Portanto, houve menos necessidade de análise e a abordagem no nível da história era mais rápida. Eles esperavam que também tivesse maior precisão e melhor valor de informação.

Agora, um ano depois, eles se afastariam quase completamente da estimativa e subiriam outro nível da hierarquia para o nível de funcionalidades. Portanto, não era mais necessário dividir as funcionalidades por meio da análise das histórias de usuário antes de assumir um compromisso e decidir prosseguir com o trabalho. Eles simplesmente solicitariam um voto positivo ou negativo depois que os requisitos fossem lidos e explicados à equipe, gastando apenas alguns minutos de discussão para estabelecer um nível de confiança. Se houvesse forte confiança de que a funcionalidade poderia ser concluída dentro do SLA, ela era marcada como pronta para seleção. Caso contrário, era solicitado ao gestor do negócio que repensasse a exigência e enviasse o tíquete novamente.

Os papéis de Scrum Master e Dono do Produto, elementos-chave do Scrum, permaneceram inalterados. Com o Kanban, ninguém recebe novos papéis, responsabilidades ou cargos — pelo menos inicialmente — e certamente nada foi imposto a eles.

Papéis e cargos se tornam elementos-chave da identidade profissional de um indivíduo. Mudar um papel, um cargo ou mudar significativamente as responsabilidades tende a encontrar resistência — e medo. Existe o medo, pelo menos inicialmente, de ser incompetente na nova função ou com novas responsabilidades. Esse medo pode ser dissipado por meio de treinamento, orientação e uma cultura tolerante ao fracasso que forneça segurança pessoal para experimentação e aprendizado. No entanto, a identidade é mais profunda do que apenas o medo da incompetência inicial. A identidade fornece os meios para a autoimagem e para determinar a autoestima. Habilidades, competência e o papel desempenhado também são fundamentais para estabelecer status em um grupo social. Uma nova função ou cargo ataca diretamente o senso de identidade de um indivíduo e seu valor próprio. Novas funções e cargos têm efeitos psicológicos e sociológicos. Podemos esperar que 70% a 80% das pessoas tenham dúvidas e receios sobre um novo cargo ou uma nova função com novas responsabilidades.

Kanban é o método do comece-com-o-que-você-faz-agora. O Kanban também pede que você "contorne a rocha" e evite os obstáculos à mudança (consulte o Capítulo 11). Se você começar dando a alguém um novo cargo, estará colocando um obstáculo em seu caminho. Por que fazer isso? Deixe as pessoas manterem suas funções e cargos existentes até que estejam prontas para criar uma nova identidade para si mesmas.

Cada uma das três equipes Scrum na Posit trabalharia em uma funcionalidade por vez. Foi imposto um limite de WIP estrito de uma funcionalidade por equipe. As reuniões de reabastecimento seriam acionadas sob demanda quando uma equipe precisasse puxar uma nova funcionalidade para iniciar. Como o conceito de sprints de três semanas foi abandonado, também foi eliminado o planejamento da sprint a cada três semanas. Essas eram as temidas e estressantes reuniões com dezessete participantes, cheias de emoção e ansiedade. Isso trouxe grande alívio.

As reuniões de reabastecimento foram facilitadas usando um pequeno quadro, conforme mostrado na Figura 9.2. Ele tem quatro regiões: Top Dez, Em Progresso, Feito e Legenda.

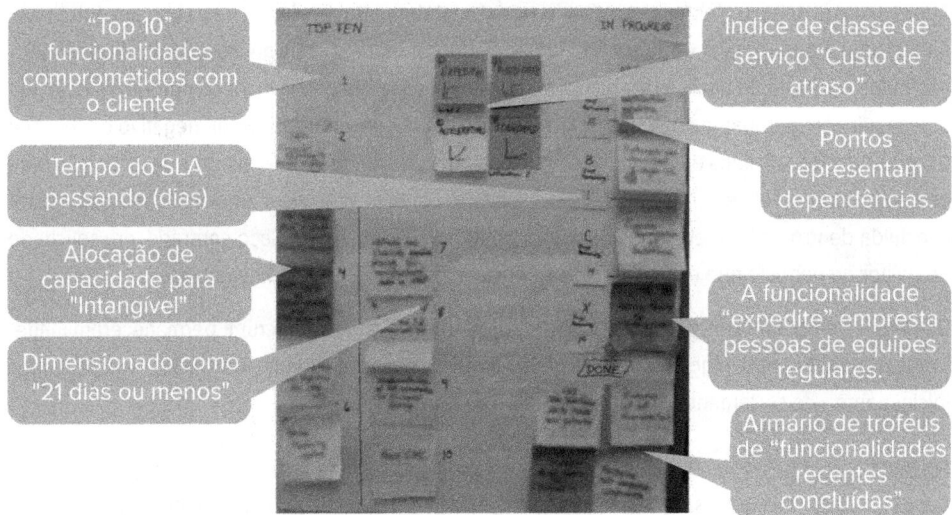

Figura 9.2 Quadro de reunião de reabastecimento da Posit Science

O Top Dez mostra a fila de entrada. Nesse caso, é uma fila numerada de 1 a 10. No entanto, o trabalho não era necessariamente puxado da fila em ordem de prioridade estrita. Devido à natureza do negócio da Posit, havia muita especialização e heterogeneidade entre a sua força de trabalho e os trabalhos apresentados. Consequentemente, suas três equipes de Scrum não eram homogêneas em conjuntos de habilidades. Quando uma equipe terminava uma funcionalidade e estava pronta para puxar outra, o primeiro item da fila poderia não ser uma boa combinação para eles. Eles seguiriam na fila até encontrar a primeira correspondência forte para suas habilidades. Assim, a Posit implementou uma fila de entrada quase FIFO (primeiro a entrar, primeiro a sair), em vez do buffer de entrada (às vezes chamado de "supermercado" na literatura Lean) implementado na Microsoft e na Corbis.

O Top Dez tem uma alocação de capacidade de dois slots para trabalhos da classe de serviço Intangível.

A região Em Progresso mostra as funcionalidades em andamento para cada um dos três times Scrum, mostrados apenas como A, B e C. Eles não tinham nomes. Isso é uma indicação de que a coesão social estava no nível de todo o departamento e as pessoas não se identificavam fortemente com as equipes menores às quais eram designadas. As equipes eram conhecidas como equipes de Scrum, apesar da implementação do Kanban e da dissociação das cadências de planejamento, tempo de espera e entrega, juntamente com a remoção das sprints com timebox.

Os números abaixo da letra da equipe mostram a quantidade de dias decorridos em seu SLA de 21 dias. A imagem mostra o que desencadeou a reunião de reabastecimento: A equipe B concluiu uma funcionalidade e retirou o item 1 do Top Dez. Os itens de 2 a 10 agora devem subir em uma posição, e a reunião atual selecionará um novo item para o slot número 10.

As funcionalidades em andamento também são anotadas com marcações. Os círculos coloridos indicam dependências de pares — itens que devem ser entregues juntos — mesma cor, mesma entrega. As pequenas guias fluorescentes indicam problemas de bloqueio e sinalizam que o SLA pode estar em risco.

Feito é o armário de troféus. Feito fornece um espaço para funcionalidades concluídas no passado recente. Feito fornece tempo para reflexão e sensação de realização. Feito comunica aos gestores do negócio "o que fizemos por você recentemente" e o valor que está sendo entregue regularmente.

A Legenda mostra as classes de serviço, as cores dos tíquetes, os esboços da função de custo de atraso associados a cada um deles e qualquer alocação de capacidade ou outras políticas relacionadas às classes de serviço. Nesse caso, os itens Expedite são limitados a um e os Intangíveis têm no mínimo dois.

O quadro parece mostrar uma quarta equipe, X. Na verdade, isso representa a faixa Expedite no quadro. Não havia uma equipe dedicada para solicitações mais urgentes. Em vez disso, uma funcionalidade com a classe de serviço Expedite foi autorizada a quebrar o limite de WIP. No entanto, não se sobrepôs completamente ao trabalho existente. Uma equipe multifuncional de todo o pool de trabalho seria formada para concluir a solicitação. Esses indivíduos viriam de qualquer uma das outras três equipes. Assumindo que nenhuma equipe foi completamente sem trabalho, o trabalho ainda continuaria nas funcionalidades atuais em andamento.

Nem todos os elementos do Scrum foram eliminados. Como já mencionado, os papéis Scrum de Scrum Master e Dono do Produto permaneceram; o mesmo aconteceu com o "scrum" diário, embora efetivamente tenha se tornado uma reunião Kanban diária.

Demonstrações, retrospectivas e aceitação do dono do produto também permaneceriam. Demonstrações e retrospectivas eram agendadas a cada três semanas, exatamente no mesmo horário e dia das sprints do Scrum. Sem mudança. A aceitação é totalmente explicada posteriormente, em relação à implementação do quadro Kanban mostrada na Figura 9.5. A aceitação do dono do produto continuou. No entanto, se tornou uma atividade sob demanda, com o trabalho representado em uma coluna no quadro, conforme mostra a Figura 9.3. As responsabilidades do dono do produto permaneceram inalteradas.

A Figura 9.3 na próxima página mostra o design do novo sistema e quadro Kanban. A partir de um backlog de funcionalidades, as primeiras dez serão selecionadas para entrega. A fila "Top Dez" teve uma inovação interessante — um compromisso assíncrono de duas fases. Nos exemplos da Microsoft e da Corbis, o compromisso é síncrono, pois tanto os clientes quanto a organização de entrega estão representados na reunião e o acordo é mútuo. O cliente diz: "Quero que isso seja feito em seguida", e o serviço de entrega diz: "Nesse caso, faremos isso em seguida para você". O design da Posit descarta esse compromisso síncrono. Em vez disso, nas reuniões de reabastecimento, os gestores de negócios escolhem novos itens para o Top Dez, enquanto a organização de entrega não precisa se comprometer com nenhum deles. O ponto de compromisso ocorre quando uma das equipes Scrum puxa uma funcionalidade para a coluna Design/Especificação do quadro. Só então há um compromisso bilateral e o relógio começa a contar para o acordo de nível de serviço de 21 dias.

Um compromisso assíncrono tem algumas vantagens. É especialmente útil quando é difícil organizar reuniões envolvendo todos os stakeholders. No entanto, é tipicamente representativo de uma cultura de capital social mais baixo, com menor confiança e menos colaboração. Passamos a reconhecer que o compromisso assíncrono é típico de organizações que amadurecem do Nível 2 ao Nível 3 no Modelo de Maturidade Kanban. É improvável que algumas das magias do Kanban descritas nos capítulos anteriores aconteçam se você não conseguir reunir as pessoas de upstream e downstream e fazer com que concordem em compromissos específicos.

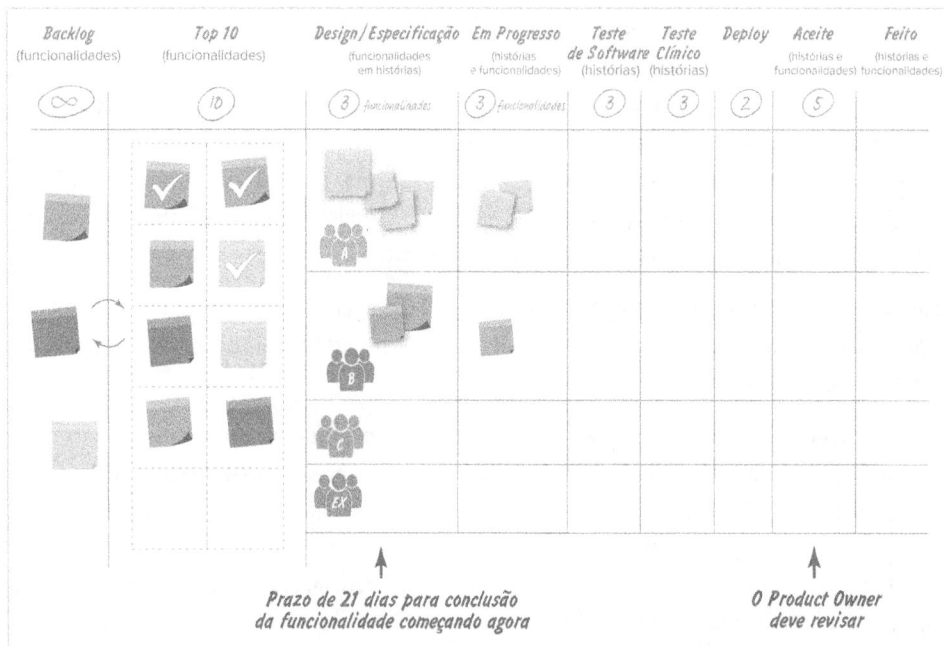

Figura 9.3 Design para o novo quadro kanban de "sistema de fluxo" da Posit

A taxa de entrega da Posit foi em média de uma funcionalidade por semana. Consequentemente, o WIP mais o Top Dez representa por volta de três meses de trabalho. Alguns itens podem esperar dez semanas ou mais para serem selecionados e puxados para o quadro kanban. É esperado que algo no Top 10 seja entregue, e portanto, um sinal adiante para o marketing, relações públicas, ou até mesmo o lead time para preparar a entrega poderia acontecer assim que um item entrasse no Top Dez. No entanto, os itens não eram compromissos e não geraram nenhum impacto downstream. Como consequência, foi permitido para o dono do item do Top Dez trocá-lo durante as reuniões de reabastecimento por outra funcionalidade que considerasse de maior urgência e importância.

Então, o Top Dez oferece um meio de sinalizar adiante a chegada, enquanto evita o comprometimento total. Facilita os períodos de notificação e o compromisso postergado juntos. O conceito de um compromisso assíncrono em torno do buffer de entrada apareceu posteriormente em outras implementações. Sami Honkonen relatou[29] uma versão que usava um calendário visual para indicar os tíquetes a serem iniciados em uma semana específica com até treze semanas de antecedência.

Esses compromissos assíncronos em torno do buffer de entrada são predecessores do sistema de agendamento dinâmico agora usado para Enterprise Services Planning — a abordagem usada para gerenciamento de dependência em implementações de Kanban em escala corporativa.

O quadro de Kanban da Posit apresenta uma linha para cada equipe de Scrum, com uma linha adicional para as solicitações Expedite. O quadro tem dois níveis. Uma funcionalidade ocupa uma faixa, mas uma funcionalidade é dividida em histórias — mostradas como os tíquetes menores no quadro. As histórias são filhas da funcionalidade "pai". As histórias fluem através do quadro. Uma vez concluído o teste de software, normalmente toda a funcionalidade seria puxada para o teste de validação clínica.

Lembre-se de que a Posit sofria de um problema semelhante ao da Microsoft: eles tinham funcionários realizando trabalho comprometido e também fazendo análises no upstream. Os funcionários estavam em multitarefa ao longo do ponto de compromisso no fluxo de trabalho. Isso não acontece mais. No novo design, a análise em histórias é adiada até depois do compromisso. Isso significa efetivamente que as equipes da Posit estavam perseguindo a abordagem "sem estimativas" que vimos pela primeira vez com a Microsoft.

Isso, naturalmente, cria o perigo de que as funcionalidades são apenas grandes demais para ser cumpridas dentro do prazo de vinte e um dias do SLA. E novamente, vemos que a Posit utilizou uma estratégia que vimos primeiro na Microsoft, a solução da "fraude do cartão de crédito". Eles deixavam entrar no sistema coisas que poderiam ser grandes demais e esperavam capturá-las rapidamente, em um ou dois dias. No entanto, diferentemente da Microsoft, eles inseriam uma

---

29. Infelizmente, Sami removeu a postagem específica do blog e não há nenhuma referência alternativa confiável.

pequena solicitação de informação na frente para reduzir a probabilidade de algo grande demais entrar no sistema. Historicamente, na Microsoft a probabilidade era de apenas 2%. Isso já era quase insignificante. Portanto, não havia necessidade de tal pedido de informação inicial. Na Posit, havia uma percepção de que a probabilidade de um item ser muito grande para ser concluído em três semanas era muito maior do que 2%. Então, era necessário reunir mais algumas informações antes do compromisso.

Perceba que alguns itens no Top Dez tinham marcas de verificação. Isso indica que os desenvolvedores de software — o serviço de entrega — acreditam que a funcionalidade poderia ser completada dentro dos vinte e um dias. Naturalmente, essa abordagem não será 100% infalível, mas a porcentagem que escapará deve ser pequena, talvez tão pequena quanto os 2% maiores no estudo de caso da Microsoft. Portanto, assim como na história da Microsoft, a equipe de desenvolvimento foi autorizada a sinalizar funcionalidades que eles acreditavam ser grandes demais, caso descobrissem isso após o início do trabalho.

Diferentemente da Microsoft, onde uma regra de governança significava que qualquer coisa grande demais tinha que ser redirecionada para um grande projeto de orçamento de gastos de capital, Posit tinha três opções:

- **Fazer mesmo assim.** Queremos isso. Precisamos disso. Tem alguma urgência ligada a isso. Não nos importamos se demorar mais de três semanas.
- **Aparar.** Convide os gestores do negócio para inspecionar as histórias analisadas e indicar quais, se houver, consideram excessivas.
- **Jogar de volta.** Devolva-o ao backlog e peça aos donos do negócio que pensem novamente em algo mais simples.

A Figura 9.4 mostra a revisão de 2009 do formulário de solicitação de funcionalidade dos gestores do negócio usado para enviar novas funcionalidades para o backlog. Ele introduz uma solicitação compulsória de novas informações sobre o custo do atraso e a classe de serviço necessária, ao mesmo tempo em que relega as informações de caso de negócios mais antigas como meramente opcionais. Aos gestores do negócio não está sendo pedido que abandonem a maneira atual de fazer as coisas. Apenas é solicitado a eles que forneçam algumas informações simples e adicionais que são valiosas, embora não sejam onerosas para providenciar. Essa abordagem representa uma mudança evolucionária em ação: o custo do atraso é a nova espécie entrando no ambiente, enquanto a avaliação do retorno sobre o investimento é a espécie incumbente; juntas, elas competirão para ver qual é a solução mais adequada. Podemos esperar que a solução mais adequada sobreviva e prospere, enquanto a alternativa menos adequada deve desaparecer e cair em desuso.

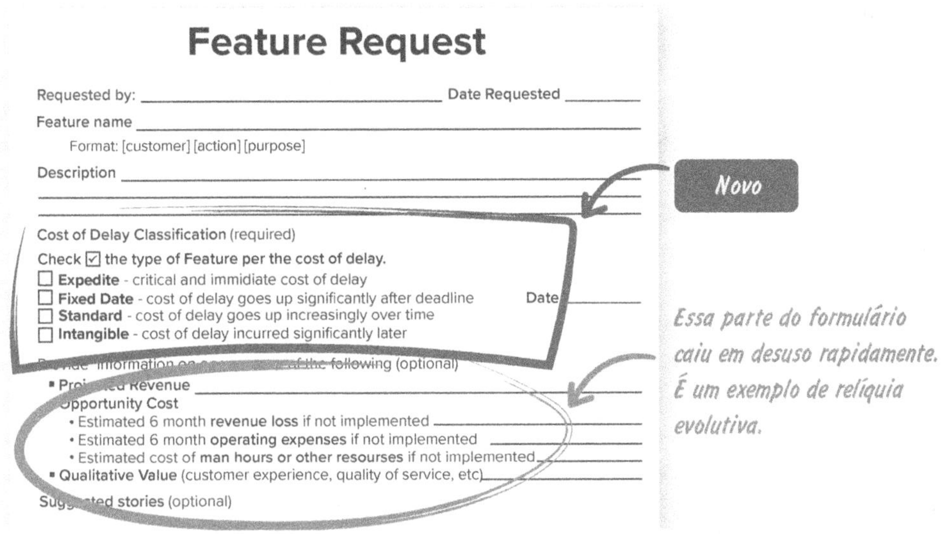

Feature Request

Requested by: ______ Date Requested ______

Feature name ______

Format: [customer] [action] [purpose]

Description ______

Cost of Delay Classification (required)

Check ☑ the type of Feature per the cost of delay.

- ☐ **Expedite** - critical and immidiate cost of delay
- ☐ **Fixed Date** - cost of delay goes up significantly after deadline Date ______
- ☐ **Standard** - cost of delay goes up increasingly over time
- ☐ **Intangible** - cost of delay incurred significantly later

... information on ... the following (optional)

- Pro... Revenue ______
- ...pportunity Cost
  - Estimated 6 month **revenue loss** if not implemented ______
  - Estimated 6 month **operating expenses** if not implemented ______
  - Estimated cost of **man hours or other resourses** if not implemented ______
- **Qualitative Value** (customer experience, quality of service, etc) ______

Su... stories (optional)

Figura 9.4 Formulário de solicitação de funcionalidade na Posit Science, meados de 2009

Seis semanas após a introdução, nenhum dos gestores de negócios estava preenchendo a seção opcional de retorno sobre o investimento do formulário. O custo do atraso e as discussões nas reuniões de reabastecimento quase semanais foram suficientes para tomar decisões de seleção, sequenciamento e programação de boa qualidade. A parte inferior do formulário tornou-se uma relíquia evolutiva, um órgão vestigial do fluxo de trabalho Posit! Um ano depois, quando capturamos o formulário de um documento do Microsoft Word como parte da coleta de evidências para este estudo de caso, a seção inferior ainda estava lá. Apesar de não estar em uso há um ano, ninguém o removeu ou sequer discutiu a remoção. A mudança evolutiva tende a abandonar evidências — coisas que caíram em desuso e podem se tornar difíceis de explicar mais tarde.

A Figura 9.5 é uma fotografia do quadro real, tirada em 2009. A foto é anotada para destacar alguns elementos interessantes do design e implementação do sistema Kanban e do quadro.

A funcionalidade na faixa Expedite é um tíquete laranja de classe de serviço com data de entrega fixa. Notavelmente, não era originalmente um pedido urgente. Como a posição física do tíquete na faixa Expedite informa a todos que essa funcionalidade deve ser acelerada, a cor não é importante para comunicar esse fato para fins operacionais. Em vez disso, deixar o tíquete laranja original e não o substituir por um tíquete branco[30] expedite, na verdade, comunica que "essa funcionalidade teve que ser acelerada porque não conseguimos iniciá-lo com antecedência suficiente". Esta é uma mensagem educacional incrivelmente poderosa e provavelmente catalisará discussões de melhoria. É apenas o tipo de estressor suave que o Método Kanban prospera.

30. Posit na verdade usou rosa brilhante para a faixa Urgente, mas isso não era convencional. Ao usar este estudo de caso para fins de treinamento, mudamos para branco, reservando o rosa para problemas de bloqueio. Embora não seja historicamente preciso, isso evita confundir os novos no método.

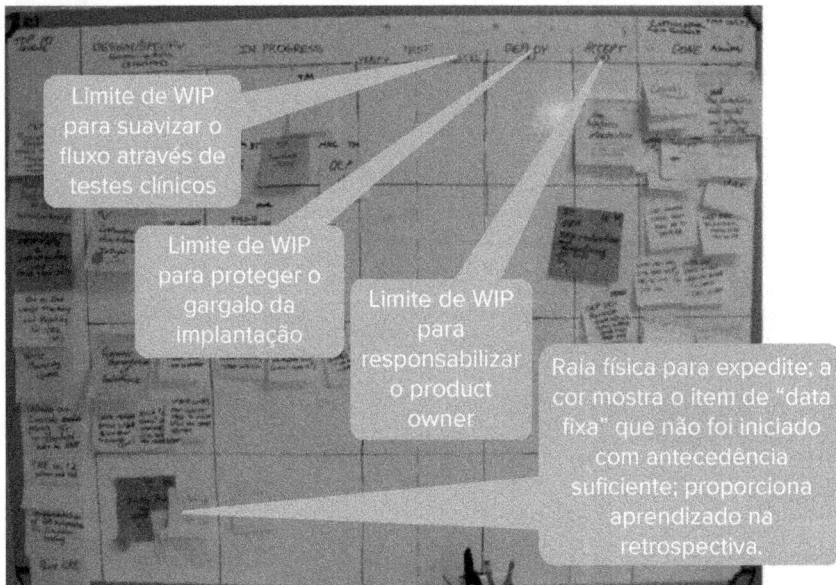

Figura 9.5 Fotografia anotada do quadro Kanban da Posit Science em meados de 2009

Os testes clínicos, rotulados como "QA" no quadro, têm um limite de WIP por coluna. Isso nos diz que o teste clínico é um serviço compartilhado que atende a cada uma das três equipes Scrum, bem como a uma equipe Expedite, se houver uma. Se os testadores clínicos estivessem inseridos nas equipes Scrum, na formação multifuncional prescrita pelo Scrum, não haveria limite de WIP na coluna, assim como vemos na coluna anterior para teste de software.

Há também um limite de WIP por coluna na Implementação. Empacotar o código para produção era uma função especializada, e apenas uma pessoa na empresa tinha permissão para liberar o código para produção — para alguns leitores mais jovens, pode ser difícil entender o conceito de "Código Ouro", que era lançado em um CD-ROM regravável dourado que, por sua vez, era repassado para uma unidade de produção que fabricava os CDs. Os custos de transação da produção eram altos, e era importante que a configuração no disco fosse perfeita antes da produção. Dessa forma, essa função na Posit era um potencial gargalo; o limite de WIP estava lá para proteger o gargalo da sobrecarga.

Há também um limite de WIP por coluna em Aceitação. David Hoffman fez o papel de dono do produto em um processo de Scrum. O dono do produto deve fazer muitas coisas, uma delas é aceitar o produto entregue, participando de cada retrospectiva e demonstração de sprint. No entanto, o problema de aquecimento global na Posit — que o dinheiro estava acabando — estava consumindo tempo dos executivos. Consequentemente, David não estava comparecendo às retrospectivas e não estava aceitando o trabalho concluído. Isso estava mandando um sinal muito ruim aos desenvolvedores. Era desmoralizante. Parecia que sua liderança não se importava. Essas pessoas estavam trabalhando duro, muitas vezes horas heroicas, e estavam fazendo tudo que podiam — com frequência sacrificando suas vidas sociais e familiares, até mesmo sua saúde — para manter promessas e dar à empresa uma chance de sucesso, apenas para descobrir que a liderança executiva parecia não se importar. Ao mesmo tempo, David estava ciente disso e sabia que era um mau comportamento.

Metaforicamente, David era um homem de meia-idade que percebeu que não estava na mesma forma física de quando tinha vinte anos. Ele percebe que está acima do peso e em más condições físicas, então ele se matricula na academia. A princípio isso é ótimo, mas aos poucos sua determinação de frequentar a academia diminui e ele começa a ganhar peso novamente. Então, para combater sua falta de autodisciplina, ele contrata um personal trainer. Custa a ele US$80 por sessão, duas sessões por semana. Ele agenda em seu calendário de trabalho os compromissos da academia com meia hora antes e depois para os custos de transação de ir e vir da academia, trocar de roupa, tomar banho e assim por diante. Ele protege esse tempo. Ele vai para cada sessão. Por quê? Porque ele perderia US$80 toda vez que faltasse!

Então, David conversou com Janice e pediu que ela o ajudasse a ter mais disciplina para aceitar o trabalho concluído. Ele entendeu o quão importante era mandar os sinais corretos à equipe de desenvolvimento. Janice discutiu com ele se a aceitação era sequer necessária. Ele precisava aprovar o trabalho concluído? Esse é outro uso de um conceito importante no Kanban: a Aceitação era uma política explícita e Janice estava questionando sua validade. Vimos Dragos fazer questionamentos semelhantes na história da XIT Sustaining Engineering. No entanto, após reflexão, foi acordado que a aceitação ainda era importante de várias maneiras e que deveria permanecer por motivos de governança, gerenciamento de risco e moral do pessoal.

A solução foi dar à aceitação um limite de WIP. Uma ideia tão simples e ainda assim incrivelmente poderosa. Há poder na simplicidade!

Se David não aparecesse e aceitasse o trabalho finalizado, gradualmente o quadro kanban se encheria de trabalho. Os limites de WIP impediriam a equipe de puxar novas funcionalidades e, gradualmente, a equipe ficaria ociosa. O apocalipse ocorre quando toda a equipe fica ociosa e o quadro fica cheio de trabalho bloqueado. A imposição de um limite de WIP em uma dependência externa cria um possível cenário de apocalipse. Chamamos isso de "cenário do apocalipse" por causa da conversa estranha que provavelmente acontecerá a seguir e da possibilidade de que o agente de mudança, o defensor do Kanban, descubra que está arrumando suas coisas do escritório e procurando um novo emprego. Impor um limite de WIP em uma dependência externa é uma escolha perigosa. E se a parte externa não cooperar e o Apocalipse chegar? Portanto, os limites de WIP nas dependências não são para iniciantes! No entanto, neste caso, Janice teve a circunstância atenuante de que David Hoffman, a dependência externa, estava colaborando. Ele não pretendia decepcionar ninguém, e o Apocalipse nunca deveria acontecer. O limite de WIP e suas consequências estavam ali para fazer uma leve pressão para que David agisse em tempo hábil. Além do mais, David teria que passar pelo quadro a caminho de seu escritório para tomar uma xícara de café. Ele iria ver isso várias vezes por dia. Ele não seria capaz de esquecer a aceitação pendente de funcionalidades. Claro, isso funcionou como planejado e uma quantidade considerável de capital social foi restaurada.

A Posit fornecia novas funcionalidades para os clientes do seu negócio à medida que cada uma era concluída, em média uma a cada semana. Novos trabalhos seriam puxados quando uma funcionalidade existente fosse entregue e tudo corria bem. Foi uma verdadeira vitória para Janice e um grande alívio depois de três anos vivendo no caos e se sentindo culpada pela incapacidade de deixar tudo melhor. Ela sempre sentiu que os problemas não eram com as pessoas — os cientistas, desenvolvedores e testadores clínicos — mas sim com o sistema no qual eles trabalhavam; simplesmente não estava sintonizado com a natureza do ambiente em que viviam. Ela também ficou imensamente aliviada com a eliminação das horríveis reuniões de planejamento a cada três semanas. A introdução do Kanban permitiu que ela alcançasse um melhor equilíbrio em sua vida. Ela foi aliviada de uma boa dose de estresse e ansiedade.

Posit Science: Pós-Escrito

No começo do verão de 2009, os tão esperados resultados do estudo da Clínica Mayo foram publicados[31]. De forma encorajadora, os pesquisadores descobriram que o software impulsionou o cérebro de maneiras não relacionadas ao treinamento. Em vez de simplesmente aprender a repetir o que haviam praticado, os participantes melhoraram suas pontuações nos testes em uma variedade de funções cerebrais. O que Posit conseguiu foi verdadeiramente notável. Mais tarde naquele verão, eles lançaram o *DriveSharp*. Um dos jogos dele, *Road Choice*, mais tarde renomeado como *DoubleDecision*[32], foi especialmente benéfico. O elogio veio em um momento em que havia um debate crescente sobre se os jogos cerebrais ofereciam os benefícios que seus criadores alegavam.

Janice tinha grandes planos para muitas outras melhorias, mas ficou sem tempo. A Posit não conseguiu aumentar seu fluxo de caixa rápido o suficiente e uma grande redução foi necessária. Enquanto os pesquisadores neurocientistas Ph.Ds. foram mantidos, todo o grupo de desenvolvimento de produtos foi dispensado. Janice passou a trabalhar em outra startup de jogos em Berkeley, Califórnia.

A Posit resistiu em buscar o mercado consumidor. Sua identidade como cientistas que fabricam produtos de grau médico regeu sua tomada de decisão, sua estratégia e suas escolhas de investimento. Enquanto isso, seu concorrente Lumosity abraçou o mercado de consumo e obteve um orçamento de marketing muito maior, essencial para vender algo

31. http://www.brainhq.com/world-class-science/published-research/impact-study
32. http://www.nature.com/news/a-little-brain-training-goes-a-long-way-1.12924

que poucos consumidores ainda compreendiam, e desenvolveu um produto baseado na web disponível por assinatura acessível. Eles tomaram o mercado de assalto.

Os fundadores da Lumosity haviam, como a Posit, presumido que grande parte de seu mercado seria de *baby boomers* envelhecendo. Mas, quando analisaram seus dados de usuário, eles descobriram que os jogos eram muito mais atraentes para os jovens entre vinte e trinta e poucos anos, a geração de millenials. Ao reconhecer isso cedo, eles começaram a tê-los como público-alvo. Isso resultou em milhões de novos usuários a cada ano[33].

A Posit mostrou resiliência. A decisão de recuar veio cedo o suficiente para evitar o colapso e permanecer à tona. Eles sobreviveram com uma base de custos muito reduzida e se recuperaram alguns anos depois com o lançamento de sua própria plataforma baseada na web, *BrainHQ*[34]. Hoje, oferece uma ampla gama de jogos adequados para um público mais amplo a preços muito mais acessíveis, muitas vezes lançados no mercado como "*white label*" e vendidos sob outras marcas, como AARP.

Enquanto Janice teve que deixar a cena de aeróbica cerebral, ela nunca deixou a cena Kanban. Kanban mudou sua vida. Em 2011, ela se mudou para Seattle e fundou a *Kanban University*[35], uma organização de treinamentos licenciados, e logo depois ela assumiu a Kanban Conference e o associado negócio de planejamento de eventos[36]. Janice continua sendo uma figura altamente respeitada na comunidade Kanban após sua contribuição por mais de uma década, de 2008 a 2018.

---

33. http://www.inc.com/magazine/201312/robin-schatz/from-research-lab-to-market-leader-in-no-time.html

34. http://www.brainhq.com/news/posit-science-launches-brainhq

35. Originalmente Lean Kanban University Incorporated

36. Isso passou por várias mudanças de nome, começando com Lean & Kanban Conference em 2009, depois Lean Software & Systems Conference e, posteriormente, Lean Kanban Conference.

Resumo

- Se o conceito de Kanban encontrar resistência, considere não chamá-lo de Kanban. Isso é chamado de "Escola de Coaching Kanban Clube da Luta"
- Devido à forte afinidade com o Scrum na Posit, o novo processo foi apresentado como o "sistema de fluxo".
- O termo "sistema de fluxo" foi escolhido, pois abordava diretamente um ponto problemático. Uma grande fonte de insatisfação veio das constantes interrupções e falta de fluxo no trabalho de desenvolvimento. A nova solução foi posicionada para atacar esse problema diretamente.
- Abordar as preocupações emocionais é um meio de mover as pessoas e levá-las à ação.
- O reabastecimento era sob demanda, sem uma cadência regular, e cada funcionalidade era puxada individualmente.
- Capacidade foi reservada para a classe de serviço Intangível para garantir que isso fosse feito.
- Um SLA de 21 dias foi escolhido para corresponder à cadência existente de três semanas para os sprints do Scrum.
- O reabastecimento usava um compromisso assíncrono em duas fases. Isso permitiu que os desenvolvedores puxassem o trabalho do buffer de entrada sem consultar os gestores de negócios.
- O compromisso assíncrono, como visto na Posit, passou a ser associado a organizações em transição do Nível de Maturidade 2 para 3 no Modelo de Maturidade Kanban.
- O tamanho do buffer de entrada, junto com o compromisso assíncrono, permitiu a sinalização adiante de "o que está por vir", enquanto continuou a suportar o compromisso postergado até o "último momento responsável".
- As funções de Scrum Master e Dono do Produto permaneceram inalteradas.
- Demonstrações e retrospectivas também foram mantidas e permaneceram na mesma cadência de três semanas.
- A aceitação do dono do produto foi mantida, mas foi explicitamente introduzida no fluxo de trabalho, visualizada no quadro e recebeu um limite de WIP.
- O quadro kanban da Posit Science visualizava duas camadas de hierarquia de requisitos: funcionalidades divididas em histórias de usuários.
- Havia três equipes usando um quadro, com cada equipe usando uma faixa (ou linha) específica no quadro.

- Havia uma faixa adicional para a classe de serviço Expedite. Não havia uma equipe dedicada para este trabalho. As pessoas eram retiradas das três equipes dedicadas conforme necessário para trabalhar em solicitações urgentes.

- As informações tradicionais de casos de negócios tornaram-se uma relíquia evolutiva, pois o custo do atraso as substituiu como meio de selecionar e agendar o trabalho.

- O quadro kanban da Posit Science também incorporou elementos de design para dois serviços compartilhados e um recurso com capacidade limitada (ou gargalo).

10

Almoço em Hibiya, Jantar no Anthony's
O Papel do Gerente de Entrega de Serviço

Minha epifania sobre o Kanban veio quando saí dos Jardins do Palácio Imperial, pouco antes da hora do almoço em 9 de abril de 2005. Era meu aniversário e, em homenagem à ocasião, minha família japonesa (pelo casamento) me presentearia com um almoço de sushi. Seguimos pelo Portão Leste e cruzamos a ponte sobre o fosso em direção à estação Otemachi, a dois quarteirões de distância. Lá, pegamos um trem para Hibiya.

Saímos da estação de Hibiya no lado norte de Yurakucho e passamos por um bloco de prédios de escritórios até encontrarmos a torre que procurávamos. Não parecia muito diferente de nenhum dos outros neste distrito comercial central de Tóquio, mas dentro dele havia um restaurante de sushi de boa qualidade e confiável, com preço para o bolso da classe média. Foi considerado adequado para a legítima comemoração do aniversário do honorável cunhado (eu), sem quebrar o banco ou envergonhar o cartão de crédito. Quando entramos no átrio e descemos a escada rolante, entrando no subsolo, lembro que parecia mais claro que a luz do dia. Uma fonte de água na parede que cobria vários andares, desde o nível mais profundo do porão até o átrio no nível do solo, era aparentemente iluminada por tubos de luz natural. Emitia um brilho caloroso, acolhedor e feliz. O som da água era relaxante. Na parte inferior, o teto do segundo subsolo era mais baixo e o corredor não tão bem iluminado, mas adequado para o padrão de qualquer shopping coberto ou praça de alimentação. Aqui ficavam todos os restaurantes: um longo corredor com cerca de quatro metros de largura à nossa frente. Espaçadas ao longo dela, de cada lado, havia portas com cerca de dez metros de distância uma da outra. Havia uma variedade de oferta de comida. A primeira vitrine à nossa direita continha uma seleção de réplicas de cera de sushi. Um cardápio estava fixado a um púlpito em um ângulo de 45° em relação à porta. Nós havíamos chegado. Entramos, empurrando as cortinas penduradas para o lado.

"Irashaimase!" foi a chamada para nos receber.

Fomos recebidos por uma jovem que se curvava. Ela se curvou, sorrindo e gesticulando para fora da porta com a mão aberta. Ela explicou que eles estavam lotados, mas podíamos esperar do lado de fora. Momentos antes, havíamos passado por uma fileira de cadeiras de jantar posicionadas ao longo da parede, longe da porta, em direção à escada rolante. Ela entregou um cardápio ao meu cunhado e todos nós nos sentamos. Fiquei feliz por tirar o peso dos meus ombros — literalmente — minha filha mais nova ainda estava amarrada ao meu peito. Eu a passei para sua mãe. Minha filha mais velha se sentou ao meu lado repetindo: "Vamos comer sushi agora?" "Este é o restaurante?"

Esperamos um tempo considerável. Três jovens se juntaram a nós, sentadas nas cadeiras ao meu lado. Minha esposa, sua irmã e seu cunhado passaram um tempo considerável examinando o cardápio de sushi. Era pouco mais que um scorecard no qual o cliente fazia marcas indicando quantas peças desejava. Elas consideraram o cartão em detalhes, como se estudassem a forma e as probabilidades de uma corrida de cavalos. Cada opção foi debatida e os potenciais vencedores selecionados. Felizmente, essa forma de diversão fez passar o tempo enquanto esperávamos.

Talvez vinte minutos se tenham passado, então uma segunda mulher apareceu do lado de fora e nos avisou que poderíamos nos sentar agora. Nós a seguimos até uma mesa num canto. Cada mesa tinha privacidade fornecida por uma tela de papel dobrável. Tecnicamente, nossa mesa não era uma cabine de canto, mas parecia assim. Éramos seis no total: quatro adultos, uma criança de dois anos e um bebê. Tínhamos cinco cadeiras: duas de cada lado e uma quinta em uma ponta. A outra ponta estava encostada na parede. Nosso bebê estava no colo da mãe. Tomamos nossos lugares. Minha outra filha sentou-se ao lado da mãe, no canto. Sentei-me no último assento, no corredor. Afinal, eu era o aniversariante, o centro das atenções. Meus cunhados me presentearam com um belo conjunto de papel de carta japonês. Talvez eles estivessem me lembrando de voltar a pintar? É um presente de primeira e típico de Tóquio. É pequeno, leve, fácil de embalar e armazenar e difícil de quebrar, embora fosse de qualidade extremamente boa e provavelmente muito caro. "Vamos comer sushi agora?" perguntou a vozinha do canto.

Ninguém ainda havia anotado nosso pedido. O cardápio, ao que parecia, era apenas para nossa diversão. Meu cunhado ainda o segurava como um bilhete de aposta de uma corrida de cavalos que está suspensa porque o portão de largada falhou, deixando um animal preso no mecanismo enquanto os comissários de corrida tentam freneticamente libertar a fera e reiniciar a largada. Uma jovem nos trouxe água e toalhas. Ao menos mais cinco minutos se passaram antes que um jovem alto e esguio em idade de faculdade, novo como sashimi, se aproximasse, se curvasse gentilmente e se oferecesse para anotar nosso pedido. Meu cunhado entregou o cardápio a ele e falou brevemente, apontando para a seção diversa da ordem em que ele havia escrito em katakana (caracteres japoneses para palavras estrangeiras) Rolinho Califórnia. O garçom assentiu e foi embora. A senhora que trouxe a água voltou com cerveja: duas garrafas grandes de Sapporo e quatro copos pequenos.

"Kanpai!" Clink, clink, clink, clink.

O tempo passou.

A cerveja desapareceu. Os copos pequenos foram renovados várias vezes com as garrafas grandes.

Mais tempo passou.

"O sushi já está pronto?" "Eu quero meu sushi!"

"Eu quero meu sushi!"

Alguém estava ficando com fome. Parece que já passou muito tempo desde o piquenique do meio da manhã nos Jardins do Palácio Imperial. Nós conversamos. Como família, tínhamos muito o que atualizar. A expectativa estava crescendo. "Meu sushi está chegando em breve? Eu quero meu sushi.

Ah-ha! Uma grande bandeja branca quadrada de sushi chegou, carregada por outro membro da equipe. Um espaço foi aberto. Nosso garçom baixou-a à altura do meu ombro. Enquanto ele fazia isso, observei que não havia nenhum rolinho Califórnia no prato.

Quando ele se virou, a família olhou para o prato; algo estava errado. Minha cunhada virou-se para o marido e disse: "*Han-bun, ne?*" (japonês bastante feminino, significando "meia medida, não é?")

Para os não iniciados, o japonês é uma língua muito difícil de aprender — não menos importante é a gramática e os três alfabetos, mas igualmente difíceis são todas as diferentes maneiras de falar. Existe a forma educada. Existe a forma muito educada. Existem formas reservadas para falar com membros da casa real e ainda outro para o Imperador. E, então depois temos as formas casuais e a forma usada para falar com as crianças. Nas formas casuais, homens e mulheres falam de forma diferente. Portanto, a antiga maneira tradicional de um homem aprender uma língua estrangeira — para encontrar uma namorada que seja falante nativa e copiá-la — não deve ser aconselhada para a língua japonesa. Caso contrário, os rapazes acabam falando como as moças, o que os nativos acham muito divertido!

"Mmm. So!" meu cunhado respondeu. (fala masculina para "Sim, precisamente!")

Apenas metade do nosso pedido foi atendido. Houve uma surpresa considerável. O garçom foi chamado. Uma garçonete muito educada chegou, curvando-se profunda e freneticamente. Ela explicou que todos os chefs de sushi estavam lotados. Eles não esperavam estar tão ocupados hoje, um sábado, e não tinham o número de pessoal adequado. Como resultado, eles reconheceram que as pessoas estavam com fome e, para mantê-las felizes e tornar o almoço o mais agradável possível, eles estavam atendendo metade de cada pedido primeiro. Eles estavam fazendo isso com todo mundo.

Esta foi claramente uma boa tática. Eles entenderam que a entrega de valor em um restaurante vem, pelo menos em parte, da entrega de comida. Ao entregar a metade, eles estavam colocando algum valor nas mãos do cliente mais rapidamente.

Na verdade, essa foi uma tática multitarefa, que na maioria das circunstâncias de serviços profissionais é uma má ideia: significa que há mais trabalho em progresso. Se pensarmos em um almoço como um projeto do cliente, então cada projeto individual leva mais tempo para ser concluído porque a equipe está alternando tarefas de um projeto para outro. De um modo geral, é melhor organizar projetos ou tarefas de projeto como um fluxo de peça única em uma ordem estritamente priorizada ou dependente. O tempo para concluir qualquer tarefa ou projeto é menor.

Se, por exemplo, os chefs de sushi tivessem se concentrado apenas em nosso pedido, eles o teriam concluído rapidamente enquanto outros esperavam. A próxima mesa teria esperado um pouco mais antes de receber todo o pedido. O próximo ainda mais. Ninguém gostaria de ser a última mesa a ser servida. O tempo de espera geral pode não estar dentro dos níveis de tolerância do cliente: não seria adequado ao propósito.

Com a tática de atender metade do pedido, o tempo de entrega inicial de qualquer pedido é reduzido pela metade. Assim, uma mesa que poderia ter esperado cinquenta minutos pelo seu pedido completo recebe metade do seu pedido em vinte e cinco minutos. Nessa circunstância, a tática funciona, pois o restaurante entende seu cliente e seus níveis de tolerância. O cliente não precisa de todo o pedido de uma só vez: leva algum tempo para comer e saborear a primeira parte da refeição. A tática de meio serviço funcionará desde que a outra metade chegue na hora certa, pois o cliente está pronto para consumi-la. Essa tática de trabalhar em pequenos lotes e transferi-los para o cliente sob demanda ou just-in-time é muito eficaz e minimiza a quantidade de estoque aguardando processamento a qualquer momento: Dois lotes menores fornecem sushi mais fresco para consumo quando necessário.

Agora, imagine que emitimos cartões kanban equivalentes, digamos, ao número de chefs de sushi na cozinha. Para ser trabalhado, um pedido deve estar associado a um cartão. Outros pedidos simplesmente enfileiram-se em uma pilha FIFO (primeiro a entrar, primeiro a sair). Quando um chef termina um pedido, ele pega o próximo, atribuindo o cartão kanban do pedido que acabara de concluir ao novo pedido retirado da fila FIFO. Uma abordagem de cartão kanban evitaria a multitarefa e a possibilidade que muitas refeições estivessem sendo preparadas simultaneamente. Um sistema kanban diminuiria o tempo para preparar qualquer um dos pedidos ao evitar muita multitarefa. Sistemas assim são comuns em cozinhas de pedidos rápidos. Um chefe de pedido rápido pode preparar apenas alguns hambúrgueres ou sanduíches de café da manhã de cada vez, enquanto outros pedidos ficam na fila, geralmente presos a uma corda ou polia de arame, no estilo primeiro a entrar, primeiro a sair. Isso permite uma tarefa única do cozinheiro, tempos de entrega curtos na cozinha e comida fresca entregue ao cliente. Todo o restaurante funciona na velocidade em que o chef pode virar hambúrgueres, fritar ovos ou fatiar sushi.

"Eu quero meu sushi!" proclamou minha filha de dois anos. Para ela, naquela idade, todo sushi era um rolinho Califórnia. Não havia outro tipo de sushi em seu universo. Ela podia ver claramente que não estava no prato. Portanto, não havia sushi. Apenas um prato de peixe com arroz.

Ela estava irritada e frustrada. Ela começou a cantar — felizmente em inglês — EU QUERO SUSHI! EU QUERO SUSHI! Gentilmente, ela bateu os punhos cerrados na mesa. O ruído de fundo do restaurante e as telas de papel impediam que alguém realmente percebesse que havia um colapso iminente da menor cliente escondida no canto.

Tenho certeza de que todos os pais que estão lendo isso têm empatia. Você reconhece a cena. Lê-lo fez você se constranger em antecipação ao que viria a seguir.

Enquanto isso, este era um restaurante de sushi sério. Você poderia dizer, porque o sushi foi servido com gengibre — mas sem wasabi. Isso evitou que o rude insultasse o chef adicionando mais. O chef prepara com carinho cada peça para seu deleite. Tem a quantidade certa de wasabi. Da mesma forma, é grosseiro mergulhar o sushi em muito molho de soja, mas essa é uma habilidade que leva anos para dominar. Portanto, os rudes ainda têm uma saída — banhar o nigiri na soja antes de comer.

Oferecemos à criança vocal o tamago (ovo) nigiri. O sushi tamago não contém wasabi. Ela confundiu o pedaço quadrado de omelete com um pedaço de queijo. "Não quero queijo." Ela tirou o "queijo" de cima e passou para o papai. "Você come meu queijo. Não quero queijo. Muito bem. O arroz a manteve feliz por um breve momento.

O prato que comemos estava cheio de variedades de nigiri: havia enguia (unago) e enguia grelhada (unagi); havia uma enguia especial de 3 peças para mim — um presente de aniversário; havia salmão (sake), atum (maguro) e atum gordo (toro); polvo (tako) e cavala (saba). Embora isso pareça muito, não foi longe entre nós quatro.

A cerveja acabou. Como era hora do almoço, não pedimos mais. Em vez disso, chegou o chá verde.

Limpamos o prato: nossos estômagos ainda não estavam cheios. Conversamos, passando o tempo. Pareceu demorar pelo menos tanto quanto esperamos pelo primeiro pedido antes que o segundo aparecesse. Se você parar para pensar no mecanismo de filas utilizado no sushi bar, isso é completamente explicável. Enquanto isso, minha garotinha estava cheia de ansiedade. Ela estava falando sobre esse passeio de sushi durante uma semana inteira de férias. Como a maioria das crianças, ela vivia para comer, e a comida era sempre o ponto alto de qualquer viagem. "Como foi o zoológico?" "Tivemos uma salada adorável no café." "Como foi seu voo?" "Eu ganhei chocolates da comissária de bordo." "Como foi o Japão?" "Fomos a um restaurante de sushi, mas não fizeram o meu sushi!"

A espera foi muito longa porque não havia sushimans suficientes para atender a demanda. Fazer sushi para todas as mesas do restaurante, mesmo para meio pedido, estava demorando mais do que a tolerância do estômago dos convidados. A gerência do restaurante falhou completamente em antecipar a demanda. No entanto, pode-se argumentar que a popularidade do restaurante era previsível devido à sua proximidade com o Palácio Imperial e flores abundantes das árvores nas proximidades. Apesar de ser um sábado, a gerência poderia ter providenciado o mesmo nível de pessoal de um dia de semana tipicamente agitado. Mas eles não tinham! Como a quantidade de chefs de sushi era menor do que o necessário para atender à demanda, eles não conseguiam abastecer o restaurante lotado com rapidez suficiente.

Na verdade, havia duas opções de gerenciamento nessa situação: o restaurante poderia optar por preencher todos os assentos, maximizando a demanda, ou poderia optar por acomodar apenas o número de mesas que os chefs pudessem atender. Em outras palavras, acomode uma mesa apenas quando um cartão kanban (teórico) estiver disponível. Este último contribui para um melhor atendimento quando os clientes estão sentados, mas pode haver uma espera mais longa do lado de fora. Isso pode fazer com que alguns clientes se desloquem para outro lugar que tenha uma espera mais curta. Ao acomodar todos que podem, a administração evita o medo de perder clientes que, de outra forma, iriam embora, mas arriscam uma reputação de mau serviço. Eles colocam o lucro de curto prazo antes do atendimento ao cliente.

Finalmente, outro garçom apareceu com uma bandeja parecida com a anterior: branca, quadrada e em tamanho similar. Quantos funcionários tínhamos conhecido até agora? Quatro? Cinco? Perdi as contas. Quantos funcionários trabalhavam lá? Para mim não era claro. Eu não podia ver o espaço todo. Não parecia haver ali qualquer regra sobre quem servia quem. Parecia que estávamos conhecendo toda a equipe.

Nosso novo garçom abaixou a bandeja.

Minha filha prendeu a respiração

Antes da bandeja ser colocada à mesa, ela exclamou, "Onde está o meu sushi?" e explodiu incontrolável e inconsolavelmente em lágrimas. O garçom ficou pasmo. Ele era muito jovem para ter seus próprios filhos. Ele não tinha ideia do que acabara de acontecer. Meu cunhado explicou a ele num cenário com gritos ao fundo. Ele correu. Nossa mesa era agora o centro das atenções em todo o restaurante.

Outro garçom voltou. Eu tinha certeza ser o que primeiro tirou nosso pedido. Houve muitas reverências, desculpas e algumas explicações dadas. Meu cunhado traduziu para mim. Eles não poderiam, ou mais provavelmente não iriam, nos fazer rolinhos Califórnia. Esnobismo japonês! Realmente era um restaurante de sushi sério. Nosso sushiman era orgulhoso demais para fazer maki Califórnia.

Algumas negociações se seguiram e ele foi embora. Eles nos fariam uma alternativa, derivada do nori maki. Então, agora, os chefs estavam expedindo um pedido para compensar seu erro. Como já sabíamos eles estavam totalmente lotados, e a nossa longa espera era um testemunho da verdade disso, o nosso pedido rápido significava que outros teriam de esperar ainda mais. O atendimento ao cliente sofreria mais um pouco.

Nossa garotinha estava agora mais calma — pedimos a ela que esperasse uma vez mais — e garantimos a ela que o sushi estava vindo. Honestamente, estava!

Continuamos a comer.

Os japoneses comem seu sushi em uma ordem definida — nigiri (peças individuais) primeiro, maki (rolinhos) depois. A sopa de missô é servida para após o maki. Como este era um restaurante de sushi sério, eles sabiam que gostaríamos de comer nessa ordem, então o segundo prato estava cheio de rolinhos que variavam de coisas simples como pepino (kappamaki) a peixes crus mais aventureiros, como atum (tekkamaki).

Um pequeno prato apareceu com algo parecido com um rolinho Califórnia. Tinha abacate e peixe. Como se protestasse, o chef havia deixado um rastro de maionese no topo das peças em um padrão serpentino — sua declaração final de protesto aos grosseiros!

Nós raspamos aquilo. Parecia estranho para minha filha. Ela nunca tinha visto sushi com molho amarelo antes. Cética a princípio, finalmente ela mastigou, maki na mão, com um grande e largo sorriso no rosto.

◆ ◆ ◆ ◆   ▪

Auto-organização

Então, o que aconteceu naquele sério restaurante de sushi em Hibiya? Quem estava administrando nosso almoço?

A resposta era simples — ninguém! Esse restaurante estava auto-organizado.

Os chefs de sushi foram deixados para se auto-organizarem. Eles gerenciavam a fila de pedidos em cartões de marcação. Eles não recebiam orientação de ninguém; eles apenas faziam o sushi sob encomenda usando algumas regras básicas como nigiri primeiro, maki depois. Eles desempenhavam a função de fazer sushi.

Outra pessoa acomodava os clientes, outra pessoa anotava os pedidos de bebidas, outra pessoa anotava os pedidos de comida, outra pessoa entregava os pedidos na mesa, outra pessoa retirava os pratos da mesa. O restaurante era um conjunto de funções perfeitamente definidas, cada uma auto-organizada e acionada por certos sinais — como clientes fazendo fila do lado de fora esperando para se sentar ou pedidos de sushi em um cartão de marcação preso a um carrossel pelo sushi bar. Havia uma clara divisão de trabalho entre todas as tarefas: sentar, esperar, fazer sushi e beber. O que se perdeu foi o contexto do pedido do cliente. Ninguém realmente se preocupava em entregar valor ao cliente. Ninguém se deu ao trabalho de entender por que havia um pedido especial para um rolinho Califórnia. Mesmo que tivessem, esse contexto quase certamente teria sido perdido nas transferências entre as funções. Não havia meios de comunicar o propósito do cliente ou quaisquer riscos comerciais associados a um pedido. O rolinho Califórnia não estava no cardápio. Era um pedido especial. Eles não recebem muitas crianças de 2 anos de idade que só comem rolinho Califórnia. Ninguém previu sua importância. E, portanto, ninguém entendeu quando aquela criança finalmente teve um colapso.

O verdadeiro problema era ninguém ser responsável pelo nosso projeto de almoço. Ninguém era o responsável pela prestação de serviço. O conceito de prestação de serviço estava faltando na organização.

Alguém precisava defender os clientes. Alguém precisava se apropriar da entrega de valor ao cliente. Alguém precisava se apropriar do contexto para os requisitos do cliente. No Kanban, chamamos essa função de gerente de entrega de serviços.

◆　◆　◆　◆

Minha segunda epifania relacionada ao Kanban chegou tão inesperadamente quanto a primeira. Desta vez, em uma noite linda, quente e ensolarada no restaurante Anthony's Pier 66, à beira-mar de Seattle, em agosto do mesmo ano. A comparação do serviço no Anthony's com o que experimentei em Tóquio revelou a necessidade de um papel explícito nas implementações de Kanban: o papel do gerente de entrega de serviços.

Gerente de Entrega de Serviços

Eu tinha visitantes na cidade: Brian O'Byrne e Martin Hogan, de uma startup sediada em Dublin, a Statesoft, estavam me visitando na Microsoft; enquanto Robert Holler e Michael Leeds da Version One, uma empresa com uma ferramenta popular para rastrear o trabalho feito usando a metodologia de Scrum Ágil, estavam fazendo chamadas de vendas na área. Conheci Brian quando trabalhei em Dublin em 1999, enquanto conhecia Robert de fóruns de discussão on-line sobre desenvolvimento Ágil de software e o conheci melhor em 2005, quando juntos entramos como 'penetras na festa da Rally Software na Agile Conference em Denver. Sendo o Rally o principal rival da Version One para rastreamento do Scrum, Robert não estava na lista de convidados da festa. Naquela noite de final de verão de 2005, concordei em encontrar todos eles para jantar, pensando que dois grupos de fundadores de duas pequenas empresas que vendem ferramentas para desenvolvedores teriam muito em comum. O Anthony's era minha escolha favorita quando recebia convidados na cidade. Em noites de verão, o restaurante oferece uma vista espetacular da Elliot Bay com o vaivém das balsas e navios de cruzeiro. Se o tempo estiver bom, há uma vista espetacular do Monte Rainier, com 14.000 pés de altura e ainda coberto de neve mesmo no verão, tendo em primeiro plano os arranha-céus do centro da cidade e os estádios esportivos que abrigam os Seattle Seahawks e os Seattle Mariners. Enquanto o sol se põe, o céu brilha em vermelho a oeste sobre o Puget Sound e a silhueta das Montanhas Olímpicas. Portanto, o Anthony's é um ótimo local, mas sua vista por si só não o torna adequado ao propósito. Eu não voltaria a menos que o serviço e a comida também fossem bons.

Às 11h de um dia ensolarado e claro de agosto, liguei para o restaurante da mesa do meu escritório. Pedi para reservar uma mesa para jantar naquela noite. A jovem do outro lado me perguntou que horas. Eu digo a ela às 18h. Ela responde: "Não podemos atender às 18h, mas posso oferecer ao senhor às 17h45. ou 18h15." Opto por mais tarde e digo que tenho cinco pessoas no grupo. Mandei um e-mail para meus amigos para confirmar o compromisso; eles deveriam me encontrar no bar do restaurante por volta das 18h.

Naquela noite, cheguei primeiro, subi as escadas da entrada principal até a recepção do restaurante no andar superior. Sou recebido por três rostos sorridentes. Digo meu nome e eles confirmam minha reserva. Sei que cheguei cedo, então me sento no bar. Olho para as mesas do restaurante. O salão não está cheio. Os recepcionistas não estão ocupados. Eles estão apenas próximos ao púlpito. Por que eles não puderam nos acomodar às 18h? Peço um gim-tônica e me sento no bar. Os rapazes da Version One chegam depois de dez minutos. Estou prestes a pedir uma bebida para eles quando os rapazes irlandeses também chegam, então voltamos imediatamente para a recepção. Somos levados até nossa mesa, uma mesa grande e redonda em uma janela de canto com vistas espetaculares de 180 graus.

"Como vocês estão esta noite, cavalheiros? Meu nome é Andy, serei seu garçom esta noite." Ele olha para mim. "De onde você é?" ele pergunta, detectando claramente um sotaque. Eu o provoco com "Ballard!" (um bairro em Seattle, cerca de cinco milhas ao norte do restaurante). Sorrindo, ele pergunta de onde eu realmente sou. Ele dá a volta na mesa e fica impressionado com a diversidade geográfica reunida diante dele: um da Califórnia, outro do estado da Geórgia e mais dois da Irlanda.

"E o que traz vocês aqui esta noite? Jantar de negócios?"

"Eles estão todos na cidade a negócios, mas esta noite estamos apenas conversando e saindo."

"Muito bom então! Linda noite para isso. E vocês têm a melhor mesa, então aproveitem."Ele nos contou todas as promoções daquele dia, de memória. Pedimos um pouco de vinho. Poucos minutos depois, um sommelier chegou e nos serviu um Chardonnay local, do estado de Washington. Andy voltou momentos depois para verificar se era do nosso agrado e se estávamos satisfeitos com a nossa escolha. Ele anotou nosso pedido. Eu tinha concordado em dividir os mexilhões tailandeses com Michael como aperitivo. Os mexilhões tailandeses eram uma especialidade da casa no Anthony's. Encantador!

Com o passar do tempo, vimos apenas algumas mesas sentadas a cada quinze minutos ou mais. Sempre havia mesas vazias. Quase todos no restaurante estavam em um estágio diferente da refeição. O que estava acontecendo? A administração do restaurante compreendeu a sua função restritiva — a cozinha e os chefs. Assim, eles escalonaram a chegada dos convidados em intervalos de quinze minutos. Eles sentavam apenas duas ou três mesas a cada quinze minutos e, como resultado, limitavam o trabalho em progresso na cozinha a um nível administrável para os chefs. Eles estavam equilibrando a demanda, a qualquer momento, com a sua capacidade de suprir. Eles tinham chegadas programadas e assentos para convidados para facilitar o fluxo. Eles usaram a equipe da recepção como função reguladora; como o batedor de bumbo de grandes embarcações, a recepção tocava o tambor uma, duas ou três vezes a cada quinze minutos, e todo o sistema do restaurante acompanhava isso.

O Anthony's evitava todos os erros que experienciei em Tóquio. Nosso garçom, Andy, foi nosso garçom por toda nossa visita. Andy compreendeu nosso contexto. Ele reservou um tempo para nos conhecer um pouco. Sabendo de onde éramos e por que estávamos visitando Seattle e o Anthony's, ele elaborou uma estratégia para nosso serviço. Andy entendeu o propósito de nossa visita e adivinhou a partir disso nossos critérios de adequação para uma refeição bem-sucedida. Ele anotou nossos pedidos e entendeu sutilezas como a de que eu dividiria os mexilhões com Michael como aperitivo, porque meia porção de cada um seria suficiente como entrada. Andy garantiu que nosso jantar fosse um sucesso e nós o recompensamos com uma boa gorjeta. O serviço era sempre rápido, e cada prato parecia aparecer quase assim que nossos pratos do prato anterior eram retirados.

Anthony's é uma operação enxuta e inteligente. Os garçons defendem o cliente, enquanto as funções na retaguarda nunca ficam sobrecarregadas. Andy foi nosso gerente de entrega de serviços naquela noite. O fluxo de novos clientes foi restrito no ponto de entrada com um sistema de agendamento que acomoda os hóspedes em intervalos de quinze minutos e nunca sobrecarrega o sistema com muitos convidados chegando ao mesmo tempo. O resultado é um restaurante que funciona como um sistema integrado com capacidade suficiente para garantir um bom atendimento ao cliente de ponta a ponta. O Anthony's é organizado para entregar refeições de boa qualidade com rapidez. Isto permite a eles virarem a mesa e cobri-la repetidamente durante a noite. O fluxo suave, suprindo a demanda no ponto de entrada e permitindo um serviço rápido, eficiente e preciso faz do Anthony's um restaurante popular com uma reputação estelar. Continua a ser um negócio robusto e lucrativo enquanto escrevo isto em 2023, dezoito anos depois da noite em questão.

◆   ◆   ◆   ◆

Podemos aprender com esta história de dois restaurantes que a auto-organização das responsabilidades funcionais não é suficiente: é preciso haver contexto — uma compreensão de quem é o cliente e qual é o seu propósito para patrocinar o nosso serviço. O contexto ajuda no agendamento, na priorização e na entrega precisa das reais necessidades do cliente. A comunidade de desenvolvimento Ágil de software tem estado obcecada pela auto-organização por mais de vinte anos. No entanto, ela não pode se sustentar em isolamento. A auto-organização é útil para avançar com agilidade quando é estruturada por um contexto, oferecendo um propósito compartilhado, uma compreensão das necessidades do cliente, desejos, expectativas, critérios de adequação e tolerância para variações e erros. Sem contexto e defesa do cliente, a auto-organização pode ser egoísta.

Compreender o propósito do cliente nos ajuda a entender sua tolerância em relação ao prazo de entrega e outros aspectos do serviço — ele quer um garçom conversador ou um serviço discreto e silencioso? Ao entender o propósito da visita do cliente, o garçom decide o tamanho do lote apropriado: o cliente quer tudo junto ou quer que cada serviço seja servido separadamente? Eles estão com pressa? Ou apreciarão um ritmo mais tranquilo, tempo para conversar, saborear o vinho, talvez uma segunda garrafa e sobremesa a seguir?

Alguém precisa se apropriar da entrega do valor ao cliente e assumir a responsabilidade pelo fluxo na cadeia de valor. Vimos que o Anthony's claramente valorizava o fluxo e equilibrava a demanda com a capacidade de fornecimento controlando a chegada de novos clientes e acomodando apenas um máximo de três mesas a cada quinze minutos.

No Kanban, compreender o valor do cliente e assumir a responsabilidade pelo fluxo e pela entrega em relação às expectativas é o papel do gerente de entrega de serviços. Sem alguém desempenhando esse papel, as implementações Kanban tendem a ser superficiais, de pequena escala e limitadas a equipes ou funções individuais; eles raramente visualizam um fluxo de ponta a ponta. Quando a função de gerente de entrega de serviços está presente, o cliente é compreendido, assim como o seu propósito e os riscos associados a esse propósito tornam-se considerações fundamentais na concepção do sistema e do quadro Kanban. Com o contexto do cliente, vemos implementações profundas com um sistema puxado, reuniões de reabastecimento envolvendo o cliente, limites de WIP em todo o quadro e utilização de ideias avançadas, como alocação de capacidade de cobertura de risco, perfil de risco e classes de serviço.

No *Kanban*, não descrevi nenhum papel. Kanban era o método "comece com o que você faz agora" e nenhuma nova função, cargo ou título era necessário. No entanto, eu estava cego para a necessidade do gerente de entrega de serviços. Cego para isso porque essa função existia em todas as nossas implementações de referência: Dragos desempenhou essa função na Microsoft XIT Sustaining Engineering; Darren Davis, Diana Kolomiyets e Daniel Vacanti desempenharam esse papel na Corbis; Janice Linden-Reed desempenhou esse papel na Posit Science; Eric Landes desempenhou esse papel na Robert Bosch; e Rob Hathaway desempenhou esse papel na IPC Media. Só mais tarde, muito mais tarde, depois de termos visto muitas implementações superficiais em nível de equipe, é que começamos a procurar o que estava faltando. Por fim, surgiram evidências concretas com estudos de caso como o de Christoph Achouiantz, da Sandvik, onde ele iniciou mais de cinquenta implementações de kanban em nível de equipe, sem qualquer fluxo de ponta a ponta. Por fim, Christoph percebeu que a Sandvik estava tão isolada em silos que simplesmente identificar o cliente e comunicar seu contexto em tíquetes kanban não era suficiente: ele teve que criar o cargo e o título de gerente de entrega para focar a atenção no fluxo e na prestação de serviços. Portanto, este livro tem novas orientações; onde existe uma pessoa que tem a responsabilidade de receber o pedido do cliente e garantir seu fluxo tranquilo e entrega pontual, a orientação antiga permanece — nenhuma nova função é necessária quando o Kanban é introduzido. Se, por outro lado, não houver uma única pessoa responsável por garantir a coordenação ponta a ponta, desde o pedido do cliente até a entrega, então esse papel é necessário para que surja um sistema kanban profundo, significativo e totalmente funcional, e o nome dessa função é gerente de entrega de serviços.

Na comunidade de desenvolvimento Ágil de software e, em menor grau, na comunidade DevOps, a resposta imediata à disfunção descrita no exemplo do restaurante Hibiya é sugerir uma reorganização em equipes multifuncionais. Se seguissem esse conselho, o restaurante seria organizado em "equipes de projeto de almoço": cada equipe seria composta por um atendente, um garçom, um ajudante de garçom e um chef de sushi. Talvez devêssemos treinar nossos garçons como atendentes e ajudantes de garçom e reduzir cada equipe a um par simples — frente da casa (voltado para o cliente: assentos, anotação de pedidos e transporte) e parte dos fundos da casa (o chef). Alocaríamos mesas fixas para cada dupla da equipe de sushi para evitar contenção de recursos e brigas por mesas enquanto os convidados se sentavam. A equipe permaneceria unida e trabalharia apenas em um projeto de almoço por vez ou realizaria várias tarefas ao mesmo tempo em várias mesas, mas dentro do limite de capacidade.

Em primeiro lugar, quando você descreve desta forma, é evidente que este conselho de "formar equipes multifuncionais" é ridículo e absurdo em alguns contextos. Não vemos restaurantes organizados dessa forma. Portanto, não é uma orientação de propósito geral.

Em segundo lugar, simplesmente não é o estilo Kanban. Kanban trata do uso da visualização e da promoção da cooperação entre indivíduos e entre funções para agregar valor ao cliente. Uma equipe pode formar-se em torno de um propósito — um objetivo partilhado — mas essa formação pode ser dinâmica, virtual e efêmera e não requer qualquer reorganização ou reestruturação formal. Kanban é o método "comece com o que você faz agora"; não é o método "primeiro, reorganize em equipes multifuncionais". Kanban não compartilha da agenda de desenvolvimento Ágil de software de formação de equipes multifuncionais. Kanban é baseado na crença de que você pode evocar a colaboração comunicando um propósito e criando um ambiente que incentiva o trabalho cooperativo em direção a um objetivo compartilhado. Não há necessidade de reorganização. O papel do gerente de entrega de serviços é um elemento-chave para que funcione. Enquanto houver um "Andy" — o defensor do cliente, o gerente de prestação de serviços para o nosso projeto de jantar — pode haver trabalho colaborativo eficaz, pode haver fluxo, pode haver clientes satisfeitos e pode haver soluções adequadas ao propósito. serviço de entrega.

Pare de reorganizar! Comece a colaborar com um propósito comum. Faça do gerente de entrega de serviços o administrador desse propósito!

Resumo

- O Método Kanban vê a reorganização como uma abordagem de último recurso para mudança e melhoria, preferindo promover a colaboração orientada a serviços entre unidades organizacionais existentes.
- Compreender o propósito ou objetivos do cliente e comunicá-lo de forma transparente com um item de trabalho solicitado pelo cliente são fundamentais para o Método Kanban.
- Uma compreensão do propósito do cliente permite a unidade e o alinhamento em todo um fluxo de trabalho que envolve múltiplas funções.
- Em circunstâncias em que alguém ainda não seja responsável por receber o pedido de um cliente e garantir que o pedido progrida e seja entregue ao cliente dentro de suas expectativas e limites de adequação à finalidade, a função de gerente de prestação de serviços deve ser introduzida.
- O gerente de prestação de serviços é idealmente uma função desempenhada por um membro existente da equipe.
- Em circunstâncias extremas, o gerente de prestação de serviços pode ser um novo cargo com esse título ou uma variação dele, como "líder de entrega", "gerente de entrega" ou "diretor de entrega".
- A auto-organização em nível de equipe ou departamento não é suficiente para garantir um bom atendimento ao cliente e clientes adequadamente satisfeitos.
- O Método Kanban não compartilha a agenda das metodologias Ágeis de desenvolvimento de software de formação de equipes multifuncionais, preferindo, em vez disso, a promoção da colaboração e cooperação interfuncional em direção a um objetivo comum ou compartilhado.

11

Seja Como a Água

A Filosofia por Trás do Método Kanban

Em maio de 2009, Joe Campbell publicou um curto blog[37] que teve um impacto profundo na direção do Método Kanban e sua comunidade: ele sugeriu que o "Kanban seria como a água". Esta foi uma referência à filosofia e aos ensinamentos do falecido Bruce Lee, o famoso artista marcial e estrela de cinema que estudou filosofia na Universidade de Washington, em Seattle. Ele foi enterrado em Seattle, e é uma coincidência curiosa que o trabalho de Lee com as artes marciais chinesas contenha alguns paralelos interessantes com o meu próprio trabalho com Kanban, com ambos os conjuntos de ideias originados em Seattle.

Artes Marciais Chinesas

Tradicionalmente, as artes marciais chinesas são ensinadas como um conjunto de movimentos, conhecidos como *kata*, cada um praticado individualmente. Uma coleção de kata é conhecida como estilo padronizado e essa coleção geralmente tem um nome. O nome é efetivamente uma marca, ou um identificador, para descrever a coleção de movimentos e o estilo de luta associado ao criador — o grão-mestre, ou "shifu". A Wikipédia lista bem mais de 100 estilos padronizados de artes marciais chinesas, divididos em estilos tradicionais (geralmente com dois a três mil anos) e modernos (principalmente dos últimos 150 anos). Eles têm nomes como Louva-a-Deus do Sul, Punho de Cobra, Punho de Tigre Negro e Punho de Macaco. Analogamente, um estilo padronizado, uma

---

37. Originalmente intitulado *"Kanban should be like water"*; a postagem parece ter sido editada posteriormente para simplificar o título para "Be like water". https://joecampbell.wordpress.com/2009/05/13/be-like-water/

coleção de kata, pode ser comparado a um processo ou metodologia definida, uma coleção de práticas, funções, responsabilidades e fluxos de trabalho.

Lee usou a água metaforicamente para sugerir que ela poderia assumir qualquer forma, que poderia se adaptar às suas circunstâncias. Se você derramar água em um copo, ele se tornará o copo. É fluida: pode assumir qualquer forma. Ele queria que seus seguidores tivessem um estilo fluido e adaptativo, que abordassem as artes marciais sem uma mentalidade fixa, sem o desejo de se conformar a seguir um estilo definido e padronizado, mas em vez disso, adaptassem e desenvolvessem seu próprio estilo único. Nesse sentido, a filosofia de Lee corresponde precisamente à do Método Kanban. Em vez de seguir um processo ou metodologia prescritiva, comece com o que você faz agora e adapte e evolua o processo para atingir um objetivo específico ou servir a um propósito específico.

Com Kanban, eu queria que as pessoas libertassem suas mentes da ideia de que processos e metodologias de desenvolvimento de software deveriam ser instalados em uma organização e que a organização deveria se adaptar para segui-los. Em vez disso, as organizações devem desenvolver os seus próprios processos e fluxos de trabalho únicos, de modo a adaptarem a solução disponível mais adequada às suas próprias circunstâncias, aos riscos que estão gerindo e aos resultados que deles se esperam. Ao invés de seguir um estilo prescrito, desenvolva uma forma de trabalhar que seja adequada ao propósito e que lhe permita atender às expectativas dos clientes e às expectativas de outros stakeholders, como gestores do negócio, autoridades reguladoras e assim por diante.

A epifania que tive enquanto trabalhava como gerente na Sprint em 2002, de que cada departamento de nossa unidade de negócios tinha seu próprio conjunto único de clientes e gerenciava um conjunto único de riscos, significava que não fazia sentido que todos os quatro grupos de desenvolvimento voltados para o cliente devessem ter de seguir os mesmos processos. O fato de todos usarem tecnologia e ferramentas de desenvolvimento semelhantes era irrelevante; a natureza do trabalho, a urgência, o custo do atraso e outros riscos comerciais eram todos diferentes. Ficou claro que o conceito de "processo padrão" seguido por cada departamento era inadequado. Ferramentas e tecnologias não devem ditar o processo a ser seguido; riscos de negócios deveriam! Portanto, embora a orientação de Lee sobre artes marciais enfrentasse aproximadamente 3.000 anos de convenção e estabelecesse as "melhores práticas", meu conselho era enfrentar mais de quarenta anos de convenção e estabelecer "melhores práticas" em engenharia de software e talvez mais de noventa anos de pensamento estabelecido em engenharia industrial e processos de garantia de qualidade.

Contorne a Rocha

Em sua coleção de pensamento filosófico, *Aforismos*, publicada postumamente por sua esposa Linda, Bruce Lee dedica uma seção inteira à água. A água, observou ele, flui em volta da rocha. A rocha é um obstáculo em seu caminho, mas ao invés de se chocar contra ela e tentar afastar a rocha para longe, a água simplesmente flui ao seu redor. A rocha é uma metáfora para resistência: no caso de Lee, a resistência vem do oponente no combate. Em vez de confrontar seu oponente com força excessiva, o conselho de Lee foi contornar a rocha para evitar resistência: ser fluido e se adaptar aos ataques do oponente ou às suas defesas, para usar uma abordagem oblíqua ao invés de direta. Os ex-oficiais militares que leem isto podem reconhecer semelhanças com a sua doutrina de processos e métodos utilizados para combate em grande escala, com base nos ensinamentos de *Auftragstaktik*, Guerra de Manobra ou Comando de Missão.

Para nós, a rocha é a resistência à mudança que acontece quando profissionais individuais sentem uma ameaça à sua identidade, status social, sua competência, sua dignidade ou ao nível de respeito que merecem entre seus pares e comunidade profissional quando mudanças são propostas aos processos e formas de trabalhar. A abordagem tradicional de aplicação de um processo ou metodologia definida sempre causará arrepios, despertará as defesas emocionais naturais, resultando em uma resistência teimosa e inércia. Em vez disso, uma filosofia de "comece onde você está agora" e evolua seus processos para serem mais adequados às suas circunstâncias, mais adequados aos seus propósitos, é uma abordagem projetada para diminuir a resistência, para evitar a rocha da resistência emocional tão facilmente provocada.

Lee dividiu as artes marciais em seus princípios primários. Havia quatro distâncias de combate:

- Chute
- Soco
- Travamento
- Agarramento

E (inicialmente) Cinco Formas de Ataque[38]:
- Ataque Direito Único (SDA)
- Ataque Por Combinação (ABC)
- Ataque Indireto Progressivo (PIA)
- Ataque de Imobilização (de Mãos) (HIA)
- Ataque por Desenho (ABD)
- Ataque de Ângulo Único (SAA)

Lee encorajou seus seguidores a adotar práticas de onde quer que achassem adequado, e ele liderou pelo exemplo adotando manobras de defesa da esgrima com espada. Neste caso, Lee escolheu deliberadamente um esporte europeu e adicionou estas práticas estrangeiras às artes marciais chinesas — ultrapassando deliberadamente os limites, exibindo um comportamento liberal numa comunidade muito tradicional e conservadora.

---

38. Mais tarde, Lee adicionou uma sexta forma de ataque, dividindo o Ataque Único em Ataque Direto Único e Ataque de Ângulo Único. No entanto, as Cinco Formas de Ataque foram estabelecidas como um nome próprio e, portanto, o nome pegou. O fato das Cinco Formas de Ataque terem seis maneiras é um exemplo de mudança evolutiva em ação. "Cinco Formas de Ataque" como nome próprio é uma relíquia evolutiva.

Lee continuou a usar a água como inspiração, com o copo meio cheio. Ele despejava um pouco da água e dizia às pessoas para "absorverem o que é útil" e descartarem o restante. Em outras palavras, se houver práticas que você considera úteis, que você gosta, que funcionam para você, as mantenha; e se houver outras que não conseguem produzir os resultados que você espera, que você considera difíceis de executar, que considera difíceis, caras ou não confiáveis, descarte-as. Cada artista marcial deve adaptar seu estilo único, sua forma de lutar. Eles não devem se sentir restringidos por estilos padronizados ou por qualquer necessidade de se conformarem a um conjunto de práticas definidas.

Os amigos e discípulos de Lee em Seattle exigiram que sua abordagem receba um nome. De início, Lee rejeitou isso; era, ele disse, "o caminho sem caminho ". Em outras palavras, era um método de desenvolvimento de um estilo de luta que não seguia nenhum estilo padronizado e não tinha "nenhuma limitação como limitação" — que a adoção de novas práticas ou qualquer prática existente de outras abordagens às artes marciais de qualquer lugar no mundo era também apropriada. Portanto, não poderia ter um nome. Ele tinha receio que ao colocar um nome fizesse com que os praticantes o abordassem com a mentalidade fixa de um estilo de um estilo padronizado e tentassem copiá-lo. Em vez disso, ele queria que as pessoas pensassem por si mesmas, fizessem suas próprias escolhas e adaptassem seu estilo único. Em Seattle, sua abordagem era frequentemente chamada de "luta de rua", mas essa não era uma marca adequada para construir negócios que a ensinassem. Lee decidiu chamar sua abordagem de Jeet Kune Do, "o caminho do punho interceptador" — após uma manobra de travamento (ou defesa) que era uma de suas favoritas. Ele então brincou com a mente das pessoas, sugerindo que os seguidores poderiam abandonar o punho interceptador de sua prática e ainda seguir o Jeet Kune Do — o caminho sem caminho, sem nenhuma limitação como limitação.

As semelhanças com o Método Kanban são estranhas. Kanban sugere que você comece com o que faz agora, mas não permaneça preso a nenhuma prática específica. Você pode descartar aquelas que não estão funcionando para você e adotar outras de outros lugares que possam funcionar melhor. Kanban pede que você divida o que você faz nestes elementos fundamentais:

- Pensar em termos de serviços.
- Ver sua organização como uma rede de serviços interdependentes.
- Identificar os tipos de trabalho: as solicitações feitas para cada serviço, representando os itens de trabalho que podem ser entregues ao cliente — os tipos de itens de trabalho.
- Mapear o fluxo de trabalho para identificar a série ou sequência de atividades usadas para descobrir novas informações ou novos conhecimentos que representem o fluxo de trabalho que agrega valor para cada serviço.
- Identificar os pontos de decisão: reconhecer que os fluxos de trabalho de conhecimento consistem principalmente em uma série de decisões e que a tomar decisões

requer informação. Portanto, um fluxo de trabalho consiste em uma sequência ou série de etapas de coleta de informações que permitem a tomada de decisões. Um ponto de retornos decrescentes ocorre onde mais tempo e energia gastos na coleta de informações não melhoram significativamente a tomada de decisão ou alteram o resultado de uma decisão.

- Entender a capacidade de cada serviço para processar o trabalho: entender sua capacidade de entrega em termos de volume, prazos de entrega, qualidade e previsibilidade e de combinar (ou equilibrar) a demanda com sua capacidade de fornecimento.

- Identificar políticas: entender as políticas usadas para orientar e tomar decisões, incluindo decisões de seleção sobre itens de trabalho com base nos riscos associados a cada solicitação, como o custo do atraso. São essas decisões que controlam o fluxo.

- Desenvolver uma disciplina de triagem: uma capacidade de decidir no que trabalhar agora (ou imediatamente), o que deve esperar até mais tarde (e se for mais tarde, quando) e o que não fazer de jeito nenhum — desenvolver uma capacidade de dizer não com base no valor e risco.

O seu processo emergente, evoluído e adaptado às suas circunstâncias únicas, deve consistir em práticas, tanto previamente existentes como recentemente adotadas, que representem um ou mais destes elementos fundamentais. Por exemplo, uma prática de testagem produz informações. Essas informações podem ser usadas para decidir se o item de trabalho tem qualidade suficiente para fluir para a próxima etapa do fluxo de trabalho.

Em 2009, esse método de desenvolvimento de processos e fluxos de trabalho evoluídos de forma única para melhorar a prestação de serviços, usando uma estrutura que consiste em sistemas kanban virtuais, visualização, métricas e mecanismos de feedback, precisava de um nome. Para que o método fosse comunicado, ensinado, aprendido, adotado e implementado com consistência, ele precisava de uma marca ou de um identificador com o qual pudesse ser referenciado e descrito. Enquanto escrevia o livro azul, decidi que o elemento único e incomum, o elemento "pegajoso" no que estávamos fazendo, aquilo que as pessoas lembravam, a coisa notável que muitas vezes era surpreendente e reveladora, era o uso de sistemas kanban virtuais. No geral, as pessoas passaram a simplesmente se referir aos conceitos e à abordagem como "kanban". Numa frase que poderia ter sido dita com mais precisão como "Então, para melhorar a nossa prestação de serviços de TI, adotamos o uso de sistemas kanban virtuais"; em vez disso, foi adotada uma abreviatura mais sucinta: "Estamos usando Kanban para serviços de TI". Parecia natural, então, nomear oficialmente o que estávamos fazendo de Método Kanban.

Resumo

- Tanto o Método Kanban quanto a filosofia de artes marciais de Bruce Lee tiveram origem em Seattle, Washington

- "Seja como a água" aplica-se a ambos: em vez de empurrar contra um obstáculo, contorne-o, como a água faz com as rochas.

- Em TI, a rocha é a resistência à mudança

- Continuando a metáfora da água, Lee diria às pessoas para "absorverem aquilo que é útil" e descartarem o resto.

- Nas artes marciais ou no desenvolvimento de software, em vez de seguir um processo ou metodologia prescritiva, comece com o que você faz agora, adapte e evolua o processo para atingir um objetivo específico ou servir a um propósito específico.

- O Método Kanban pede que você divida seu trabalho em elementos fundamentais: veja sua organização como uma rede de serviços interdependentes; identifique os tipos de trabalho; mapeie o fluxo de trabalho; identifique os pontos de decisão; compreenda a capacidade de cada serviço para processar o trabalho; identifique políticas; e desenvolva uma disciplina de triagem.

- Em 2009, o método de desenvolvimento de processos e fluxos de trabalho evoluídos de forma única para melhorar a prestação de serviços, utilizando uma estrutura que consiste em sistemas kanban virtuais, visualização, métricas e mecanismos de feedback, precisava de um nome. Como os sistemas Kanban virtuais eram o fator unificador, chamei-os de Método Kanban.

12

Codificando o Método

Uma Breve Definição do Kanban

Chegamos a um ponto nesta história em que agora é possível codificar um método de forma que outros possam copiá-lo e produzir resultados semelhantes. A história até agora nos leva a 2009 e ao momento em que me sentei para escrever o livro azul. Chegou o momento em que tive que me perguntar: o que é exatamente o Método Kanban?

O Significado de "Kanban"

Kan-ban é tanto uma palavra chinesa como japonesa. Pode ter vários significados a depender da forma como é escrito em japonês. Os japoneses possuem três sistemas de alfabeto: *kanji*, adaptado dos caracteres chineses; *hiragana*, a caligrafia original japonesa; e *katakana*, uma forma mais moderna e angular de hiragana usada para expressar palavras adotadas de línguas estrangeiras para o japonês. Quando escrito em kanji, Kanban, 看板, significa sinal ou quadro (em inglês americano, literalmente, "shingle"[39]). É normalmente usado para se referir às placas que ficavam penduradas do lado de fora de lojas medievais ou oficinas de artesãos. Em chinês, existe apenas a forma de pictograma (kanji). Geralmente é interpretado como um verbo e, portanto, seria traduzido como "olhar para o quadro (ou placa)". Neste sentido, o cartoon de Pujan Roka, apresentado na Figura 12.1, fazia total e perfeito sentido para o público chinês, embora eles possam ter ponderado porque é que as pessoas estão a olhar para longe do quadro e não para ele.

---

39. A expressão "to hang out your shingle" ainda é de uso comum no inglês americano e significa "estar aberto para negócios". Esse uso é misterioso no inglês britânico.

Quando escrito em hiragana (かんばん), kan-ban se refere a um token pequeno e portátil (em português, a palavra "ficha" é o melhor equivalente e permanece de uso comum, especialmente no que diz respeito a sistemas de filas, por exemplo, numa área de espera de atendimento). O uso desses tokens, ou cartões de sinalização, foi iniciado por Taiichi Ohno e adotado pela empresa de manufatura Toyota no final da década de 1940 para limitar o estoque dentro de uma fábrica e sinalizar a produção com base na demanda do cliente. Essa técnica cria o que é conhecido como um sistema kanban. O termo "kanban" só foi adotado no início da década de 1960, quando a Toyota estava sendo auditada para o Prêmio Deming[40]. Quando falamos sobre kan-ban neste texto, é neste último significado expresso no hiragana que nos inspiramos.

Figura 12.1 Desenho estilo mangá de Pujan Roka desenvolvido para a capa do Livro Azul.

O que estamos fazendo no Método Kanban deveria ser chamado de "kanban virtual", já que o mecanismo para limitar o WIP e sinalizar atividades anteriores para o trabalho de desenvolvimento de conhecimento ou descoberta de informações é geralmente implementado indiretamente através da exibição dos chamados limites kanban ou através do uso de implementações virtuais em software onde o código está ciente de um limite kanban para uma determinada etapa de um fluxo de trabalho.

Embora o número de significados diferentes da palavra tenha causado por vezes confusão ao longo dos últimos quinze anos, tal confusão parece desnecessária. Um quadro kanban evoluiu para se tornar uma parte central do Método já em 2007, e embora cartões de sinalização kanban virtuais ou tokens em um sistema kanban possam ter precedido

---

40. Kōichi Shimokawa et al., The Birth of Lean: Conversations with Taiichi Ohno, Eiji Toyoda e outras figuras que moldaram a Toyota Management (Cambridge, MA: Lean Enterprise Institute, 2009).

isso, ambas as ferramentas — o quadro e os cartões de sinalização — provaram ser úteis e agora são consideradas fundamentais para todo o Método, pois ambos os significados significativos de "kanban" são relevantes. Parece inútil discutir qual significado tem maior importância.

O que é um Sistema Kanban?

Um número de kanban (ou cartões) equivalente à capacidade (acordada) de um sistema é colocado em circulação. Um cartão representa um trabalho. Cada cartão atua como um mecanismo de sinalização. Um novo trabalho só pode ser iniciado quando um cartão estiver disponível. Esse cartão disponível é atribuído a um novo trabalho e permanece com ele enquanto o trabalho flui pelo sistema. Quando não há mais cartões disponíveis, nenhum trabalho adicional pode ser iniciado. Qualquer novo trabalho deve aguardar em fila até que um cartão fique disponível. Quando algum trabalho é concluído, seu cartão é destacado e reciclado. Com um cartão agora disponível, um novo trabalho na fila pode ser iniciado.

Esse mecanismo é conhecido como um sistema puxado porque o novo trabalho é puxado para o sistema apenas quando há capacidade para lidar com ele, ao invés de ser empurrado para o sistema com base na demanda. Um sistema puxado não pode ser sobrecarregado se a capacidade, determinada pelo número de cartões de sinalização em circulação, tiver sido definida apropriadamente.

Nos Jardins do Palácio Imperial, discutido no Capítulo 1, os próprios jardins são o sistema: os visitantes são o trabalho em progresso e a capacidade é limitada pelo número de cartões de entrada em circulação. Visitantes recém-chegados só serão admitidos quando houver ingressos disponíveis para distribuição. Em um dia normal, isso nunca é um problema. No entanto, em dias movimentados, como feriados ou sábados durante a temporada de florada das cerejeiras, o parque é popular. Quando todos os ingressos forem distribuídos, os novos visitantes devem fazer fila do lado de fora, do outro lado da ponte, e esperar que os cartões sejam reciclados dos visitantes ao saírem. O sistema kanban fornece um método simples, barato e de fácil implementação para controlar o tamanho da multidão ao limitar o número de pessoas dentro do parque. Isto permite que os zeladores do parque mantenham os jardins em boas condições e evitem danos causados pelo excesso de tráfego de pedestres e pela superlotação.

O que é o Método Kanban?

O Método Kanban é tanto uma abordagem de gestão codificada para serviços profissionais — projetada para melhorar o atendimento e a satisfação do cliente — quanto uma abordagem evolutiva para melhoria destinada a proporcionar mudanças institucionalizadas: melhorias na cultura, maturidade organizacional e resultados comerciais e econômicos que permaneçam e sejam capazes de sobreviver a mudanças em pessoal, gerentes, líderes e clientes.

Reconhecemos três agendas que normalmente são consideradas como uma motivação para a adoção do Kanban. Estas são:

- Sustentabilidade
- Orientação a Serviço
- Capacidade de Sobrevivência

Sustentabilidade

O desejo é evitar sobrecarregar as pessoas e a organização e possibilitar um ritmo sustentável. O foco tende a ser interno e os objetivos estão relacionados a aliviar problemas como esgotamento, rotatividade de pessoal, má qualidade, falta de engajamento dos funcionários e um ambiente de trabalho estressante, enquanto melhora o orgulho pelo trabalho.

Orientação a Serviço

O foco é externo, mais altruísta e orientado por propósito. O objetivo ao adotar o Kanban é o desejo de satisfazer os clientes atualmente insatisfeitos — atender às suas expectativas e alcançar a entrega de serviços adequados ao propósito. Você percebe que lidera um negócio de serviços e que é essencial pensar em termos de serviços, ver sua organização como uma rede de serviços interdependentes e reconhecer que, para cada serviço nesta rede, você pode implantar um sistema kanban para melhorar a prestação de serviços.

Capacidade de Sobrevivência

Muitas vezes encontramos esta motivação entre os líderes de empresas familiares multigeracionais e empresas privadas, nas quais os gestores profissionais têm a tarefa de preservar a riqueza do negócio para as gerações futuras. O desejo é criar um negócio mais inovador, com uma cultura mais liberal, que esteja disposto a correr riscos e que reconheça que a mudança e a modernização são essenciais para a sobrevivência. Sabendo que as mudanças generalizadas acarretam riscos significativos para a sobrevivência a curto e médio prazo, a liderança reconhece que a organização precisa de estar ligada ao DNA para a ajudar a evoluir e a permanecer relevante num mundo em rápida mudança. Portanto, há entusiasmo por mudanças incrementais e evolutivas, em vez de mudanças dramáticas, projetadas e geridas — mudanças humanas que respeitem o passado e as pessoas que fazem parte do negócio agora.

Mudança que é Humana

Kanban oferece mudanças humanas. Uma organização adota o Kanban porque valoriza seus clientes e deseja satisfazer suas necessidades, ao mesmo tempo que valoriza sua força de trabalho e os trata com respeito. As organizações que adotam o Kanban acreditam que é possível criar uma situação ganha-ganha-ganha de três lados: clientes satisfeitos;

trabalhadores que se realizam através da autonomia, da maestria e de um sentido de propósito; e resultados econômicos superiores que encantam os investidores ou demais stakeholders, como os doadores ou os contribuintes, com um mecanismo integrado para evoluir, adaptar, manter a competitividade e permanecer relevante num mundo em constante mudança, de mercados instáveis e de incerteza econômica.

Os Sistemas Kanban Estão no Centro da Mudança Evolucionária

O Método Kanban usa sistemas kanban como seu principal impulsionador ou catalisador de mudança. Os sistemas kanban permitem a entrega de serviços previsíveis; ao mesmo tempo, também criam algum stress e tensão, o que motiva a mudança. Eles, juntamente com uma coleção de mecanismos de feedback para reflexão e ação, chamados de Cadências do Kanban, são fundamentais para o Método Kanban, que permite um sistema repetível para agilidade de negócios em uma ampla variedade de serviços profissionais e indústrias de trabalhadores do conhecimento.

Kanban Aplicado ao Trabalho de Serviços Profissionais

Como implementar o Kanban é examinado com mais detalhes no volume 2, *Implementando Kanban*; uma breve visão geral é apropriada agora.

O uso de "quadros kanban", como são conhecidos (um exemplo é mostrado na Figura 2.2), é uma técnica adotada pela comunidade Extreme Programming de desenvolvimento Ágil de software por volta da virada do século. Os "programadores radicais" começaram a escrever seus requisitos de software, conhecidos como "histórias de usuários", em fichas e depois fixá-las em um quadro ou parede, expostas para que todos pudessem ver. Os quadros que exibiam esses "cartões de história" eram conhecidos como "paredes de cartões". Conforme discutido no Capítulo 4, as paredes de cartões do *Extreme Programming* foram adotadas e adaptadas para o Kanban a partir de 2007. Um quadro kanban possibilitou uma maior compreensão do fluxo de trabalho e de como um processo estava funcionando. O que diferencia imediatamente um quadro Kanban de uma parede de cartões do Extreme Programming é o fluxo de trabalho. O *Extreme Programming* só teve estados simples, como Backlog, Em Progresso e Concluído. Os quadros Kanban normalmente têm mais de uma atividade em uma série de etapas de descoberta de conhecimento ou informações que compõem todo um fluxo de trabalho de entrega de serviço.

Dado que um dos significados de kanban em japonês é sinal, ou quadro, é fácil ver por que o termo "parede de cartões" caiu em desuso. Algumas ferramentas de software para rastrear atividades de trabalho de conhecimento, como o Azure Devops da Microsoft, simplesmente se referem a elas como "quadros" com o subproduto Azure Boards. Cada tíquete no quadro representa um único item de trabalho.

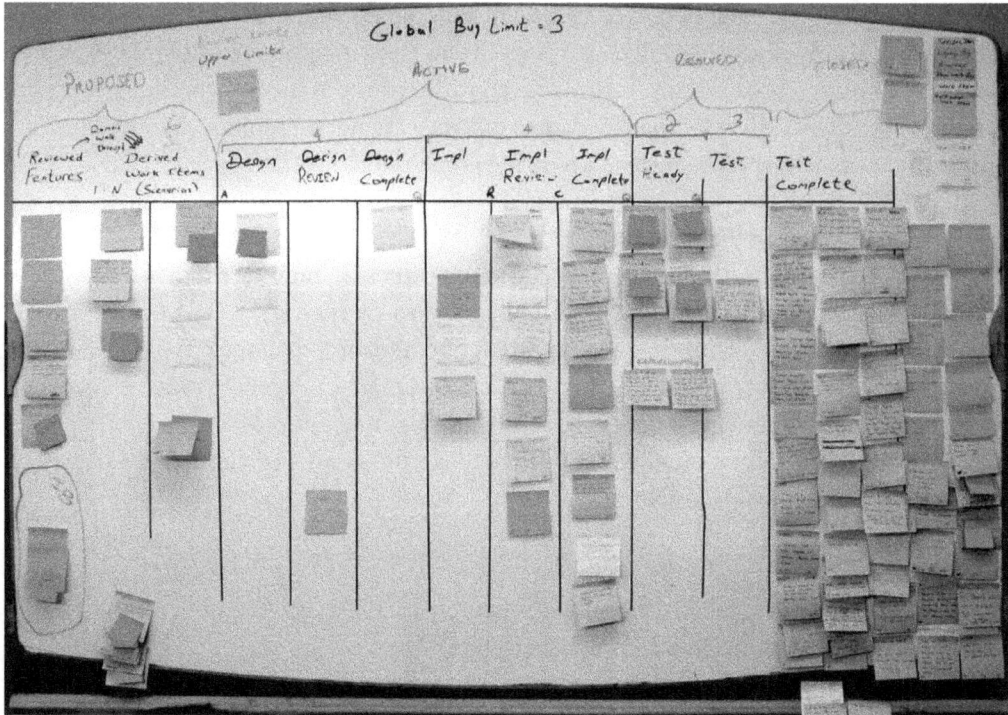

Figura 12.2 Uma parede de cartões kanban (cortesia da SEP)

Benefícios do Kanban

Existem vários motivos para adotar um sistema kanban. Cada um tem uma causa e efeito simples e explicável.

Prevenção de Sobrecarga

Primeiro, para evitar sobrecarregar os trabalhadores, utilizamos um sistema kanban para definir um limite para o trabalho em progresso que reflita uma capacidade razoável. Ao prevenir eficazmente o crescimento do trabalho em progresso — evitando o início de um novo trabalho sem concluir ou abandonar o trabalho inacabado existente — a demanda no fluxo de trabalho é estancada e equilibrada com a taxa de conclusão. Isso permite um ritmo de trabalho sustentável. A demanda é equilibrada com a capacidade (de entregar o trabalho concluído).

Ao permitir que os trabalhadores se concentrem em apenas um ou apenas algumas requisições de serviço de cada vez, o stress é reduzido e a qualidade do trabalho melhora frequentemente. Os indivíduos podem alcançar um equilíbrio entre trabalho e vida pessoal, o que deverá permitir a eles continuarem a trabalhar indefinidamente a um ritmo constante, produzindo um trabalho de elevada qualidade. Os sistemas kanban permitem o ritmo sustentável que eu procurava no início dos anos 2000 (conforme descrito no Capítulo 1).

Compromisso Postergado

Um sistema kanban também nos permite postergar o compromisso. Ao limitar a quantidade de trabalho em progresso, um sistema kanban nos incentiva a começar o trabalho quando estamos confiantes de que o cliente realmente deseja receber a entrega, e a escassez criada por um limite de WIP nos incentiva a começar o trabalho apenas pouco antes de sabermos que precisamos entregá-lo. O efeito é que postergamos o compromisso para o mais tarde razoavelmente possível, o que nos permite escolher outro trabalho que possa ser mais urgente. Os sistemas kanban incentivam a adoção daquilo que na literatura Lean é chamado de "o último momento responsável". O compromisso postergado significa que o trabalho proposto permanece opcional e não comprometido até ser puxado para o sistema quando há um sinal de que há capacidade para iniciar algo novo.

O compromisso postergado é transformador nas indústrias de trabalhadores do conhecimento. Com demasiada frequência, os trabalhadores se queixam não só da sobrecarga, mas também da mudança constante de prioridades, enquanto o novo trabalho introduzido é aparentemente mais importante do que o trabalho existente, apenas para que mais tarde as prioridades mudem novamente e ainda mais trabalho novo seja iniciado. Os sistemas kanban forçam a interrupção desse comportamento. O compromisso postergado significa que os stakeholders da empresa são solicitados a pensar com muito cuidado se realmente desejam algo ou não. A implicação é que, uma vez confirmado e colocado no sistema kanban, o trabalho não deve ser descartado ou devolvido ao conjunto de solicitações de trabalho opcionais que aguardam seleção. Esta alteração provoca uma mudança significativa na forma como o risco é gerido nas empresas tecnológicas e centra o debate sobre como selecionar itens de trabalho para desenvolvimento e entrega.

Visibilidade dos Problemas

Como você verá, os sistemas kanban também eliminam rapidamente problemas que impedem o fluxo de trabalho e prejudicam o desempenho econômico de um serviço. Os sistemas Kanban desafiam uma organização a se concentrar na resolução desses problemas, a fim de manter um fluxo constante de trabalho. Ao fornecer visibilidade sobre problemas de qualidade e de processo, torna óbvio o impacto de defeitos, gargalos, variabilidade e custos de transação e coordenação de transferências de lotes. O simples ato de limitar o trabalho em progresso com kanban incentiva maior qualidade e melhor desempenho. A combinação de fluxo aprimorado e melhor qualidade ajuda a reduzir os prazos de entrega e a melhorar a previsibilidade e o desempenho dos prazos. Ao estabelecer uma frequência de lançamento regular e entregar de acordo com ela de forma consistente, os sistemas kanban ajudam a construir a confiança dos clientes e a confiança ao longo de todo um fluxo de trabalho, incluindo outros departamentos, fornecedores externos e parceiros dependentes no downstream.

Crescimento Cultural

Ao fazer tudo isso, os sistemas kanban contribuem para a evolução cultural das organizações. Ao expor problemas, focar a organização na sua resolução e eliminar os seus efeitos futuros, o Método Kanban completo facilita o surgimento de uma organização altamente colaborativa, de alta confiança, altamente empoderada e em melhoria contínua.

Satisfação do Cliente Melhorada

Foi demonstrado que o Kanban melhora a satisfação do cliente por meio da prestação de serviços regulares, confiáveis e de alta qualidade de bens intangíveis, como software, planos arquitetônicos, campanhas publicitárias, material de design, fotografia, plantas, código de site, *copy* editorial e assim por diante. Também foi demonstrado que melhora a produtividade e a qualidade, ao mesmo tempo que o faz com prazos de entrega mais curtos e melhor pontualidade. Além disso, há evidências de que o Kanban é um catalisador fundamental para o surgimento de um negócio mais ágil e flexível, pois instala uma capacidade evolucionária que, à medida que amadurece, permite que um negócio se mova rapidamente, pivote e manobre à medida que os mercados mudam e as condições econômicas vão e vêm.

Melhoria Contínua

Os sistemas Kanban são atraentes pela sua capacidade de eliminar a sobrecarga, controlar os efeitos da variabilidade no fluxo de trabalho e gerir o risco através dos benefícios do compromisso postergado e das mudanças que ele impõe na forma como o trabalho é selecionado, no capital alocado e no dinheiro gasto. Os sistemas Kanban mudam para melhor a forma como uma empresa opera. Isso por si só já cria um argumento convincente para a adoção. No entanto, eu não estava ciente da reputação dos sistemas kanban como sendo fundamentais para impulsionar a melhoria incremental dos processos. Em 2007, eu não sabia que Taiichi Ohno, um dos criadores do Sistema Toyota de Produção, havia dito: "Os dois pilares do Sistema Toyota de Produção são o *just-in-time* e a automação com um toque humano, ou autonomação. A ferramenta usada para operar o sistema é o kanban." Em outras palavras, o kanban é fundamental para a cultura *kaizen* (melhoria contínua) na Toyota. É o mecanismo que impulsiona a melhoria contínua. Reconheci que isso também se aplica aos sistemas kanban virtuais aplicados a serviços profissionais e atividades de trabalhadores do conhecimento.

As Seis Práticas Gerais do Kanban

O Método Kanban define um conjunto de práticas abstratas ou de alto nível necessárias para criar um mecanismo para mudança evolucionária e melhoria na prestação de serviços dentro das organizações. Estas seis práticas gerais foram extraídas da observação de implementações bem-sucedidas de Kanban em diversas organizações entre 2007 e 2009.

Se tornou evidente que seis práticas gerais eram comuns, necessárias e suficientes para criar resultados positivos com alguma confiança e previsibilidade. Sendo elas:

- Visualizar
- Limitar o Trabalho em Progresso
- Gerenciar o Fluxo
- Tornar as Políticas Explícitas
- Implementar Mecanismos de Feedback
- Melhorar Colaborativamente, Evoluir Experimentalmente (usando modelos e o método científico).

Implementações específicas terão suas próprias práticas distintas para visualização, limitação de WIP e gerenciamento de fluxo. Elas também terão seu próprio conjunto exclusivo de políticas explícitas e uma seleção de mecanismos de feedback inspirados no conjunto canônico de exemplos genéricos conhecidos como Cadências do Kanban, e seus próprios métodos para identificar e implementar oportunidades de melhoria com base no conjunto padrão de modelos e exemplos abordagens descritas no volume 2, *Implementando Kanban*.

Práticas Operacionais *versus* Práticas de Gestão

Alguns trabalhos iniciais de outros autores, publicados principalmente entre 2008 e 2010, focaram apenas nas três primeiras práticas gerais: visualizar, limitar o WIP e gerenciar o fluxo. Isso levou a muitas implementações superficiais e a um foco na prestação de serviços. A mudança evolucionária e uma cultura de melhoria contínua (kaizen) tendem a não surgir nestas implementações.

Um dos objetivos de um sistema Kanban, e algo necessário para possibilitar a agilidade dos negócios, é o empoderamento da força de trabalho para agir por sua própria iniciativa e tomar as suas próprias decisões. O empoderamento é um elemento necessário para que uma organização possa avançar rapidamente e atuar com agilidade. É, portanto, necessário treinar gestores que pensem em termos de sistemas e como líderes para conceberem sistemas de trabalho que permitam aos trabalhadores tomarem muitas das suas próprias decisões. O que faltou nessas implementações superficiais que seguiram apenas as três primeiras práticas gerais foi o pensamento sistêmico necessário para criar empoderamento — não ocorreu uma mudança no comportamento de gestão. Consequentemente, agrupei o conjunto original de seis práticas gerais em dois conjuntos de três: as Práticas Operacionais, concebidas para serem implementadas pela força de trabalho, por sua própria iniciativa; e as Práticas de Gestão, que orientam e respondem à pergunta: "O que os gestores fazem?"

Práticas Operacionais:

- Visualizar
- Limitar o Trabalho em Progresso
- Gerenciar o Fluxo

Práticas de Gestão:

- Tornar as Políticas Explícitas
- Implementar Mecanismos de Feedback
- Melhorar Colaborativamente, Evoluir Experimentalmente (usando modelos e o método científico).

O último conjunto é necessário para promover a mudança evolucionária. O trabalho dos gerentes é criar um sistema que seja capaz de ter um comportamento emergente para adaptar e evoluir até atingir consistentemente a prestação de serviços adequados ao propósito.

Princípios do Kanban

Antes de chegar ao Kanban, conforme descrito no Capítulo 1, eu estava trabalhando na síntese de algumas ideias combinando a metodologia de desenvolvimento de software *Feature-Driven Development* com a Teoria das Restrições e o *Lean Product Development*. Ou dito de outra forma, sintetizando o trabalho de Peter Coad, Jeff de Luca, Eli Goldratt e Donald Reinertsen. Minha tentativa inicial apareceu em meu livro *Agile Management for Software Engineering* em 2003. Continuei a desenvolver esse pensamento, apresentando o trabalho de W. Edwards Deming (e outros da comunidade de Controle Estatístico de Processos, como Donald Wheeler) durante o ano seguinte, publicando essas integrações mais recentes em meu blog ou em apresentações em conferências. Foi esta versão um pouco mais desenvolvida que Donald Reinertsen encontrou pela primeira vez, como ele menciona no Prefácio do Kanban, quando sugeriu que eu me concentrasse no tamanho do lote e na redução, ou de fato na limitação, do trabalho em progresso, e que os sistemas kanban eram uma maneira interessante de controlar a variabilidade indesejável.

Comecei a desenvolver um conjunto de princípios que sustentavam meu pensamento, minha filosofia de gestão. Ensinei estes princípios nos meus currículos de formação durante alguns anos, sem os nomear explicitamente. Da mesma forma, não me ocorreu codificá-los em *Kanban* em 2010.

Agora, escrevendo em 2023, este parece ser um bom momento para corrigir essa falha. Esses princípios fornecem uma base fundamental para tudo o que se seguiu ao Kanban. Eu os chamo de Princípios de Fluxo e Princípios de Entrega de Serviços.

Os Princípios de Fluxo

Os Princípios de Fluxo fundamentam meu trabalho em teoria e práticas de gestão há mais de 20 anos. São tão fundamentais que sempre presumi que estavam presentes e até recentemente não tentei escrevê-las ou codificá-las. Esses princípios estão na raiz de minhas ideias publicadas em meu primeiro livro, *Agile Management for Software Engineering*, onde sintetizei ideias de *Managing the Design Factory* de Donald Reinertsen, *Teoria das Restrições* de Eli

Goldratt, particularmente de seu livro *A Meta*, e *Feature-Driven Development*, um processo leve de ciclo de vida de desenvolvimento de software considerado uma das metodologias "Ágeis" originais. Ver o fluxo em bens intangíveis, serviços profissionais e atividades de trabalho de conhecimento abriu as portas para uma nova forma de gestão que mudou o mundo do trabalho moderno, muito além da adoção do Método Kanban.

Os **Princípios de Fluxo** são:

- Negócios de bens intangíveis (serviços profissionais) podem ser administrados de maneira semelhante aos negócios de bens físicos e tangíveis.
- Representar bens intangíveis com artefatos tangíveis: tornar visíveis o trabalho e os fluxos de trabalho invisíveis.
- Controlar e limitar o "estoque" de bens intangíveis.

Os Princípios de Entrega de Serviços

O Método Kanban foi conduzido por princípios fundamentais e pelo objetivo de melhorar a prestação de serviços e possibilitar mudanças institucionalizadas que persistam e sobrevivam além dos períodos de atenção e intervenção deliberada da gestão, bem como mudanças de pessoal, tanto no nível do colaborador individual como no nível gerencial. Quando os gestores seguem em frente ou mudam de foco, as mudanças que fizeram devem permanecer. Este é o conceito de "institucionalização". Além disso, existem princípios que usei ao desenvolver o método e sua orientação e ao impulsionar sua adoção em todo o mundo.

A melhoria na prestação de serviços (na divisão de TI da Microsoft) foi o motivador original para a adoção de sistemas kanban. Se a entrega for errática, imprevisível, de baixa qualidade ou simplesmente demorar muito, e o fluxo de trabalho tiver baixa eficiência de fluxo, então o Kanban deverá ajudar.

Os **Princípios de Entrega de Serviços** são:

- Compreender e concentrar-se nas necessidades e expectativas de seus clientes.
- Gerenciar o trabalho; deixar as pessoas se auto-organizarem em torno dele.
- Evoluir suas políticas de gerenciamento para melhorar os resultados dos clientes e dos negócios.

Os Princípios de Gestão de Mudanças

A partir de 2002, procurei uma abordagem evolutiva para a mudança. A mudança evolutiva necessita de um estímulo ou estressor para provocar discussão e motivar a mudança. Precisa de um mecanismo de feedback para avaliar questões e propor mudanças, e precisa de atos de liderança para assumir o risco de implementar mudanças e mantê-las o tempo suficiente para garantir o seu sucesso.

Agora chamamos isso de **Modelo de Mudança Evolucionária:**

* Estressor
* Mecanismo de feedback
* Ato de liderança

Embora existam muitas práticas que podem atuar como estressores, limitar o trabalho em progresso com um sistema kanban é um excelente meio para introduzir tal estresse. Métricas como diagramas de fluxo cumulativo e histogramas de lead time, juntamente com as Cadências do Kanban, como a Revisão de Entrega de Serviços, fornecem os mecanismos de feedback. Assim, o Método Kanban codifica e prescreve dois dos três elementos necessários para a mudança evolutiva e cria as oportunidades — as reuniões e revisões — para encorajar os atos de liderança necessários para invocar ações que criam melhorias. São as Práticas de Gestão do Método Kanban que impulsionam a melhoria evolutiva.

Podemos ver isso ilustrado no desenho da capa: claramente o grupo está sob algum estresse; o trabalho não está fluindo e, pela conversa deles, nem tudo está bem com a entrega de serviços. Eles usam a Reunião Kanban na frente do quadro para refletir sobre como as coisas estão indo — seu mecanismo de feedback — e então é necessário um ato de liderança do quarto personagem, que diz: "Vamos fazer algo a respeito!" para fornecer a Magia Kanban, para catalisar a mudança, tomar a iniciativa e fazer acontecer. Foi um descuido e uma omissão no *Kanban*: não consegui reconhecer a importância da liderança para impulsionar a mudança evolutiva e, consequentemente, omiti o tópico do texto. Se há uma única falha nesse livro, foi a falha em reconhecer a necessidade de liderança e em dedicar parte da narrativa para possibilitá-la.

"As pessoas não resistem à mudança, elas resistem a serem mudadas." — Peter Senge
"Toda política é local." — Tip O'Neill
"Se toda política é local, então toda mudança é pessoal." — David Anderson

---

Reconhecendo que a organização, a colaboração e a liderança são fenômenos sociológicos e que a realização de tarefas nos negócios exige a cooperação de grupos de pessoas, é possível deixar passar o fato de que todas as mudanças, mesmo quando acontecem a grupos de pessoas — às organizações — são percebidas e interpretadas pessoalmente, pelos indivíduos. O estudo de como os indivíduos lidam com as mudanças faz parte da psicologia social.

Os indivíduos podem estar em um de quatro estados em relação a mudanças:

* **Estabilidade:** feliz, sem motivação para mudar
* **Inércia:** infeliz, mas com medo e resistente a mudar
* **Incremental:** (pode ser melhor chamado de Evolucionário) disposto a aceitar mudanças normativas nas práticas e formas de fazer as coisas, desde que essas mudanças não afetem a estrutura social e hierarquia

- **Dramático (ou Estrutural):** mudanças na identidade, papel, status social, nível de dignidade, respeito ou reconhecimento; invoca crise psicológica, levando a resistência e inércia

Quase toda a gestão de mudanças tradicional — e particularmente a das metodologias de processos de engenharia de software e métodos Ágeis que prescrevem novos processos, papéis, responsabilidades e cooperação — perturbam a estrutura social, invocando crises psicológicas em resposta a uma percepção de ameaça à identidade. Nosso objetivo com o Método Kanban é superar a inércia e liderar mudanças incrementais e evolucionárias por meio do uso de pequenas mudanças percebidas como de natureza normativa: nosso objetivo é evitar a "rocha" da ameaça à identidade e da mudança social estrutural dramática. Se conseguirmos isso, poderemos progredir. Como qualquer atleta de elite, como Dragos Dumitriu na sua juventude, poderia dizer: "Toda pequena melhoria ainda é uma melhoria".

Sabendo que o Kanban deveria "ser como a água", reconhecendo que "a água flui ao redor da rocha" e sabendo que a rocha é a resistência emocional à mudança invocada por ameaças de identidade e mudanças sociais estruturais dramáticas, desenvolvi os princípios de gestão de mudanças do Método Kanban.

Os **Princípios de Gestão de Mudanças** são:

- Começar com o que você faz agora:
  - Compreender os processos atuais, como realmente praticados
  - Respeitar papéis, responsabilidades e cargos existentes
- Obter acordo para buscar melhorias por meio de mudanças evolutivas.
- Incentivar atos de liderança em todos os níveis.

A Essência da Liderança Eficaz para a Mudança

Também reconheci que isso não valeria de nada se as pessoas não conseguissem replicar meus resultados com Kanban e liderar a mudança de forma eficaz. Inspirado por meu chefe no final da década de 1990, o criador do *Feature-Driven Development* e grande líder de significativos projetos de TI, Jeff De Luca, criei a essência da marca para meu negócio, a Universidade Kanban.

Orientação Pragmática, Acionável, Baseada em Evidências

- Pragmática: é possível fazer isso.
- Acionável: você sabe o que fazer.
- Baseada em evidências: nunca ensinamos nada ou oferecemos orientação a menos que já tenhamos observado que funciona.

Esses valores fundamentais orientaram o desenvolvimento do Método Kanban desde o início. Atribuo, em grande parte, a robustez do Método Kanban e a sua eficácia no mercado a estes valores fundamentais. Kanban funciona porque sempre nos concentramos em promover orientações pragmáticas, acionáveis e baseadas em evidências. É mais difícil de fazer: leva tempo para coletar as evidências. A orientação é extraída e abstraída da experiência do mundo real. Orientações em larga escala, como o Modelo de Maturidade Kanban, exigiram cerca de quinze anos de desenvolvimento, muito tempo e energia de muitas pessoas para executar os experimentos, reunir as evidências, relatar as descobertas, contar as histórias, escrever os estudos de caso, apresentar os relatos de experiência, e depois para que outros os analisem, procurem padrões recorrentes, encontrem os elementos comuns e os codifiquem. Mudar o mundo da gestão de mudanças tem sido um processo longo e caro que exige muita paciência.

Os Valores do Kanban

Em janeiro de 2013, Mike Burrows publicou sua observação que o Kanban era um método sustentado por uma coleção de valores — um credo. Esses valores definem a cultura organizacional na qual o Kanban pode prosperar. O trabalho de Mike mudou o Kanban e mudou sua carreira, uma vez que ele focava seu pensamento na mudança orientada para resultados e condução da mudança cultural através de valores. Isso levou ao seu próprio conjunto de trabalho e abordagem à liderança de mudança organizacional, conhecido como *Agendashift*. Mike identificou e definiu nove valores especificamente associados ao Método Kanban. Mais recentemente, por meio do trabalho com o Modelo de Maturidade Kanban, Teodora Bozheva e eu aumentamos a lista para refletir a cultura corporativa que determinamos ser necessária para entregar cada um dos resultados definidos nos sete níveis do nosso modelo de maturidade organizacional. A lista completa de valores agora associados ao Kanban é:

- Conquista
- Colaboração*[41]
- Transparência*
- Tomada de Iniciativa
- Atos de Liderança
- Consciência do Cliente
- Mudança Evolucionária
- Fluxo*
- Narrativa
- Respeito*
- Compreensão (interna)*[42]

---

41. * Denota um dos nove originais Valores Kanban definidos por Mike Burrows em 2013 e descrito em seu livro de 2014, *Kanban From the Inside*.

42. Originalmente documentado como "Compreensão" e depois dividido em subcategorias de "interna" e "externa," refletindo o nível de empatia observada nas organizações de níveis de maturidade diferentes.

- Acordo*
- Equilíbrio*
- Atendimento ao Cliente *[43]
- Adequação ao Propósito
- Liderança em Todos os Níveis*[44]
- Resultados de Curto Prazo
- Compreensão (externa)
- Unidade e Alinhamento
- Foco no Negócio
- Competição
- Intimidade com o Cliente
- Tomada de Decisão Baseada em Dados
- Equilíbrio Profundo
- Imparcialidade
- Desenvolvimento de Liderança
- Conformidade Regulatória
- Igualdade de Oportunidades
- Experimentação (tolerância ao fracasso)
- Perfeccionismo
- Mobilidade Social
- Congruência
- Sobrevivência a Longo Prazo
- Tolerância e Diversidade

Esta lista ampliada reflete os valores organizacionais que acreditamos serem necessários para entregar os resultados de negócios desejáveis associados aos níveis crescentes de maturidade organizacional, escala empresarial e longevidade de uma organização. Esta longa lista vai além do que é necessário simplesmente para adotar o Kanban.

Consulte o Apêndice A para obter uma breve explicação dos nove valores organizacionais originais que surgiram do trabalho de Mike com Kanban.

Mike destilou sua lista de Valores Kanban retrospectivamente a partir da observação e prática do Kanban. Eles representam a realidade observada em vez de um experimento mental. Eles oferecem não apenas uma visão sobre o propósito e significado do Kanban, mas também um meio para determinar a sua adequação para adoção em uma organização.

---

43. Originalmente documentado como "Foco no Cliente".
44. Originalmente documentado simplesmente como "Liderança".

Você, sua equipe, seu departamento, sua unidade de negócios e sua organização em geral compartilham esses valores? Se não todos eles, quantos? O alinhamento de valores compartilhados entre o Kanban e a organização que o adota é um preditor de sucesso e um indicador antecedente da profundidade da implementação que pode ser alcançada. Quanto mais valores você compartilhar com o Kanban, mais fácil será adotá-lo e maior será o benefício que você pode esperar.

Esta observação levou ao mantra do Modelo de Maturidade Kanban:

> Resultados seguem práticas.
> Práticas seguem a cultura.
> Cultura segue valores.
> Portanto, lidere com valores.

Liderança é o Ingrediente Secreto

O cartum encomendado para a capa deste livro, mostrado na Figura 12.1, foi concebido para capturar a essência do método na íntegra. Mostra claramente a visualização. Talvez pudesse mostrar mais claramente a limitação do trabalho em progresso? Isto foi omitido como uma simplificação por Pujan Roka, o cartunista. Em retrospecto, criou-se um resultado interessante. O cartum retrata uma implementação proto-Kanban. Ele reflete o que hoje podemos chamar de uma organização em transição do Nível de Maturidade 2 para o Nível de Maturidade 3. Embora o livro Kanban original tenha sido projetado para ensinar às organizações como implementar a entrega de serviços previsíveis, confiáveis e adequados ao que hoje chamamos de Maturidade Nível 3, na realidade a indústria era muito mais superficial. O cartum refletia com mais precisão o local de trabalho típico de 2010.

Vemos uma pequena equipe discutindo o fluxo de trabalho com a implicação de que o fluxo de trabalho está sendo gerenciado. Existem claramente algumas políticas em vigor que controlam o trabalho. Algumas destas políticas podem ser explícitas; por exemplo, o uso de cores deve indicar algo sobre o trabalho e como deve ser tratado. Contudo, há também a implicação de que algumas políticas são implícitas e talvez possam ser melhoradas. O testador do cartum está ocioso, o que sugere uma falta de políticas de trabalho flexíveis, enquanto o analista parece ter muito trabalho em progresso e talvez algumas políticas não estejam sendo cumpridas ou aplicadas de adequadamente. Todo o cartum e a reunião que ocorre ilustram um ciclo de feedback. E o trabalho apresentado no quadro, juntamente com os balões de fala, dá uma indicação de que o desenvolvimento é um gargalo e, portanto, somos obrigados a introduzir o uso de um modelo na nossa compreensão do fluxo de trabalho e das questões que o afetam.

O cartum captura as seis práticas gerais do Método Kanban de maneira muito clara, mas o personagem do lado direito da imagem nos mostra o aspecto mais importante necessário para fazer o Método Kanban funcionar. Ao sugerir: "Vamos fazer algo a respeito", ele ilustra um pequeno ato de liderança. Ele não está contente em ouvir os relatos de seus colegas. Talvez esses relatórios mostrem um padrão que se repete ao longo de vários dias ou semanas? Na reunião de hoje ele ouviu o suficiente; é hora de agir. O que acontece a seguir que é verdadeiramente interessante. Isso é chamado de "pós-reunião", que será descrito na íntegra no volume 2, *Implementando Kanban*. Na literatura Lean formal, tal reunião espontânea que resulta em ação para melhorar o fluxo é conhecida como "círculo de qualidade espontâneo" ou "evento kaizen".

Um grupo de pessoas interessadas, talvez de diversas funções, se reunirá e discutirá o que veem. Eles podem questionar por que o testador está ocioso. Eles podem confirmar que a desenvolvedora está constantemente carregada e não tem folga. Eles podem observar o acúmulo de tíquetes de análise concluídos aguardando o desenvolvimento e podem concluir que a função de desenvolvimento é um gargalo. Eles poderão então questionar as políticas existentes. Eles podem perguntar à desenvolvedora se há trabalho que ela acha que poderia ser feito por outros. Talvez ela confiasse em um testador para realizar trabalhos de menor risco, não tão novos e mais repetitivos? Pode-se então concordar que seria aceitável que testadores ociosos ajudassem realizando trabalho de desenvolvimento em, digamos, tíquetes azuis, já que esses tíquetes representam um trabalho com risco suficientemente baixo para que os desenvolvedores profissionais não se oponham a que alguém de outra função os conclua. Em outras palavras, esta é uma mudança que não ameaça a sua identidade ou o seu lugar na hierarquia social; nem afeta o status, o respeito ou o reconhecimento concedido aos desenvolvedores, nem prejudica a dignidade dos testadores solicitados a realizar as tarefas de desenvolvimento de menor risco. E assim, a política é alterada e, pouco a pouco, as barreiras entre as funções profissionais e as linhas de demarcação entre as funções são eliminadas. A força de trabalho se torna um pouco mais flexível através da polivalência e o nível de capital social (ou confiança) aumenta entre os trabalhadores deste sistema.

O que acontece nas reuniões posteriores mostra a natureza complexa da prestação de serviços de conhecimento e os efeitos emergentes que são comuns quando o Método Kanban é totalmente implementado.

Resumo

- Kanban reconhece três agendas comuns para as pessoas que adotam o método: sustentabilidade, orientação a serviços e capacidade de sobrevivência.
- O Método Kanban é nomeado devido ao seu uso de sistemas kanban, que limitam o trabalho em progresso e criam uma tensão positiva que catalisa a mudança.
- Os sistemas kanban são um exemplo específico de sistemas conhecidos genericamente como sistemas puxados.
- Um sistema kanban consiste em kanban (ou cartões de sinalização), com um kanban representando uma unidade de capacidade dentro do sistema.
- Kanban é tanto uma palavra chinesa quanto japonesa e tem significados diferentes quando em diferentes contextos e se é escrito em japonês usando o sistema kanji de caracteres chineses ou o alfabeto japonês hiragana. Todos os significados possíveis têm relevância para o Método Kanban: "sinal" ou "quadro visual" ou "placas", "olhando para o quadro" (o significado chinês) e "cartão de sinal" ou "registro", todos representam aspectos do Método Kanban.
- Os sistemas kanban são usados para prevenir a sobrecarga dos trabalhadores e como um processo ou sistema de trabalho que abrange todo um fluxo de trabalho ou cadeia de valor.
- O alívio da sobrecarga tem um efeito secundário na melhoria da qualidade.
- Os sistemas kanban também são usados para postergar compromissos e evitar o início de muitos itens de trabalho.
- O compromisso postergado abrange o conceito do Lean de "último momento responsável".
- O compromisso postergado provoca uma mudança de foco, empurra a gestão de riscos para o upstream e catalisa a procura de melhores meios para avaliar e gerir os riscos de negócio associados às solicitações de trabalho.
- Os sistemas kanban provocam um foco no fluxo de trabalho.
- Os sistemas kanban contribuem para a evolução cultural das organizações e facilitam o surgimento de colaboração, altos níveis de confiança, empoderamento dos trabalhadores e melhoria contínua.
- Kanban melhora a satisfação do cliente por meio de entregas mais rápidas, mais previsíveis, mais oportunas e com melhor qualidade.
- O Método Kanban possui seis práticas gerais: práticas operacionais de visualizar, limitar o WIP e gerenciar o fluxo; e práticas de gestão de tornar as políticas explícitas; implementar mecanismos de feedback; e melhorar colaborativamente, evoluir experimentalmente.
- O Método Kanban é baseado em três conjuntos de princípios:

- Os Princípios do Fluxo: Os negócios de bens intangíveis podem ser administrados de forma semelhante aos negócios de bens físicos; tornar visíveis o trabalho e os fluxos de trabalho invisíveis; e controlar e limitar o "estoque" de bens intangíveis.Os Princípios de Entrega de Serviços: Compreender e concentrar-se nas necessidades e expectativas de seus clientes; gerenciar do trabalho, permitir que as pessoas se auto-organizem em torno dele; evoluir suas políticas de gerenciamento para melhorar os resultados dos clientes e dos negócios.

- Os Princípios de Gestão de Mudanças: Começar com o que você faz agora, entendendo os processos atuais como realmente praticados e respeitando as funções, responsabilidades e cargos existentes; obter acordos para buscar melhorias por meio de mudanças evolucionárias; e incentivar atos de liderança em todos os níveis.

- O Modelo de Mudança Evolucionária consiste em um estressor, um mecanismo de reflexão e um ato de liderança.

- Para fazer a diferença no mundo e criar mudanças duradouras, a orientação do Kanban deve ser pragmática, acionável e baseada em evidências.

- Em retrospecto, Mike Burrows observou que o Kanban encapsulava um sistema de valores, um credo. Inicialmente, ele definiu nove valores:
  - Colaboração
  - Transparência
  - Fluxo
  - Respeito
  - Compreensão
  - Acordo
  - Equilíbrio
  - Foco no Cliente
  - Liderança

- Mais recentemente, durante o trabalho no Modelo de Maturidade Kanban, este conjunto de valores foi aumentado para cobrir motivações para adoções muito superficiais ou pessoais de Kanban, bem como implementações muito profundas em organizações altamente maduras.

- A mudança orientada por valores tornou-se uma parte central da orientação de coaching Kanban e é melhor ilustrada no mantra do Modelo de Maturidade Kanban:
  - Resultados seguem práticas.
  - Práticas seguem a cultura.
  - Cultura segue valores.
  - Portanto, lidere com valores.

- A liderança é necessária para impulsionar melhorias.

- Liderança é o ingrediente secreto do Método Kanban.

- A liderança não recebeu atenção suficiente em *Kanban* — uma omissão infeliz.

13

Modelo de Maturidade Kanban

Mapeando Padrões de Implementação Kanban para Níveis de Maturidade Organizacional[45]

Trabalhando com Teodora Bozheva, reconhecemos que existem muitos padrões diferentes de implementações Kanban e, desde evidências de estudos de caso, relatos de experiência, histórias da comunidade, e observações feitas ao visitar clientes, parecia haver uma correlação entre a complexidade de uma implementação Kanban e a maturidade da organização. Esses padrões são totalmente explicados no volume 2, *Implementando Kanban*.

Os Três Pilares do Modelo de Maturidade Kanban

A Figura 13.1 ilustra os 3 pilares do modelo, focado em resultados, que são alcançados através de práticas, por sua vez possibilitadas pela cultura, sendo isso impulsionado por uma abordagem gerenciada para a mudança evolucionária. O modelo de maturidade organizacional é construído em torno de resultados observáveis, ilustrados na próxima seção através da experiência do cliente.

---

45. Uma versão deste capítulo apareceu pela primeira vez como um apêndice em Anderson, David J, and Alexei Zheglov. *Fit for Purpose: Synthesizing Customer Experience and Strategy for Accelerated Business Results*, 3rd ed. Seattle: Blue Hole Press, 2023.

Coisas que as pessoas valorizam e referenciam como princípios ou normas (escritas ou não escritas) que justificam comportamentos e práticas

"como vivemos"

• Atividades rotineiras
• Padrões visíveis de interações
• Práticas Kanban regulares e estabelecidas
• Hábitos

"como fazemos as coisas"

• Resultados demonstrados
• Benefícios externamente visíveis (valorizados pelo cliente)
• Benefícios internamente visíveis (organizacionais)

"quão eficazes somos"

Figura 13.1 Três Pilares do KMM

O Modelo de Maturidade Organizacional

Construímos um modelo de maturidade organizacional e demonstramos que as implementações Kanban são impulsionadas pela maturidade organizacional. O design dos sistemas Kanban, quadros e tíquetes são todos orientados pelas necessidades da organização, e essas necessidades variam à medida que a organização amadurece. Conforme a maturidade organizacional aumenta, surgem mudanças relacionadas ao comportamento de negócios, à liderança, à gestão de riscos, à cultura organizacional, e por último, aos resultados de negócio que resultam de e se correlacionam a diferentes níveis de maturidade do negócio. A implementação do Kanban sempre reflete a maturidade da organização que o implementa. Se a organização se preocupa muito com a gestão de riscos, então o design do quadro de Kanban e seus tíquetes refletem a necessidade de visualizar a informação de risco se proteger dos riscos.

Nosso modelo de maturidade organizacional é uma adaptação atualizada e evolucionária do trabalho de várias fontes anteriores, incluindo Philip Crosby, Gerald R. Weinberg e o Capability Maturity Model (e seu sucessor, o Capability Maturity Model Integration) do Software Engineering Institute da Carnegie Mellon University. O modelo tem sete níveis de maturidade numeradas de 0 a 6, sendo 0 o mais baixo, ou mais raso, e 6 o nível mais alto, ou mais profundo. Geralmente, preferimos de raso a profundo, ao invés de baixo e alto. A literatura anterior tendia a usar de baixo para alto. Por isso, ambos os conjuntos de rótulos são de uso comum. Tendemos a desenhar o modelo de cima para baixo, de raso a profundo; uma visualização baixa a alta seria mais bem desenhada de baixo para cima.

Como mostra o modelo, a maioria das empresas deve aspirar o Nível de Maturidade 4 com o intuito de demonstrar resiliência, robustez e capacidade de gestão de risco para a dar a si mesmas uma forte chance de sobrevivência a longo prazo.

O que se segue é uma breve visão geral dos sete níveis do modelo, ilustrada por uma descrição de como ele pode se manifestar em uma pizzaria. Este exemplo foi escolhido deliberadamente como um exemplo da indústria de serviços, mas também deliberadamente escolhido como algo muito diferente dos serviços de TI, normalmente associados ao Kanban. Também estão incluídos gráficos de quadros Kanban típicos nos níveis 0 a 5 para ilustrar padrões de implementação do Kanban. Há muitos outros exemplos de implementações de quadro Kanban fornecidos no volume 2, *Implementando Kanban*, e em meu livro com Teodora Bozheva, *Kanban Maturity Model: A Map to Organizational Agility, Resilience, and Reinvention*[46] ou online em kmm.plus.

É importante reconhecer que é a organização que amadurece; sua implementação do Kanban reflete apenas a maturidade da organização. A implementação do Kanban reflete o que eles valorizam, os riscos que gerenciam e a natureza da sua tomada de decisão. Nos níveis de maturidade mais baixos isso tende a ser simples e homogêneo, enquanto nos níveis de maturidade mais elevados isso tende a ser sofisticado, abrangendo uma variedade significativa.

Nível de Maturidade 0 — Inconsciente

Nível de Maturidade 0	Inconsciente
Caracterização	Do meu jeito, ou seja, cada cliente tem seu pet.
Liderança	Abdicada
Traços de Caráter do Líder	Autenticidade
Valores Culturais	(Individual) Realização
Serviço	Equipe de indivíduos que sabem como fazer pizza
Processo	Os funcionários competem para receber pedidos de clientes e por recursos como espaço na bancada, ingredientes e acesso a fornos.
Experiência do Cliente	Depende inteiramente de quem faz o pedido e faz a pizza. Nenhuma confiança no negócio como um sistema.

Toda a equipe do restaurante age de forma independente. Cada um sabe como fazer pizza. Os membros da equipe competem para anotar o pedido do cliente, então competem por recursos como espaço na bancada, ingredientes e acesso aos fornos para que possam completar o pedido. A experiência do cliente depende inteiramente de quem os atende, e os clientes frequentemente desenvolvem preferência por um membro específico da equipe, o escolhendo efetivamente como seu produtor de pizza favorito. Os clientes esperam para fazer o pedido ao chef de estimação, pois não confiam nos sistemas do restaurante. Veja a Figura 13.2 na próxima página para ver um exemplo de quadro kanban individual.

46.   Anderson, David J, e Teodora Bozheva. *Kanban Maturity Model: A Map to Organizational Agility, Resilience, and Reinvention*, 2nd ed. Seattle: Kanban University Press, 2020.

Figura 13.2 Exemplo de um quadro kanban individual (Nível de Maturidade 0)

Nível de Maturidade 1— Focado em Times

Nível de Maturidade 1	Focado em Times
Caracterização	Nunca da mesma maneira duas vezes
Liderança	Egoísta
Traços de Caráter do Líder	Confiante
Valores Culturais	Colaboração, tomando iniciativa, transparência
Serviço	Depende muito dos indivíduos envolvidos: há variação no método de preparação, cozimento e entrega; problemas com a precisão dos pedidos; e questões de sabor e qualidade.
Processo	É emergente, porém inconsistente: as pizzas são frequentemente do tipo errado ou faltam ingredientes; ou são de má qualidade no momento da entrega ou os prazos de entrega variam drasticamente a um nível inaceitável.
Experiência do Cliente	O fornecedor não é confiável.

Trabalhar neste restaurante é como fazer parte de uma equipe. No entanto, o método de preparo, assar e entregar a pizza, a precisão do atendimento do pedido e a qualidade e o sabor da pizza dependem bastante de quem a prepara. Nossos processos estão emergindo, mas ainda são inconsistentes. Muitas vezes a pizza é do tipo errado, faltam ingredientes, é de má qualidade na entrega ou o prazo de entrega depende muito de quem a entrega. A experiência dos clientes os leva a concluir que este restaurante é extremamente pouco confiável.

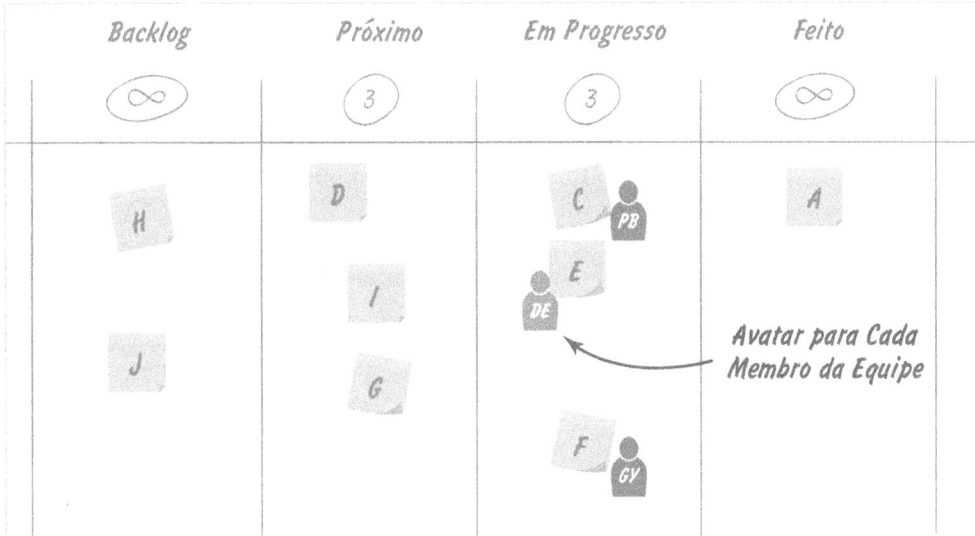

Figura 13.3 Quadro kanban de equipe típico (Nível de Maturidade 1)

Nível de Maturidade 2 — Orientado ao Cliente

Nível de Maturidade 2	Orientado ao Cliente
Caracterização	Nunca o mesmo resultado duas vezes
Liderança	Tribal
Traços de Caráter do Líder	Carisma
Valores Culturais	Conscientização do cliente, mudança evolucionária, fluxo, liderança, narrativa, respeito, compreensão dos processos internos
Serviço	Depende do supervisor, gerente ou proprietário de plantão: As pizzas entregues podem ter pequenos problemas de qualidade, ocasionalmente serem do tipo errado, ligeiramente queimadas ou faltando ingredientes.
Processo	Os procedimentos definidos agora são seguidos de forma consistente.
Experiência do Cliente	Depende inteiramente do supervisor de plantão

Este é um negócio de entrega de pizza em maturação com foco em seus clientes. O método de preparar, assar e entregar pizza agora é consistente e os procedimentos definidos são seguidos de forma consistente. No entanto, a pizza entregue depende muito do cozinheiro principal ou do gerente no processo. Se ele não estiver presente, a pizza entregue pode ser do tipo errado, faltar alguns ingredientes ou estar levemente queimada. Portanto, a percepção do cliente é de que a confiabilidade do restaurante depende do supervisor de plantão. Os clientes ajustam seu comportamento de acordo.

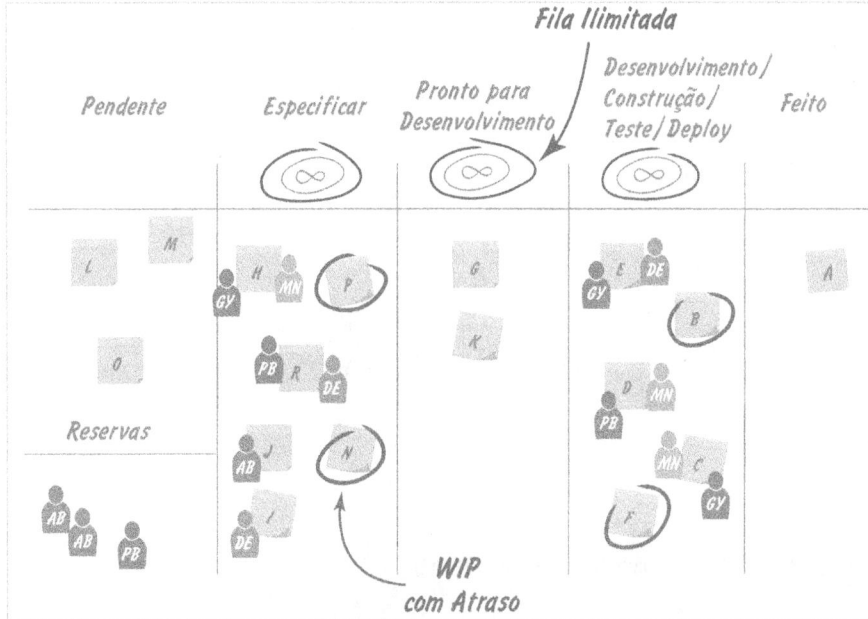

Figura 13.4 Quadro kanban do fluxo de trabalho do serviço (Nível de Maturidade 2)

Nível de Maturidade 3 — Adequado ao Propósito

Nível de Maturidade 3	Adequado ao Propósito
Caracterização	Clientes sempre satisfeitos; "não há mais heróis."
Liderança	Orientado por propósito
Traços de Caráter do Líder	Altruísmo
Valores Culturais	Acordo, equilíbrio, atendimento ao cliente, adequação ao propósito, liderança em todos os níveis, resultados de negócios de curto prazo, compreensão da cadeia de suprimentos externa e da demanda do cliente, unidade e alinhamento
Serviço	Consistente: as pizzas entregues atendem às expectativas, são do tipo certo, com os ingredientes certos e quase sempre quentes, saborosas e de boa qualidade na entrega. Tempo para Melhoria: tempo e espaço para pensar em mudanças no cardápio, necessidades dietéticas especiais, abertura de novos locais e desenvolvimento de ofertas especiais
Processo	Os procedimentos definidos são seguidos de forma consistente, independentemente de quais funcionários ou supervisores estão trabalhando em um dia ou turno específico.
Experiência do Cliente	O fornecedor é confiável, mas ainda não tem uma empatia profunda com seus clientes nem entende por que eles o visitam.

Esta sofisticada pizzaria no centro da cidade oferece serviço de entrega em domicílio ou no escritório. Seu método de preparar, assar e entregar pizza é consistente, e os procedimentos definidos são seguidos de consistentemente, sem depender de que noite da semana é, de quem está trabalhando naquela noite ou se o gerente está presente.

De forma consistente, a pizza entregue corresponde ao pedido, é de alta qualidade e está dentro das expectativas de prestação de serviço. A percepção do cliente é que o restaurante é digno de confiança. Como o processo e os resultados são consistentes, o dono do restaurante tem tempo para pensar em expandir o seu negócio — abrir restaurantes em outros locais, ou oferecer pizzas para pessoas com restrições alimentares, ou desenvolver menus especiais que diferenciem este restaurante dos seus concorrentes.

No entanto, embora esta organização de Nível de Maturidade 3 possa atender pedidos dentro das expectativas, ela ainda não é boa em entender o porquê os clientes os escolhem ou quais expectativas adicionais os clientes podem ter. Eles vendem muitas pizzas margherita básicas para entrega em estabelecimentos comerciais depois das 17h às quintas-feiras pela noite, mas ninguém se preocupou em pensar nisso ou em perguntar o motivo. Eles ainda não alcançaram a intimidade com o cliente e a sua capacidade de antecipar a demanda e as expectativas ainda não evoluiu.

Figura 13.5 Quadro de fluxo de trabalho com sistema kanban virtual ponta a ponta (Nível de Maturidade 3)

Nível de Maturidade 4 — Protegido contra Riscos

Nível de Maturidade 4	Protegido contra Riscos
Caracterização	Todos estão felizes; "lidam graciosamente com eventos inesperados."
Liderança	Gerente de risco
Traços de Caráter do Líder	Empatia, pragmatismo, integridade
Valores Culturais	Foco nos negócios, competição, intimidade com o cliente, tomada de decisão baseada em dados, equilíbrio profundo, imparcialidade, desenvolvimento de liderança, conformidade regulatória
Serviço	Diversas classes de serviço diferentes atendendo clientes com diferentes necessidades e riscos: • Equipe ideal • Economicamente bem-sucedido • Antecipatório
Processo	• Lida graciosamente com o vai e vem da demanda. • Os custos são rigorosamente controlados sem afetar a capacidade de entrega ou a satisfação do cliente. • Desempenho econômico solidamente previsível.
Experiência do Cliente	A satisfação do cliente é invisível — está sempre presente e os clientes passaram a dá-la como certa. Os negócios antecipam as necessidades e demandas dos clientes; eles entendem o "porquê" e o propósito da visita dos clientes. Marca bem respeitada.

Essa é uma pizzaria madura com serviço de entrega. Foi dimensionada com sucesso além de um único local. O proprietário dirige um negócio economicamente bem-sucedido que oferece diversas classes de serviço, como menu de entrega expressa. Suas localidades lidam com sucesso do vai e vem da demanda e entendem a natureza cíclica de seus negócios. Eles contam com uma equipe ideal na maior parte do tempo e seus custos são rigorosamente controlados sem afetar sua capacidade de entrega ou impactar a satisfação do cliente. Eles têm uma marca respeitada e uma lucratividade solidamente previsível.

Eles vendem muitas pizzas básicas de margherita para entrega em estabelecimentos comerciais depois das 17h nas noites de quinta-feira, e eles sabem por quê: quinta-feira é a noite em que os colegas ficam juntos depois do trabalho. Às sextas-feiras, as pessoas têm planos para o fim de semana, mas nas noites de quinta-feira podem se dar ao luxo de ficar até mais tarde por uma ou duas horas. A pizza de margherita é a companhia perfeita acompanhada por um copo de cerveja ou refrigerante, apenas o suficiente para aliviar a fome no final de um dia de trabalho. Como eles sabem o motivo de seus clientes fazerem pedidos, eles podem antecipar essa demanda — não é sorte! Eles também podem antecipar quando a demanda diminuirá, cairá completamente ou mudará para uma noite diferente da semana. Se tiverem que introduzir um novo tipo de queijo porque o utilizado até agora já não é produzido, estudam as preferências dos seus clientes, oferecendo-lhes pizzas com vários tipos de queijo alternativos para descobrir qual deles gostam mais.

No Nível de Maturidade 4, a satisfação do cliente é invisível — está sempre presente. Os clientes aprendem simplesmente a dá-la como certa.

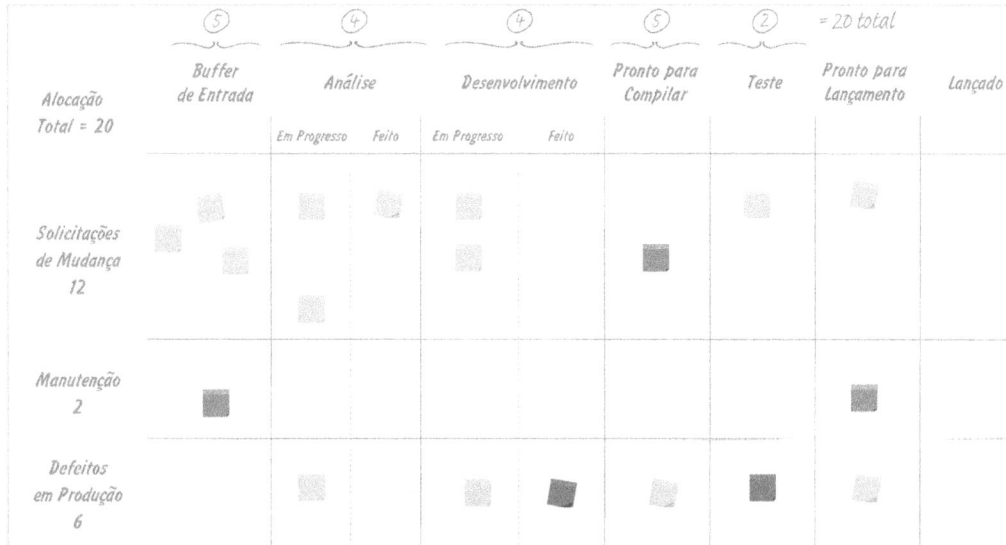

Figura 13.6 Quadro de fluxo de trabalho multisserviços com estratégia de alocação de capacidade para proteção contra riscos implementada por tipo de item de trabalho (Nível de Maturidade 4)

Nível de Maturidade 5 — Líder de Mercado

Nível de Maturidade 5	Líder de Mercado
Caracterização	Simplesmente o melhor
Liderança	Perfeccionista implacável
Traços de Caráter do Líder	Humildade
Valores Culturais	Igualdade de oportunidades, experimentação, perfeccionismo, mobilidade social
Serviço	O melhor do mercado por região geográfica, idioma, região étnica/cultural ou por setor de negócios, indústria vertical ou tecnologia
Processo	O melhor projeto. A melhor implementação. A melhor prestação de serviços e experiência do cliente.
Experiência do Cliente	Os clientes se vangloriam dos produtos e serviços e os defendem, apresentando a outros de forma proativa.

Este restaurante é agora amplamente considerado o melhor de toda a região metropolitana. Os moradores se gabam disso para os visitantes. Eles insistem que experimentar o jantar no local ou a pizza gourmet entregue em casa é um rito de passagem necessário. Suas pizzas são excelentes em design — têm o melhor cardápio; implementação — sua massa e crosta são lendárias e sempre assadas com perfeição; e seu serviço de entrega é incomparável — eficaz, com atendentes educados, bem treinados e uniformizados que garantem que sua pizza chegue sempre em perfeitas condições.

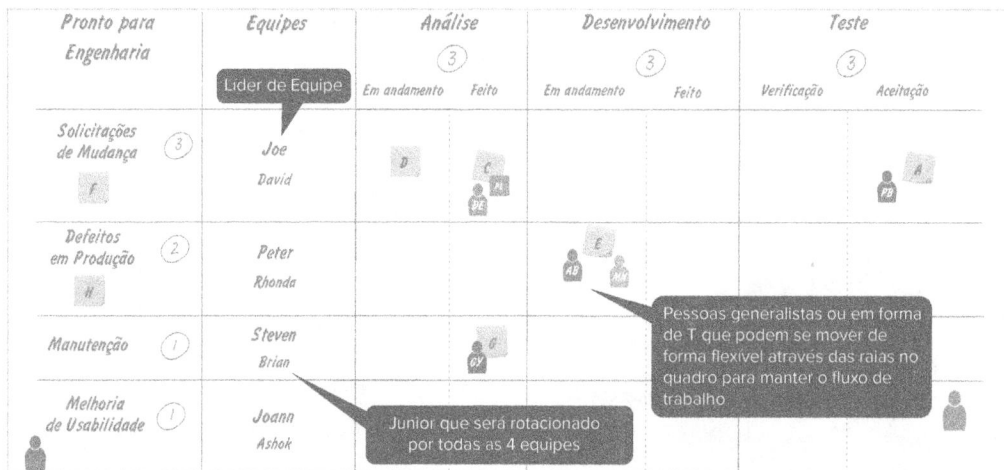

Figura 13.7 Quadro implementando uma estratégia sofisticada de liquidez de pool de mão de obra, além de um fluxo de trabalho multisserviços co1wfm proteção contra riscos (Nível de Maturidade 5)

Nível de Maturidade 6 — Construído para Durar

Nível de Maturidade 6	Construído para Durar
Caracterização	Reinvenção Gerenciada
Liderança	Hacker cultural e gerente de identidade
Traços de Caráter do Líder	Senso de dever
Valores Culturais	Congruência, sobrevivência a longo prazo, tolerância e diversidade
Serviço	Ao enfrentar um evento de extinção ou disrupção por novas tecnologias, a liderança pensa profundamente sobre a identidade e o propósito do negócio e a motivação principal para a sua existência continuada.
Processo	Reinvenção por movimentos laterais ou adjacentes, amplificando capacidades existentes, adotando uma nova identidade ou uma mudança de propósito. Requer uma compreensão sólida de quem são como empresa, por que existem e o que os faz felizes e proporciona realização.
Experiência do Cliente	É a mesma marca com valores similares, mesmos elevados níveis de serviço, mas é nova, com produtos e serviços diferentes; reconhecível, familiar e, ainda, nova e diferente. A fidelidade do cliente permanece.

A rede de restaurantes foi fechada devido à pandemia de Covid-19. Consequentemente, diante de um evento de nível de extinção, o proprietário pensa profundamente sobre a identidade e o propósito do negócio e sobre a sua motivação principal para iniciá-lo. Ele conclui que existe para entregar pizzas gourmet exóticas com ingredientes frescos, locais e orgânicos da mais alta qualidade sobre a melhor base, com crosta feita de massa fresca e de fermentação viva. Porém, ele percebe que o modelo de entrega pode mudar.

À medida que muitos outros restaurantes na grande área metropolitana se reinventam como mercados gourmet e delicatessens, ele decide que simplesmente não pode seguir o seu exemplo. No entanto, talvez lhe proporcionem um novo canal de distribuição. Talvez ele possa fazer parceria com eles para distribuir pizza?

Ele decide reinventar o negócio, fazendo kits de pizza gourmet. Cada kit contém massa fresca e ingredientes para uma experiência adorável e saborosa de pizza gourmet caseira.

Não é um negócio totalmente novo, mas sim uma reinvenção de quem eles já são. Eles passam a fornecer seus kits de pizza para levar para casa a esses novos mercados. Eles gravam um vídeo do *sous-chef* demonstrando como jogar a massa para fazer a base, como espalhar os recheios e como acertar o forno para assar a pizza com perfeição. Seus kits de pizza altamente perecíveis e com ingredientes totalmente frescos não devem ser armazenados; eles devem ser usados dentro de dois dias após a compra.

Com uma sólida compreensão de quem são, por que existem e o que os deixa felizes e proporciona satisfação ao fazer negócios, a rede muda a direção e se reinventa com sucesso como a marca premium favorita do país de pizza gourmet para fazer em casa.

Arquitetura do Modelo de Maturidade Kanban

A arquitetura KMM define os relacionamentos fundamentais entre os três pilares do modelo. A Figura 13.8 na próxima página fornece uma visão geral da arquitetura do KMM. Na maior parte, a arquitetura forma uma matriz bidimensional com a cultura organizacional e as práticas gerais mapeadas nas colunas e os sete níveis de maturidade organizacional mapeados nas linhas. Cada célula da tabela contém valores culturais específicos para um determinado nível ou práticas kanban específicas, mapeadas para uma prática geral e um nível de maturidade.

Os três componentes principais — Cultura, Práticas Kanban e Resultados — são mostrados em três áreas adjacentes. O eixo vertical da arquitetura traça os níveis de maturidade organizacional.

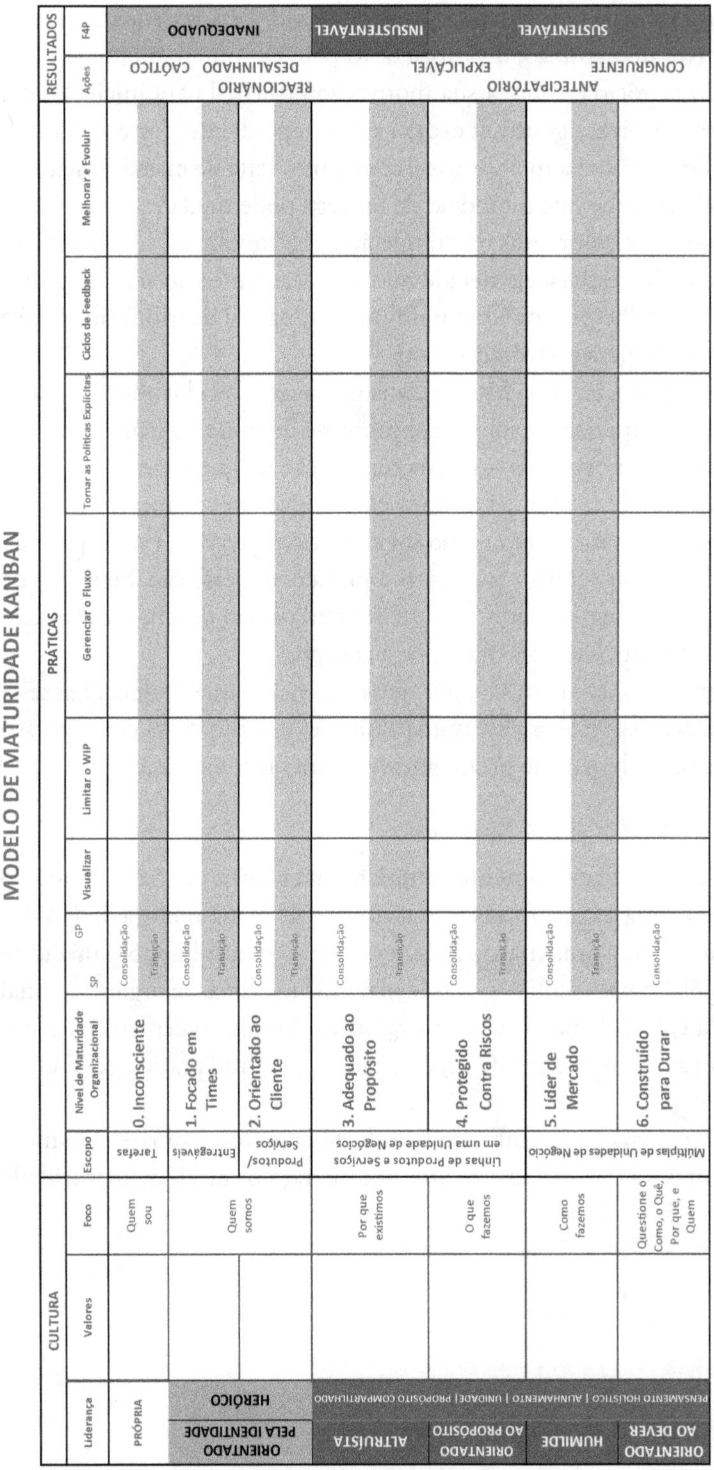

MODELO DE MATURIDADE KANBAN

	CULTURA				Nível de Maturidade Organizacional	SP	GP	PRÁTICAS						RESULTADOS	
	Liderança	Valores	Foco	Escopo				Visualizar	Limitar o WIP	Gerenciar o Fluxo	Tornar as Políticas Explícitas	Ciclos de Feedback	Melhorar e Evoluir	Ações	F4P
	PRÓPRIA		Quem sou	Tarefas	0. Inconsciente	Consolidação	Consolidação							DESALINHADO CAÓTICO / REACIONÁRIO	INADEQUADO
	HERÓICO		Quem somos	Entregáveis	1. Focado em Times	Consolidação	Transição								
ORIENTADO PELA IDENTIDADE				Produtos/Serviços	2. Orientado ao Cliente	Consolidação	Transição								
ALTRUÍSTA			Por que existimos	Serviços em uma Unidade de Negócios	3. Adequado ao Propósito	Consolidação	Transição							EXPLICÁVEL / ANTECIPATÓRIO	INSUSTENTÁVEL
ORIENTADO AO PROPÓSITO			O que fazemos	Linhas de Produtos e Serviços	4. Protegido Contra Riscos	Consolidação	Transição								
HUMILDE			Como fazemos	Múltiplas de Unidades de Negócio	5. Líder de Mercado	Consolidação	Transição							CONGRUENTE / ANTECIPATÓRIO	SUSTENTÁVEL
ORIENTADO AO DEVER			Questione o Como, o Quê, Por que, e Quem		6. Construído para Durar	Consolidação									

PENSAMENTO HOLÍSTICO | ALINHAMENTO | UNIDADE | PROPÓSITO COMPARTILHADO

Figura 13.8 Arquitetura do KMM

Práticas Específicas

Cada uma das práticas gerais do Kanban pode ser implementada com uma ou mais práticas específicas. Essas práticas podem ter níveis variados de fidelidade, o que geralmente está relacionado à profundidade da maturidade organizacional. Portanto, o nome e o número de uma prática específica refletem tanto a sua fidelidade como a profundidade da maturidade da organização que implementa a prática.

Por exemplo, **Implementar Ciclos de Feedback** tem as seguintes práticas específicas:

* FL2.1 Realizar reunião interna de reabastecimento do fluxo de trabalho.
* FL3.1 Realizar reunião de reabastecimento.

Na verdade, essas são apenas duas versões da mesma prática com fidelidades diferentes.

O foco do FL2.1 é interno e os participantes tendem a ser os trabalhadores envolvidos no fluxo de trabalho ou processo de entrega de serviços. A seleção de novos trabalhos é determinada pelos trabalhadores, que puxam de alguma lista de pendências predefinida. Isto é típico de organizações que operam no Nível de Maturidade 2.

Com FL3.1, a reunião agora inclui clientes, e a seleção é geralmente feita pelos clientes ou por consenso de todos os stakeholders presentes. O objetivo da reunião é o mesmo, independentemente da implementação, mas no nível mais profundo de maturidade há um reconhecimento de que existem clientes, existem riscos que devem ser geridos e que as expectativas dos clientes devem ser satisfeitas. Ao incluir os clientes na reunião de reabastecimento do sistema e permitir que eles afetem o sequenciamento e a programação do trabalho através do sistema, o risco é empurrado para antes, para pessoas mais bem informadas para gerenciá-lo adequadamente. Assim, a gestão de riscos é melhorada e reconhecemos que a reunião de reabastecimento (FL3.1) é uma variação mais profunda e madura de uma reunião de reabastecimento de equipe interna (FL2.1). Isto reflete uma organização operando no Nível de Maturidade 3.

As práticas específicas definidas em cada nível de maturidade são derivadas de padrões observados em campo e estão associadas a organizações que exibem os comportamentos e resultados associados ao nível de maturidade correspondente.

Práticas de Transição e Consolidação

Para garantir uma evolução suave para uma organização, as práticas específicas dos Níveis de Maturidade 1 a 6 são organizadas em dois grandes grupos:

* Práticas de Transição
* Práticas de Consolidação

Quando uma organização aspira alcançar os resultados que caracterizam o próximo nível de maturidade, ela pode adicionar práticas de transição. Estas normalmente injetam um pouco de estresse na operação e agem para catalisar o processo de mudança evolucionária, conforme definido no modelo de mudança evolucionária. Enquanto houver motivação para alcançar os resultados definidos no nível seguinte, a adopção e implementação destas práticas deverá encontrar pouca ou nenhuma resistência.

As práticas de consolidação são práticas necessárias para alcançar os resultados que definem um nível de maturidade; contudo, uma organização de nível inferior tende a as resistir ou repelir, a menos que algum trabalho preparatório seja feito primeiro.

Evitando os Dois Modos de Falha Conhecidos com Kanban

Com cerca de quinze anos de observações e experiência em todo o mundo e em um amplo espectro de indústrias, dois padrões de falha, ou modos de falha, foram observados com a implementação do Método Kanban: o platô de falso cume e a extrapolação.

Um antecessor do Modelo de Maturidade Kanban (KMM) era conhecido como Estrutura de Avaliação de Profundidade do Kanban. Surgiu em 2012 e tinha como objetivo avaliar a adequação da adoção da prática Kanban mapeada para a prontidão organizacional. Houve amplo reconhecimento de que cada uma das seis práticas gerais poderia ser implementada com diferentes graus de fidelidade. Quando ocorreram falhas na adoção, isso geralmente ocorre em razão da escolha de práticas inapropriadas — sejam elas muito simplistas, falhando em levar a organização a um nível de desempenho maior, ou muito desafiadoras, resultando na resistência levando à falha na adoção.

A habilidade de coaching ou consultoria requerida era a de um treinador esportivo: conhecer o manual de práticas e ser capaz de mapeá-las de acordo com o nível de habilidade e capacidade existentes. O objetivo era estressar a organização apenas o suficiente para provocá-la a um nível maior de desempenho, mas não a esticar tanto ao ponto de quebrá-la, causando uma regressão a um nível mais baixo de desempenho. O KMM representa um avanço considerável em relação ao seu antecessor, codificando mais de 150 práticas específicas e as mapeando em relação os níveis de maturidade. Como consequência, fornece uma orientação extensiva sobre a adoção de práticas apropriadas, mas vai mais além em termos de compreensão da prontidão organizacional com um mapa muito mais completo da cultura organizacional, liderança e resultados de negócios observáveis.

Como uma ferramenta de coaching, quando usado corretamente, o KMM elimina esses dois modos de falha conhecidos. Usar o KMM para compreender a maturidade organizacional e como ela afeta a implementação do Kanban se tornou uma parte vital da prática de coaching Kanban.

Platô de Falso Cume

O platô de falso cume vem da arrogância de acreditar que, uma vez que uma organização já adotou o Kanban, ela já experimentou todos os seus benefícios. Normalmente, ouvimos uma reação como: "Fizemos Kanban! Ajudou-nos a [...]." Geralmente, a partir de uma iniciativa de baixo para cima, no chão de fábrica, eles listam algumas práticas, como o uso de quadros e alguns benefícios que desfrutaram e que mapeiam até o Nível de Maturidade 1, como:

- Alívio da sobrecarga e de um ambiente de trabalho estressante e abusivo
- Transparência aprimorada
- Colaboração aprimorada
- "Nos deu o que precisávamos"

Em parte, o Modelo de Maturidade Kanban existe para mostrar que essas adoções superficiais têm deixado muitos benefícios adicionais em jogo e que a organização pode levar o Kanban muito mais longe.

Extrapolação

A extrapolação geralmente resulta em adoção abortada. O problema está enraizado num plano de transição excessivamente ambicioso, muitas vezes para um design destinado a atingir o Nível de Maturidade 4 ou mesmo 5 numa organização que está atualmente no Nível de Maturidade 0 ou 1. O problema frequentemente se manifesta por causa do "cara mais inteligente da sala". Essa pessoa é um consultor ou coach que sente pressão psicológica ou social para mostrar seu conhecimento e experiência ou é simplesmente muito otimista e ambicioso demais. Ou pode haver um patrocinador ou executivo sênior que sofre de uma adoração exagerada por algo novo e brilhante — esse objeto metafórico e brilhante promete um nirvana de transformação mágica nos negócios. O nível de maturidade 4 parece muito atraente para os executivos, e eles podem estar impacientes para chegar lá.

Com qualquer um desses padrões, o consultor "o cara mais inteligente da sala" ou o executivo "obcecado pelo objeto brilhante", há pressão para abandonar a mudança evolucionária e, em vez disso, projetar uma solução elaborada, muitas vezes em grande escala, de Nível de Maturidade 4 e liderar uma iniciativa tradicional de mudança de gestão para instalar uma solução definitiva o mais rápido possível — para acelerar o alcance do Nível de Maturidade 4. Ironicamente, este é o comportamento de um líder de nível de maturidade 2. A maturidade organizacional está sempre limitada pela maturidade da liderança. Por isso, um esforço gerencial heroico e autoritário para chegar rapidamente ao Nível de Maturidade 4 está fadado ao fracasso. A iniciativa estressa a organização com muita rapidez. O que é necessário é desenvolver primeiro a maturidade da liderança. Com isso deveria vir o reconhecimento de que a mudança deve ser conduzida de forma incremental e evolutiva para ter sucesso — para sobreviver e prosperar.

Quando as práticas são muito avançadas para principiantes ou para organizações com imaturidade em cultura, comportamentos existentes ou práticas de apoio, o resultado é que as novas práticas simplesmente não perduram. Muitas vezes, as pessoas são incapazes de compreender o benefício. Por exemplo, se cada item de trabalho for uma tarefa, qual seria o objetivo da proteção contra riscos usando a alocação de capacidade de limites de WIP em itens de trabalho de diferentes tipos? Num mundo onde tudo é homogêneo, o conceito de proteção contra risco é incompreensível. Falar uma língua de Nível de Maturidade 4 em uma organização de Nível de Maturidade 1 é, literalmente, falar uma língua estranha.

Diz-se que quando os primeiros colonos europeus chegaram às costas da América do Norte, os nativos americanos "não conseguiam ver os navios."[47] Em vez disso, viram os barcos a remo com os quais um grupo visitante havia desembarcado. Eles entenderam o conceito de pequenos barcos, canoas, caiaques e similares. Eles não tinham noção do tamanho do oceano ou de que ele poderia ser navegado em grandes navios oceânicos. Embora os seus olhos pudessem ver estes navios no horizonte, talvez ancorados, não conseguiam processar o que viam — não conseguiam ver os navios. Um navio era incompreensível para eles. Seus cérebros não conseguiam entender o que seus olhos viam. Quando você usa conceitos avançados do modelo em um ambiente com um nível superficial de maturidade, você fala uma língua alienígena. Eles não conseguem ver os tipos de itens de trabalho, não conseguem ver os riscos, não têm noção dessas coisas e, portanto, não precisam visualizá-los ou distinguir os conceitos.

O Modelo de Maturidade Kanban também existe, em parte, para fornecer um roteiro e meios para interpretar e avaliar a maturidade organizacional e a disposição para qualquer prática específica de Kanban. Um coach competente pode usar o modelo como guia para sugerir os próximos passos certos e evitar as extrapolações. O objetivo é avançar incrementalmente, progredindo de forma duradoura e a cada pequena melhoria criar uma base nova na qual a próxima melhoria será construída.

---

47. Uma breve pesquisa na World Wide Web não produz nenhuma investigação acadêmica definitiva ou prova de que esta afirmação seja verdadeira. No entanto, Joseph Banks, documentando a viagem do capitão Cook à Austrália em 1770, regista a falta de reação dos povos da tribo aborígine ao navio Endeavour de Cook. Consequentemente, a história pode ter sido adaptada ou se tornado "conhecimento comum" aceito entre exploradores e emigrantes para o "Novo Mundo".

Resumo

- O Modelo de Maturidade Kanban (KMM) existe para ilustrar como os padrões de implementação Kanban e práticas específicas comumente usadas com o método são mapeados para diferentes níveis de maturidade organizacional.

- O KMM usa um modelo de maturidade organizacional de sete níveis. Os sete níveis são:
  - Inconsciente
  - Focado em Times
  - Orientado ao Cliente
  - Adequado ao Propósito
  - Protegido contra Riscos
  - Líder de Mercado
  - Construído para Durar

- É importante reconhecer que é a organização que amadurece. A implementação do Kanban reflete apenas a maturidade da organização, o que os seus colaboradores valorizam, o que lhes interessa e as informações de que necessitam para tomar decisões.

- A arquitetura do KMM consiste em mapear os valores culturais organizacionais e as práticas gerais em relação aos sete níveis de maturidade.

- As práticas do Kanban são agrupadas em subníveis dentro de um nível de maturidade. São classificadas como práticas de transição ou práticas de consolidação.
  - As práticas de transição ajudam a criar um impulso para longe de um equilíbrio confortável num nível de maturidade existente, ao mesmo tempo que introduzem stress suficiente para catalisar uma melhoria evolucionária.
  - As práticas de consolidação são necessárias para consolidar o comportamento e entregar os resultados para o próximo nível de maturidade. Estes muitas vezes encontram resistência e requerem alguma preparação e treinamento antes de sua adoção ser institucionalizada.

- Existem dois modos de falha comumente observados na implementação do Kanban:
  - Platô de Falso Cume
  - Extrapolação

- O Modelo de Maturidade Kanban fornece um roteiro claro que ilustra como as práticas do Kanban são mapeadas para níveis específicos de maturidade organizacional. Consequentemente, o KMM pode ser usado como uma ferramenta de coaching para evitar ambos os modos de falha.

14

Receita para o Sucesso

Um Roteiro de Liderança para o Amadurecimento
da sua Organização

Responsabilização: O Ingrediente Mágico

A partir do nosso trabalho de desenvolvimento do Modelo de Maturidade Kanban, estudamos os desafios de como e porque organizações têm dificuldades em adotar práticas que levam a melhorias. A cultura é muitas vezes citada como a principal razão pela qual as práticas sofreram resistência nas organizações. A cultura é o produto de comportamentos e ações, e estes são movidos por valores. Para mudar a cultura, você precisa liderar com valores. Para impulsionar a adoção de novos valores, você precisa de liderança. A falta de liderança é a razão central pela qual organizações lutam para melhorar suas capacidades e resultados.

A falta de liderança é explicada com desculpas tais quais: "a liderança é rara", "a liderança requer coragem e risco e, portanto, uma cultura de segurança psicológica. Como não temos segurança psicológica em nossa cultura...", "a liderança não cresce em árvores" ou "você não pode simplesmente estalar os dedos e inventar liderança". Há uma complacência resignada no sentido de que "as coisas nunca poderão melhorar — não temos liderança".

Embora o desenvolvimento de liderança seja um assunto profundo e desafiador — e um dos mais ignorados pelas organizações — você pode percorrer um longo caminho no sentido de catalisar atos de liderança em todos os níveis de uma organização ao responsabilizar pessoas. A responsabilização é o segredo para libertar a liderança latente em sua organização, impulsionando a mudança cultural, e em última análise para a adoção de práticas que melhorem a agilidade, resiliência, experiência do cliente e desempenho econômico.

Liderando uma Organização em Amadurecimento[48]

Essa orientação sobre liderança é destinada a impulsionar a responsabilização na sua organização, melhorar a confiança e o capital social, aumentar a cooperação entre unidades organizacionais e produzir as melhorias em agilidade, satisfação do cliente, resiliência e inovação que você tem procurado.

- Lidere com propósito
- Crie métricas centradas no cliente
- Implemente ciclos de feedback
- Mantenha as pessoas responsabilizadas
- Vejamos isso separadamente . . .

Lidere com Propósito

Defina metas que sejam significativas para o sucesso do seu negócio. Qual é a missão do seu negócio, da sua unidade de negócios, do seu projeto? Por que você existe como empresa? Qual é o seu propósito? Por que seus clientes vêm até você? Quais são as razões deles para selecionar você? Qual é o propósito deles? Que expectativas eles têm? E que resultados esperam? Você precisa de uma organização voltada para resultados. Defina os resultados que você espera e avalie seu desempenho em relação aos resultados esperados.

Todos devem compreender o propósito de seu trabalho e o resultado para o qual contribuem. Esses resultados devem ter significado para a missão do seu negócio e serem significativos para seus clientes — um cliente deve reconhecer os resultados você está buscando como algo que é valioso para ele.

Crie Métricas Centradas no Cliente

Dados o propósito e as expectativas de seus clientes, com o que eles se preocupam? Entrega pontual? Entrega rápida? Alta qualidade? Acessibilidade? Conveniência? Facilidade de uso? Escolha, opcionalidade, adaptabilidade ou reconfigurabilidade? Essas são as coisas comuns com as quais os clientes se preocupam. Com o que *seus* clientes se preocupam? Defina seus resultados esperados com base no que interessa aos seus clientes. Crie métricas que reflitam essas preocupações dos clientes. Procure atender às expectativas de seus clientes.

---

48. Gostaria de agradecer a Travis Birch, cujo artigo, "You don't need to reorg, you just need service-oriented managers" (Você não precisa reorganizar, você só precisa de gerentes orientados a serviços, em livre tradução), inspirou e influenciou a orientação sobre liderança no início deste capítulo. https://medium.com/@travisbirch/you-dont-need-a-reorg-you-just-need-service-oriented-managers-9710b31c9772

Junto com Alexei Zheglov, nosso livro, agora na terceira edição, *Fit for Purpose: Synthesizing Customer Experience and Strategy for Accelerated Business Results*[49] (em português — Fit for Purpose: Sintetizando a experiência do cliente com a estratégia para resultados de negócios acelerados) ensina como definir os objetivos certos e criar as métricas certas para impulsionar a mudança evolucionária desejada na sua organização — objetivos e métricas que alinham pessoas em todas as unidades organizacionais e impulsionam a cooperação necessária para atender às expectativas do cliente.

Implemente Ciclos de Feedback

As métricas são inúteis a menos que você reserve um tempo para refletir sobre elas — para comparar seus objetivos e as expectativas de seus clientes com sua capacidade e desempenho atuais. O Método Kanban prescreve várias dessas revisões que são projetadas para responsabilizar pessoas em diferentes níveis de uma organização por atingir as expectativas. São elas:

- Revisão de Fluxo/Revisão de Entrega de Serviço
- Revisão de Operações
- Revisão de Estratégia

Existem alguns outros mecanismos de feedback no Kanban que têm um papel secundário, mas ainda importante, a desempenhar na responsabilização:

- Reunião de Reabastecimento
- Reunião Kanban
- Reunião de Planejamento de Entrega
- Revisão de Riscos

Muitas das falhas que vejo nas organizações podem ser corrigidas medindo as coisas certas, implementando ciclos de feedback para refletir sobre as medições e métricas e responsabilizando as pessoas. Muitas vezes ouço: "Usamos o Ágil há anos, mas nossos clientes continuam reclamando que somos muito lentos e imprevisíveis".

Então, pergunto a eles,

"Você está acompanhando o lead time desde o compromisso do cliente até a entrega?"

"Não, nós não fazemos isso!"

"Você tem um ciclo de feedback — uma revisão ou retrospectiva onde você compara as expectativas do cliente com seus prazos de entrega?"

"Não, também não temos isso!"

"Os gerentes estão sendo responsabilizados por atender às expectativas dos clientes?"

"O que você quer dizer com isso, exatamente?"

49. Anderson, David J, e Alexei Zheglov. *Fit for Purpose: Synthesizing Customer Experience and Strategy for Accelerated Business Results*, 3 ed. Seattle: Blue Hole Press, 2023.

Esta fórmula simples de medir e relatar coisas que interessam aos clientes, implementar um mecanismo de feedback para refletir sobre sua capacidade atual e responsabilizar os gerentes resolverá a maioria dos problemas — você não precisa reorganizar e quase certamente não precisa de um framework ou metodologia Ágil para alcançá-lo. Simplesmente comece com o que você faz agora e faça algumas melhorias nos processos existentes.

Mantenha as Pessoas Responsabilizadas

Meus colegas do nosso escritório europeu em Bilbao me dizem que a "accountability" não pode ser traduzida para o espanhol, pois a tradução significa "a pessoa que é responsável por". Assim, responsabilidade e prestação de contas são a mesma coisa em espanhol, o que também acontece em português e geralmente na cultura latina. Comentários similares foram reportados em outras partes do mundo. O mesmo problema linguístico existe em alemão e em línguas eslavas como o russo e ucraniano. A responsabilização, ao que parece, é bastante difícil de comunicar em muitas línguas e em muitas culturas. Este problema requer apenas um breve pensamento para ser resolvido. Alguém que é responsável por fazer o trabalho, responsável pela atividade — até mesmo pela produção — não é o mesmo que alguém que é responsável pelo resultado. Esta é a essência da responsabilização — é a responsabilidade por um resultado. Para responsabilizar alguém, primeiro defina o resultado ou objetivo desejável e depois responsabilize alguém por alcançá-lo.

Para usar uma analogia ou metáfora de esporte: os jogadores de uma equipe são responsáveis por jogar uma partida e marcar gols, mas o gerente da equipe ou treinador principal é o responsável pelas vitórias e derrotas.

Sua organização precisa ser orientada para resultados. Lidere através da definição de resultados que estejam alinhados às necessidades do cliente e a missão do seu negócio. Defina resultados, meça e relate métricas que se alinhem com esses resultados, implemente ciclos de feedback para refletir sobre os resultados reais versus resultados desejados e responsabilize as pessoas, em todos os níveis na sua organização, por esses resultados.

Ação de Gestão para o Amadurecimento da sua Organização

Então, você herdou uma equipe, um departamento, uma unidade de produto, uma unidade de negócios, alguma organização empresarial encarregada de uma função, ou talvez uma vocação superior, um propósito ou missão. Está disfuncional e, você aprendeu, de baixa maturidade organizacional. Você gostaria de fazer a diferença rapidamente e produzir resultados tangíveis que permitam a todos acreditar que não apenas as coisas estão melhorando, mas que essas melhorias podem ser sustentadas. Você, assim como eu, já se encontrou nesta posição em sua carreira?

Você pode reconhecer que a receita de liderança acima levará tempo — a mudança evolucionária leva tempo; dar às suas métricas e aos seus ciclos de feedback tempo para funcionar requer paciência, e nem todos compartilham sua paciência e sua crença de que a responsabilização recém-descoberta é o tempero secreto que permitirá que a mágica aconteça e que as soluções certas surjam. Você deseja progredir rapidamente, mostrar algumas vitórias rápidas, mostrar um progresso tangível que irá construir confiança e reforçar a crença de que você está indo na direção certa.

Em 2010, o *Kanban* incluiu as seguintes seis etapas[50]:

- Foco na Qualidade
- Reduzir o Trabalho em Progresso (WIP)
- Entregar com Frequência
- Equilibrar Demanda e Capacidade
- Priorizar
- Atacar as Fontes de Variabilidade para Melhorar a Previsibilidade

Estes foram oferecidos em sequência de execução. Esta orientação antecedeu em muitos anos o KMM e, no entanto, é estranho como a sequência de passos, ou intervenções de gestão, refletem o modelo de maturidade. Com o benefício do KMM, poderemos modificar esta orientação, mas primeiro vamos considerar o que escrevi em 2010...

Implementando a Receita Original

Foco na Qualidade é o primeiro, pois está sob o controle e influência exclusivos de um gerente de função, como um gerente de desenvolvimento ou teste de software, ou do supervisor do gerente, com um título como Diretor de Engenharia. Analisando a lista, há gradualmente menos controle e mais colaboração necessária com outros grupos downstream e upstream até a etapa Priorizar. A priorização é, com razão, tarefa dos gestores de negócio, da função de marketing ou do cliente, e não da organização de prestação de serviços. A priorização normalmente não deve ser da competência de um gerente técnico ou de prestação de serviços. Infelizmente, é comum que a gestão de negócios abdique da sua responsabilidade e deixe que os gerentes de entrega no downstream priorizem o trabalho — e depois culpá-los por fazerem escolhas erradas.

Conforme discutido anteriormente, os sistemas kanban, os limites de WIP e o compromisso postergado empurram as decisões de gestão de risco para o upstream, para os gestores do negócio, onde eles pertencem. Atacar Fontes de Variabilidade para Melhorar a Previsibilidade é o último da lista porque mudanças comportamentais são necessárias para reduzir alguns tipos de variabilidade. Pedir às pessoas que mudem seu comportamento é difícil! Portanto, é melhor deixar o ataque à variabilidade de lado até que a mudança climática resulte de algum sucesso com as etapas anteriores. Às vezes é necessário abordar fontes de variabilidade para permitir algumas dessas etapas anteriores. O truque é escolher

---

50. Gostaria de agradecer a Donald Reinertsen, que me deu os dois primeiros e o último passos da receita, e como seu conselho de 2005, mencionado em seu Prefácio ao *Kanban*, resistiu ao teste do tempo.

fontes de variabilidade que exijam pouca mudança comportamental e possam ser prontamente aceitas.

Focar na qualidade é mais fácil porque é uma disciplina técnica que pode ser dirigida por um gerente de função. As outras etapas são mais desafiadoras porque dependem da concordância e colaboração de outras equipes. Elas exigem habilidades de articulação, negociação, psicologia, sociologia e inteligência emocional. É crucial construir um consenso em torno da necessidade de Equilibrar Demanda e Capacidade. Faz sentido ir atrás de coisas que estão diretamente sob seu controle e que você sabe que terão um efeito positivo no desempenho da sua organização e nos resultados de negócios que você entrega. "Limpe seu quintal antes de reclamar do vizinho" é uma expressão comumente usada no inglês americano. Antes de reclamar de problemas com outras pessoas ou de cooperação e colaboração, certifique-se de ter resolvido seus próprios assuntos e de que as coisas sob seu controle direto estão em boas condições.

É necessário desenvolver um nível maior de confiança com outras partes da organização para possibilitar as coisas mais difíceis. Construir e demonstrar software de alta qualidade com poucos defeitos aumenta a confiança. Lançar produtos de alta qualidade com regularidade gera ainda mais confiança. À medida que o nível de confiança aumenta, você, como gerente, ganha mais capital político. Isso permite passar para a próxima etapa da receita. Em última análise, sua equipe ganhará respeito suficiente para que você seja capaz de influenciar os donos de produtos, sua equipe de marketing e patrocinadores do negócio a mudarem seu comportamento e colaborarem para priorizar o trabalho mais valioso para o desenvolvimento. Vimos isso demonstrado no estudo de caso da Corbis descrito nos Capítulos 4 e 5.

Atacar fontes de variabilidade para melhorar a previsibilidade é difícil. Não deve ser realizado até que a equipe já esteja apresentando um desempenho mais maduro e bastante melhorado. As primeiras quatro etapas da receita terão um impacto significativo. Eles proporcionarão sucesso para você como novo gerente. No entanto, para criar verdadeiramente uma cultura de inovação e melhoria contínua, é necessário atacar as fontes de variabilidade nos seus processos e fluxos de trabalho. Assim, o passo final da receita é o crédito extra: é o passo que separa os líderes técnicos verdadeiramente excelentes dos gerentes meramente competentes.

Uma Retrospectiva da Receita de 2010

Revisitando o manuscrito de *Kanban* treze anos após sua publicação, eu esperava que não houvesse necessidade do capítulo Receita para o Sucesso. Alguns revisores do livro original comentaram que ele "não parecia se encaixar" com o resto do texto e não era realmente sobre Kanban. Parecia que eu o incluí simplesmente porque não havia outro lugar melhor para colocá-lo. Ou estava incluído no Kanban ou não veria a luz do dia. Portanto, parecia um candidato natural para deixar de fora deste livro. Em vez disso, recebeu uma promoção

— reescrito, ampliado e atualizado. Para entender o porquê, precisamos rever a receita em relação ao modelo de maturidade.

O alívio da sobrecarga — sobrecarga de indivíduos, equipes e fluxos de trabalho inteiros — é o tema dos Níveis de Maturidade 0, 1 e 2. Reduzir o trabalho em progresso para aliviar a sobrecarga também tem um efeito mágico na qualidade — é possível focar na qualidade justamente porque não há sobrecarga. Assim, as duas primeiras etapas da receita são mapeadas diretamente para os níveis de maturidade mais baixos.

"Entregar com Frequência" tem como objetivo construir confiança. A confiança e o capital social melhoram com a melhoria da maturidade, e o capital social obtido pode ser trocado pelo capital político necessário para mudar o comportamento para além da organização de prestação de serviços. Alcançar as mudanças necessárias para chegar ao Nível de Maturidade 3 exige que você construa confiança — melhorar a qualidade e entregar com frequência contribuirá para isso. Estes fornecem os alicerces que permitirão as discussões difíceis necessárias para equilibrar a demanda e a capacidade.

Para criar equilíbrio, você precisa a habilidade para refutar demanda, de dizer "não", sua organização precisa desenvolver uma disciplina de triagem. Você precisa ser capaz de dividir a demanda em três categorias: o que você fará agora; o que vai esperar para depois, e se for para depois, quando; e o que você não fará de jeito nenhum. Para negociar essas mudanças, você precisa da confiança que vem da entrega frequente e de alta qualidade. Se você conseguir fazer isso e alcançar esse equilíbrio, que alivia completamente da sobrecarga a entrega da sua organização, e você terá alcançado o Nível de Maturidade 3. Agora você deverá ser capaz de entregar com previsibilidade precisamente porque a sua capacidade não está sobrecarregada.

Uma vez que você tem uma capacidade de entrega confiável e previsível, o foco poderá mudar para a otimização do valor entregue por essa capacidade. Se torna importante fazer boas escolhas sobre o que trabalhar agora, o que deve esperar para mais tarde e o que não deve ser feito de jeito nenhum. A seleção, o sequenciamento e o agendamento do trabalho para começar tornam-se importantes quando sua capacidade de entrega é estável e previsível. A prioridade dada para fluir o trabalho que é iniciado — a sua classe de serviço — também é importante. Fazer essas coisas — fazer a triagem — selecionar, sequenciar e/ou programar o trabalho e alocar sua classe de serviço exige que você entenda o custo do atraso e seja capaz de usá-lo de forma eficaz para tomar decisões que otimizem a capacidade de entrega. Todas essas quatro disciplinas juntas são referidas em linguagem simples como "priorização". Vemos estas práticas emergirem no Nível de Maturidade 3 e se consolidarem no Nível de Maturidade 4 juntamente com outras estratégias de gestão de risco e proteção contra risco.

"Atacar Fontes de Variabilidade para Melhorar a Previsibilidade" é provavelmente mais importante do que reconheci em 2010. A versão de 2010 da receita associava a redução na variação às ideias de controle estatístico de processos e aos ensinamentos de W. Edwards

Deming. Foi uma estratégia de otimização. Normalmente podemos associar tais estratégias a organizações líderes de mercado, como Walmart ou Toyota. É para organizações que aspiram ao Nível de Maturidade 5.

A versão de 2010 usou a linguagem de Walter Shewhart, separando a variação em causas atribuíveis e causas aleatórias. A otimização é, com razão, a redução da variação de causa aleatória, o que Deming chamou de variação de causa comum. Requer mudanças nas práticas de trabalho, melhorias nos níveis de habilidade, novas ferramentas ou automação. É difícil de fazer e muitas vezes caro. É justamente o domínio de organizações de alta maturidade. No entanto, a eliminação da variação por causa atribuível é essencial para alcançar uma entrega previsível e o Nível de Maturidade 3. Assim, o ataque às fontes de variabilidade, se essas fontes forem impedimentos, bloqueadores, dependências e outras causas atribuíveis, precisa realmente de começar mais cedo. Precisa começar antes de podermos equilibrar a demanda com a capacidade. Devemos também reconhecer que a redução do trabalho em progresso (WIP) também é um meio de atacar a variação, já que o tamanho do lote, o estoque e as transferências de lote são fontes de variação por causa aleatória. Assim, a receita de 2010 era simplista em relação à variabilidade e a orientação poderia ter sido mais variada.

Então, como podemos reescrever a Receita para o Sucesso em 2023?

A Nova Receita para o Sucesso

Podemos deixar que o modelo de maturidade nos guie. As intervenções de gestão e as mudanças de comportamento introduzidas devem ser direcionadas para melhorar a maturidade organizacional:

* Foco na Qualidade
* Reduzir o Trabalho em Progresso (WIP)
* Foco no Fluxo
* Entregar com Frequência
* Melhorar a Previsibilidade (apare a cauda!)
* Desenvolver uma Disciplina de Triagem
* Foco no Custo do Atraso

Esta nova versão da receita é mapeada diretamente para o modelo de maturidade e levará você até o Nível de Maturidade 4. As práticas específicas do Kanban para habilitar cada uma dessas seis etapas estão descritas no volume 2, *Implementando Kanban* e no *Kanban Maturity Model*, segunda edição, também disponível on-line em kmm.plus.

Para completar a jornada até ao Nível de Maturidade 4, temos também que compreender como escalar e porque as abordagens existentes à escala empresarial de agilidade de negócios têm falhado.

Resumo

- A responsabilização é o "ingrediente mágico" que leva a implementações bem-sucedidas do Kanban.
- A falta de liderança está no cerne da razão pela qual as organizações lutam para melhorar as suas capacidades e resultados.
- Para impulsionar a responsabilização, melhorar a confiança e o capital social, aumentar a cooperação entre unidades organizacionais e produzir melhorias na agilidade, satisfação do cliente, resiliência e inovação:
  - Lidere com propósito
  - Crie métricas centradas no cliente
  - Implemente ciclos de feedback
  - Mantenha as pessoas responsabilizadas
- O Método Kanban prescreve ciclos de feedback projetados para responsabilizar as pessoas em diferentes níveis para atingir as expectativas:
  - Revisão de Fluxo/Revisão de Entrega de Serviço
  - Revisão de Operações
  - Revisão de Estratégia
  - Reunião de Reabastecimento
  - Reunião Kanban
  - Reunião de Planejamento de Entrega
  - Revisão de Riscos
- Guiadas pelo Modelo de Maturidade Kanban, as intervenções de gestão devem ser direcionadas para melhorar a maturidade organizacional. Para ter uma boa chance de atingir o Nível de Maturidade 4:
  - Foco na Qualidade
  - Reduzir o Trabalho em Progresso (WIP)
  - Foco no Fluxo
  - Entregar com Frequência
  - Melhorar a Previsibilidade (apare a cauda!)
  - Desenvolver uma Disciplina de Triagem
  - Foco no Custo do Atraso

15

A Tirania do Timebox Cada Vez Menor

Por que os Sistemas de Fluxo são Essenciais para a Agilidade
nos Negócios em Escala Empresarial

O fluxo contínuo de trabalho entregue através do uso de um sistema kanban têm vantagens significativas para permitir agilidade de negócios em escala empresarial em comparação com métodos Ágeis originais, como o Scrum. Eu chamo isso de cadências desacopladas do Kanban: a cadência de reabastecimento pode ser diferente dos lead times típicos de entrega de serviços, que por sua vez podem não estar relacionados à cadência de entrega do trabalho concluído. Com métodos Ágeis como o Scrum, esses três conceitos de reabastecimento, lead time de desenvolvimento e entrega são todos unidos em uma única cadência, um único bloco de tempo conhecido como sprint.

Timeboxes

Os métodos Ágeis de desenvolvimento de software, com uma exceção estranha[51] e há muito esquecida, usam incrementos de tempo fixo, muitas vezes erroneamente chamados de "iterações"[52]. No Scrum, um sprint é um período fixo de tempo com um escopo de trabalho definido e um

---

51. Feature-Driven Development (Desenvolvimento Orientado a Funcionalidades, em livre tradução), de Peter Coad e Jeff De Luca

52. A iteração implica que algo deve ser retrabalhado. Métodos iterativos em engenharia de software, como o Método Espiral de Barry Boehm, já existiam na literatura muito antes das metodologias Ágeis. Os métodos Ágeis usam desenvolvimento incremental, com cada parte do escopo sendo construída sobre a anterior, em vez de retrabalhar o que foi feito antes, e embora retrabalhar para melhorar a fidelidade da funcionalidade seja possível e viável com métodos ágeis, isso é incomum, especialmente com Scrum.

compromisso[53] de concluir esse escopo dentro dessa janela de tempo. Originalmente, o Scrum definia sprints de quatro semanas. Isso foi alterado posteriormente, por volta de 2004, para uma recomendação de sprints de duas semanas como padrão. Em geral, a agilidade é relacionada à frequência da interação com clientes ou gestores de negócios e à frequência de entregas. Assim, timeboxes menores permitem maior agilidade.

Lotes

A qualidade do software geralmente está relacionada ao tamanho do lote e ao tempo necessário para concluir um trabalho. A relação é conhecida por ser não-linear — a taxa de defeitos aumenta mais rapidamente e acelera à medida que o tamanho do lote ou o período de tempo aumentam. Consequentemente, lotes menores, concluídos em períodos de tempo mais curtos, levam a menos defeitos. Então, em teoria, pequenos lotes de trabalho são desejáveis.

Duas Maneiras de Restringir Pequenos Lotes de Trabalho: Timeboxes ou Restrições de WIP

Há duas maneiras de restringir o tamanho do lote de trabalho: restringir a quantidade de tempo disponível para realizar o trabalho, resultando na definição do escopo para um pequeno número de solicitações que podem ser concluídas no tempo determinado; ou simplesmente restringir o número de itens de trabalho, restringindo o tamanho do lote de solicitações, também conhecido como restrições WIP. Todos os métodos Ágeis convencionais usam timeboxes para restringir o tamanho do lote, delimitando o escopo do trabalho para caber no tempo disponível. Em vez disso, o Método Kanban adota restrições WIP para restringir diretamente o tamanho do lote.

Em pequena escala e com organizações de maturidade baixa, não importa muito qual destas duas estratégias você escolhe — ambas são eficazes. Scrum é uma metodologia muito boa para levar uma equipe do Nível de Maturidade 0 ao 1. No entanto, à medida que você escala sua ambição e o tamanho da organização, a estratégia de timebox falha. Com o objetivo de entregar consistentemente de acordo com a demanda do cliente dentro das expectativas desses mesmos clientes em escalas maiores, como uma unidade de produto de 150 pessoas ou maior, para uma unidade de negócios de 300 a 1.200 pessoas ou mais, você precisará amadurecer a organização para gerenciar riscos, gerenciar dependências e coordenar em escala. Você não pode simplesmente dimensionar a agilidade e a maturidade organizacional com timeboxes no nível da equipe. O restante deste capítulo explica por que não.

A Pressão por Timeboxes Mais Curtos

Como resultado de todas as vantagens de lotes menores — maior qualidade, interação mais frequente entre os clientes e a organização de entrega e ganhos potenciais da entrega

---

53. O Guia Scrum foi modificado para remover "compromisso" e substituí-lo por "previsão". Embora a maioria das organizações ainda utilize o termo "Compromisso do Sprint" e os clientes o interpretem como uma promessa, o guia oficial modificou-o para o que poderíamos considerar um "compromisso suave", um indicador em vez de uma promessa dura.

antecipada de trabalho valioso (também conhecido como evitar o custo de oportunidade do atraso), as organizações têm estado sob pressão para buscar sprints cada vez mais curtas. Fui convidado para fazer um discurso na conferência interna de uma conhecida empresa de cartão de crédito no Reino Unido. O vice-presidente da unidade de negócios fez um breve discurso de apresentação do evento antes de eu subir ao palco. Durante o discurso, ele elogiou a unidade de negócios de cerca de 400 pessoas por atingir a meta de entrega semanal de novos softwares. Embora os lançamentos semanais de novas funcionalidades fossem bons, ele afirmou que seu objetivo era que eles mudassem para lançamentos diários. Esta organização seguiu o framework Scrum. De acordo com o Guia do Scrum, ele é imutável. Se você abandonar o uso de uma prática, então não é Scrum. Então, se eles mantivessem o Scrum na escala de uma unidade de negócios de 400 pessoas enquanto perseguem a meta de entrega diária, que desafios enfrentariam?

Os Desafios de Timeboxes Mais Curtos

Aparentemente, timeboxes menores e, portanto, tamanhos de lote menores para o backlog da sprint, são uma coisa boa. No entanto, timeboxes menores criam três tipos de pressão que muitas vezes são difíceis de lidar e de ajustar. Primeiro, lotes menores exigem uma abordagem cada vez mais detalhada para análise e desenvolvimento de requisitos — a necessidade de escrever histórias de usuário cada vez mais refinadas que possam ser concluídas dentro da janela de tempo menor. Em segundo lugar, é necessária uma abordagem cada vez mais precisa de estimativa para que possa ser assumido um compromisso realista; com janelas de tempo menores, é necessária maior precisão na estimativa. Por fim, se uma parte do trabalho for afetada por dependências, essas dependências precisarão ser rastreadas e gerenciadas entre equipes e vários backlogs de sprint e, potencialmente, além dos limites do sprint. A falha em qualquer uma dessas três coisas faz com que a abordagem do timebox seja interrompida e falhe espetacularmente. A abordagem de timebox é inerentemente frágil em grande escala. Vamos examinar o porquê...

Análise de Requisitos

Desenvolver capacidade com uma técnica de análise de requisitos nova e (espera-se) melhor, projetada para fornecer granularidade para garantir que os itens de trabalho sejam suficientemente pequenos para caber perfeitamente em um timebox curto é difícil, mesmo quando você está confiante sobre qual técnica deve adotar. O desafio com sprints muito curtos é que ainda há, depois de mais de vinte anos de Ágil, pouca ou nenhuma orientação sólida sobre como escrever histórias de usuários consistentemente pequenas e refinadas. Mesmo que exista um bom método que sua equipe se sinta confortável em usá-lo, então (a) agora você tem muitas análises iniciais antes do planejamento do sprint e (b) você introduziu um problema de gerenciamento de dependência par a par ou pai-filho porque os requisitos de pequena escala podem não ser significativos para o cliente — eles podem não agregar valor. Isso significa que se um pequeno requisito tiver um relacionamento de pares com outros, todos eles deverão ser entregues juntos para liberar valor. Ou se esse pequeno requisito for um dos vários irmãos pertencentes a um requisito pai ou contêiner, somente a entrega do todo liberará valor. Esse desafio se torna especialmente grave quando você não consegue, devido a restrições de capacidade, selecionar todos os pares para a mesma sprint com a mesma equipe.

> A análise de granularidade fina de requisitos aliada a sprints curtas introduz um problema de gerenciamento de dependências nas metodologias Ágeis.

Alternativamente, na ausência de uma orientação forte sobre a análise de requisitos, a ansiedade em relação às sprints curtas leva a efeitos indesejáveis, como a divisão de histórias em unidades funcionais com base em atividades de descoberta de informações, como "história de arquitetura", "história de design", "história de desenvolvimento", "história de teste", onde o valor real do cliente agora pode abranger vários sprints, e as dependências par a par entre histórias entre sprints agora são um requisito de rastreamento. Este tipo de quebra vai contra o propósito dos timeboxes cada vez menores e cria uma falsa sensação de agilidade quando, na verdade, o valor e a qualidade do cliente não estão melhorando; talvez até o oposto seja verdadeiro. A falha em instrumentar e monitorar o lead time do cliente disfarça o problema, e as equipes Ágeis focadas localmente e apenas em si mesmas ignoram alegremente que não estão entregando valor ao cliente.

O conceito de "Design Sprint" (ou outra descoberta de informações semelhante, upstream e pré-compromisso) é agora reconhecido, e há aulas que ensinam os elementos exclusivos necessários em um design sprint. Não tenha ilusões, entretanto; design sprints são um antipadrão; elas são um indicador de que os incrementos com limite de tempo nos métodos ágeis são um beco sem saída — eles não são escaláveis! Para ser ágil, seguindo estritamente os métodos Ágeis de desenvolvimento de software, você precisa ser pequeno: equipes pequenas, produtos pequenos, base de código pequena. Para escalar com essa mesma abordagem, você precisa abandonar a agilidade e usar prazos muito maiores. Isso é exatamente o que observamos com o Scaled Agile Framework (SAFe) — prazos maiores, normalmente de três meses, conhecidos como incrementos de produto (ou PIs).

Estimativa

À medida que as sprints se tornam cada vez mais curtas, o desafio de saber se um item de trabalho pode ser concluído dentro do prazo torna-se cada vez mais importante. Consequentemente, nos últimos quinze a vinte anos, observei à distância como a comunidade Ágil buscou meios de estimar cada vez mais elaborados. Quanto menor o timebox, maior será o esforço antecipadamente para estimar se o trabalho se enquadrará no tempo disponível. Grandes estimativas iniciais são um anti-padrão que destrói o conceito de agilidade — você precisa estimar tudo em seu backlog primeiro para jogar algum jogo mágico de

Tetris tentando encaixar requisitos de formatos estranhos e refinados no backlog da sprint. À medida que reduzimos o timebox, aumentamos os custos econômicos (os custos de transação do planejamento da sprint) e diminuímos a eficiência das sprints. Não é Ágil e nem Lean.

Dependências

E se uma história em nosso backlog da sprint for bloqueada devido a uma dependência? Isso pode impedir que seja concluída no prazo. Consequentemente, quanto menor o timebox da sprint, maior será a necessidade de identificar dependências antecipadamente. Isso requer ainda mais análise dos itens ainda não comprometidos no backlog do produto. E se houver dependências? As metodologias Ágeis recorrem ao design organizacional para resolver isso — usando a mágica equipe multifuncional. A ideia é que simplesmente todos da equipe possam fazer tudo o que for necessário para produzir um produto de alta qualidade e, como consequência, nunca haverá dependências externas. Para qualquer empresa que aspire à liderança de mercado, isto nunca foi verdade — não se ganha nada com generalistas; vencer requer especialistas. Um pequeno grupo de generalistas de elite pode acontecer e acontece, mas, novamente, não tem escala. Você não contrata um departamento de TI com 500 pessoas, ou uma unidade de negócios com 600 pessoas, com generalistas de elite. Não é pragmático. Simplesmente não existe um conjunto adequado de mão de obra disponível e, mesmo que existisse, você provavelmente não conseguiria pagar por todos eles.

Muitas vezes, vejo organizações como aquela de um estudo de caso que uso regularmente em minhas aulas de treinamento: elas tinham cinco equipes de desenvolvimento, três administradores de banco de dados e dois designers de experiência do usuário. O que seria possível com essas restrições? Você poderia colocar duas pessoas de UX em cada uma das duas equipes e os três pessoas de base de dados nas outras três equipes. Como resultado, você tem duas equipes de front-end e três equipes de back-end. Agora, tente planejar os sprints de forma que essas equipes escolham apenas histórias de front-end ou back-end, mas, opa, agora você está desconectado da funcionalidade solicitada pelo cliente e criou dependências entre as histórias de seu front-end e seu back-end. Alternativamente, você aceita a verdade e usa os DBAs e o pessoal de UX como serviços compartilhados e, mais uma vez, você tem dependências.

As dependências são um fato da vida em todos os desenvolvimentos de software, exceto em escala muito pequena ou no desenvolvimento medíocre feito por generalistas diletantes. Se você estiver fazendo algo em escala, ou algo que aspire à liderança de mercado, você terá especialistas e terá dependências. O movimento Ágil tem negado essa verdade básica: para ser Ágil, você precisa aspirar a ser medíocre ou aceitar que não pode escalar!

Escala, Agilidade de Negócios e Timeboxes

Conforme mencionado anteriormente, a abordagem do Scaled Agile Framework (SAFe) para dependências consiste em reverter a agilidade e, em vez disso, usar prazos de três meses chamados incrementos de produto. Voltando o relógio efetivamente para 1994, uma grande abordagem de planeamento antecipado, envolvendo grandes análises e grandes estimativas antecipadas — e muita linha vermelha[54] — produz planos incrivelmente frágeis que provavelmente não sobreviverão às primeiras treze semanas pretendidas. Uma marca famosa da Alemanha tinha como hábito contratar uma arena esportiva em Frankfurt, antes da pandemia, e convidar cerca de 1.500 pessoas dos escritórios de toda a Europa para participar de um grande encontro de linha vermelha de três a cinco dias, uma vez por trimestre, a um custo de vários milhões de euros de cada vez. O Scaled Agile Framework e seus incrementos de produto e planejamento de PI simplesmente não são ágeis. Para lidar com os desafios e ansiedades dos agilistas em todos os lugares, isso lhes dá permissão para parar de serem Ágeis e, em vez disso, fazerem tudo em timeboxes trimestrais. Aumentar o timebox para três meses é uma solução simples e elegante, mas não é Ágil; em vez disso, é a antítese do Ágil e a antítese da motivação para o movimento de métodos leves do final da década de 1990 que evoluiu para o movimento Agile.

A Ansiedade de Gerenciamento de Dependências Está Enraizada na Restrição da Sprint

Se você quer ser Ágil além do nível de equipe, além no Nível de Maturidade 1 você precisará remover a restrição de timeboxes para controlar o tamanho do lote. Uma restrição de tempo é uma maneira fantástica de levar uma organização caótica da anarquia no Nível de Maturidade 0 para o controle e previsibilidade do Nível de Maturidade 1, mas acaba por aí. Sprints com restrição de tempo são um beco sem saída evolutivo. Você não pode escalar o Ágil usando sprints em timeboxes!

A resposta é focar na qualidade e nos prazos de entrega mais curtos, usando uma restrição de WIP ao invés de uma restrição de tempo. Das abordagens estabelecidas, bem documentadas e bem apoiadas com uma rede global de trainers, consultores e coaches, apenas o Método Kanban oferece esta receita. Para as organizações que estão com dificuldades para escalar o Ágil e entregar uma visão de agilidade de negócios em escala empresarial, o Método Kanban fornece uma abordagem focada na qualidade e na entrega rápida e frequente usando restrições de WIP em vez de restrições de tempo.

Deixando o Scrum para Trás: O Primeiro Passo em uma Jornada para a Agilidade nos Negócios em Grande Escala

Agora estou convencido de que o padrão mostrado na Figura 15.1 (tirado de *Kanban Maturity Model,* second edition, página 133) é um passo necessário para a agilidade em larga escala.

---

54. O Scaled Agile Framework recomenda a visualização de dependências usando uma linha vermelha para vincular os cartões de histórias ou funcionalidades separadas em um quadro visual, ilustrando o agendamento dessas histórias ou funcionalidades ao longo dos sprints com o prazo mais longo do incremento do produto.

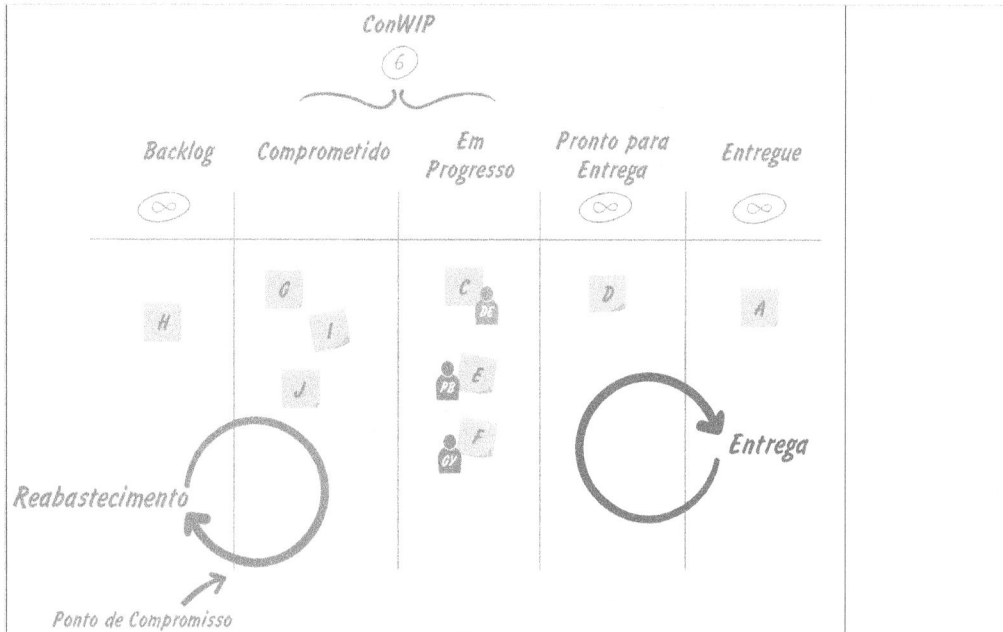

Figura 15.1 Quadro kanban de entrega com ponto de compromisso definido e WIP constante

Para cada equipe Scrum, deixe todo o resto de lado, mas remova o cronograma do sprint — as histórias, uma vez iniciadas, simplesmente não precisam terminar em duas semanas. Em vez de limitar o tempo, limite o WIP; use um limite de trabalho em progresso constante (CONWIP). Inicialmente, as cadências de reabastecimento e entrega podem permanecer sincronizadas com a cadência anterior do sprint. Eventualmente, é provável que você os ajustes às necessidades do domínio de negócios, ajustando-os para se adequarem aos custos de transação e coordenação da realização das reuniões e à taxa de chegada de novas informações que afetam a seleção, o sequenciamento, o agendamento e a prioridade. Este é o seu primeiro passo em uma jornada de mudança evolucionária longe do Scrum e o seu primeiro passo no caminho para a agilidade nos negócios em grande escala.

Alívio da Tirania do Timebox

Essa mudança de uma restrição de tempo para uma restrição de WIP liberta você da tirania do timebox e de suas três disfunções: análise antecipada, estimativa excessiva e dispendiosa e gerenciamento pesado de dependências.

Evite: Caberá no Timebox?

Se os itens de trabalho forem necessários, não importa o tempo que leve para concluí-los, não há necessidade de análise prévia para dividir os itens em itens menores, nem de rastrear dependências complicadas entre sprints ou entre equipes. Em vez disso, deixe que a divisão do trabalho aconteça naturalmente assim que houver compromisso de entrega com o trabalho. Acompanhe esse trabalho com um quadro kanban de duas camadas que usa zonas separadas e avatares para mostrar o envolvimento de serviços compartilhados.

Não há necessidade de esforços de estimativa e de análise prévia complicados, elaborados e grandes. Basta acompanhar o lead time histórico em seu fluxo de trabalho e usar o gráfico de distribuição de lead time para determinar a probabilidade de quanto tempo algo pode levar para ser concluído.

Evite: Será Atrasado Por Uma Dependência?

Se os itens de trabalho forem necessários, independentemente do tempo necessário para concluí-los, também não há necessidade de análise prévia para determinar a necessidade de especialistas ou conhecimentos, nem é necessário se reorganizar constantemente, buscando o nirvana da equipe multifuncional perfeita que nunca precisa de ajuda externa. Deixe que as dependências aconteçam à medida que você as descobre, cria visibilidade sobre elas e as rastreia ativamente. Use uma abordagem orientada a serviços e defina quadros (e sistemas) kanban de fluxo de trabalho que incentivem a cooperação entre funções. Não se reorganize em equipes multifuncionais nem tente eliminar dependências da arquitetura de seu produto; em vez disso, comece onde você está e aprenda a ser proficiente na coordenação de serviços compartilhados.

Uma Solução Geral para Gerenciamento de Dependências

Para buscar agilidade nos negócios em grande escala, abandone o uso de restrições de tempo para controlar o tamanho dos lotes e melhore a qualidade e o *time-to-market*. Em vez disso, use restrições WIP e adote serviços compartilhados por especialistas dentro da organização. Pare de reorganizar! Comece a fluir o trabalho em uma rede de serviços interdependentes!

Para ter uma solução geral verdadeiramente eficaz para a gestão de dependências[55], precisamos de compreender o custo de oportunidade do atraso. Precisamos compreender a urgência de um trabalho e como os atrasos de dependência irão afetá-lo. Precisamos entender minhas Epifanias da Milha Cinco.

---

55. A Kanban University lançou sua solução geral para gerenciamento de dependências como um pôster infográfico em formato PDF pronto para impressão, disponível em http://kmm.plus (https://www.mauvisoft.com/posters_download/). Você também pode encontrá-lo no Apêndice F do *Kanban Maturity Model*, 2 edição.

Resumo

* Separar o reabastecimento, o lead time de desenvolvimento e a entrega de um sprint com timebox usando um sistema kanban tem vantagens significativas para permitir agilidade de negócios em escala empresarial em comparação com métodos Ágeis originais, como Scrum.

* Tradicionalmente, o Scrum usava incrementos de tempo fixo (inicialmente quatro semanas, agora normalmente duas) para completar um escopo de trabalho definido.

* Restringir o tamanho do lote por meio de limites de WIP é mais eficaz do que fazê-lo com limites de tempo.

* Geralmente, o desenvolvimento de software usando pequenos lotes concluídos em curtos períodos leva a uma qualidade mais alta do que lotes maiores com timebox.

* Prazos mais curtos exigem análise detalhada de requisitos, maior precisão nas estimativas e, se houver dependências, pode ser difícil gerenciá-las entre equipes e além dos limites da sprint.

* A abordagem Scaled Agile Framework (SAFe) para gerenciar dependências usa timeboxes de três meses chamados incrementos de produto. Isso implica grandes análises e grandes estimativas prévias e produz planos frágeis que muitas vezes não sobrevivem às primeiras treze semanas pretendidas.

* Para obter agilidade de negócios em escala empresarial, o Método Kanban habilita entrega rápida, frequente e de alta qualidade usando restrições WIP, em vez de restrições de tempo e abrange uma rede de serviços interdependentes.

16

Epifanias da Milha Cinco
Gerenciamento de Dependências Autônomo e Ágil

Saí da garagem e engatei nos pedais da bicicleta. Quando virei para o norte pela estrada arterial, minha sombra ficou à minha frente. "Diga-nos como gerenciar dependências" ecoava na minha cabeça. Era 2015 e eu havia voltado recentemente de Barcelona, na Espanha, para o condado de Clallam, o condado mais a noroeste dos quarenta e oito estados mais baixos dos Estados Unidos. Eu estava visitando a eDreams Odigeo, empresa europeia de viagens on-line que rivaliza com a Expedia de Seattle. Eu estava ministrando workshops sobre Planejamento de Serviços Empresariais, dois deles, vinte e cinco pessoas cada vez, durante cinco dias inteiros. Trabalhando com os agentes de mudança internos da eDreams Odigeo, Peter Kerschbaumer e Ivan Font, solicitávamos feedback todas as noites depois das aulas; na manhã seguinte, analisaríamos o que aprendemos e depois ajustaríamos o cronograma, a agenda e o currículo, se necessário. Todas as manhãs a história era a mesma: "Contenos como gerenciar dependências".

Isso me frustrou.

Sempre achei que o Kanban havia sido projetado para, e era capaz de, escalar. Certamente, foi ampliado para uma unidade de produto composta por aproximadamente 150 pessoas — mostramos isso em 2007 na Corbis. Os conceitos poderiam ser levados ao tamanho de uma unidade de negócios de 300 a 1.200 pessoas — vimos isso nas implementações que ocorreram desde então, e em 2010 tivemos alguns exemplos notáveis, como na Petrobras no Rio de Janeiro. Em uma iniciativa liderada por Amanda Varella, uma unidade de negócios que fabrica cinco produtos de software para exploração de petróleo e análise de dados de pesquisas sísmicas, composta por cinco equipes de produtos e cinco serviços compartilhados, como design de interface de usuário, utilizou um total de dez sistemas kanban interdependentes atendendo cerca de 450 pessoas.

Como Escalar o Kanban: Faça Mais Dele!

A solução era simples. A maneira como você escala o Kanban é fazer mais dele: escale-o de uma forma orientada a serviços. Pense em termos de serviços; veja sua organização como uma rede de serviços interdependentes. Para cada nó dessa rede — cada serviço — "kanbanize-o", começando com princípios usando STATIK (a abordagem de pensamento sistêmico para implementar Kanban), um workshop que formalizamos com base na experiência emergente do mundo real que remonta àquele primeiro encontro com Dragos Dumitriu em 2004.

Para gerenciar dependências, utilize as áreas de espera para visualizar os tíquetes aguardando a devolução das solicitações dos dependentes. Cada sistema kanban consideraria outros "clientes" que lhe enviassem solicitações e projetaria o sistema kanban para lidar com a demanda desse "cliente" — suas solicitações, a taxa de chegada e o padrão de demanda ao longo do tempo. Assim, uma rede de sistemas kanban interdependentes pode ser naturalmente projetada para lidar graciosamente com as dependências, e cada sistema kanban pode agir de forma autônoma. Se o projeto de sistemas kanban individuais precisar de ajustes, e isso certamente acontecerá, os mecanismos de feedback em nível de rede — revisão de riscos e, mais importante, revisão de operações — fornecem a conexão evolutiva para adaptar e evoluir os nós da rede de modo que as solicitações dos clientes (de fora) possam fluir normalmente, em cascata através de uma rede de nós de serviço interdependentes, cada um utilizando seu próprio sistema kanban. É uma solução elegante e simples.

Frameworks de Escala — Insanidade Organizacional?

Fiquei frustrado com o fato de o mercado sentir a necessidade de frameworks de escala — conjuntos complicados de definições de processos. Parecia que o ego humano não conseguia lidar com a ideia de que problemas complicados e complexos são mais bem resolvidos com soluções simples e elegantes. "Se é tão simples, então devemos ser estúpidos, porque já temos lutado com este desafio há muitos anos." O ego humano parecia exigir uma solução grande, complicada e pesada para o problema — uma muleta para o ego frágil: "Ah, é tão difícil que precisa de uma estrutura tão grande e pesada para superar os desafios; não admira que o humilde e pequeno eu não consiga resolver isso sozinho."

Há outra explicação possível: o Kanban sempre exigiu que as pessoas assumissem responsabilidades e que pelo menos algumas delas fossem responsabilizadas pelos resultados. Numa rede de nós de serviços autônomos, que atuam com empoderamento, as pessoas em cada nó da rede precisam assumir responsabilidades, ser responsabilizadas e demonstrar atos de liderança. Com um framework de grande escala, é bastante fácil atribuir a culpa do fracasso a ele: ou não cumpriu as suas promessas ou a nossa organização não teve a liderança e a cultura para implementá-lo adequadamente. De qualquer forma, não é nossa culpa. A adoção do framework e o subsequente fracasso na produção dos resultados previstos é a distração das vítimas das circunstâncias. É o mundo da suposição: "Se ao menos…" nossas circunstâncias fossem diferentes, então [este framework] teria funcionado para nós. Faça um rodízio entre os consultores, os coaches Ágeis e a alta administração até que a memória institucional se perca, e então tente novamente.

Albert Einstein é erroneamente[56] creditado por ter dito, "A definição de insanidade é fazer a mesma coisa repetidamente e esperar um resultado diferente." Independentemente de quem disse isso, faz sentido. Nos últimos vinte anos, temos visto insanidade organizacional institucionalizada em muitas grandes empresas que tentaram escalar o Ágil, falharam em grande parte e, poucos anos depois, tentaram novamente. Um conhecido banco e empresa de cartões de crédito americano tentou cinco vezes ao longo de quinze anos escalar o Ágil; finalmente, em 2023, eles eliminaram 1.100 posições com cargos relacionados ao Ágil, como Scrum Master, Dono do Produto, Release Train Engineer (RTE) e similares. Essa redução representou 2% de sua força de trabalho total. Parecia que alguém no comando deste negócio de enorme sucesso havia recuperado a sanidade. A economia de custos é estimada em cerca de 250 milhões de dólares americanos por ano.

Práticas Existentes de Gerenciamento de Dependências no Kanban

Minha consciência voltou a se concentrar na estrada à frente: pedalei além da entrada do Parque Voice of America que levava ao Refúgio Nacional de Vida Selvagem de Dungeness e ao famoso Farol de New Dungeness, a cinco milhas de distância, no Estreito de San Juan de Fuca, no final da faixa de areia. Pulei do selim enquanto a bicicleta subia a colina e virava novamente para o norte, descendo em direção à orla.

Na manhã de sexta-feira da aula em Barcelona, modifiquei a agenda e inseri um novo exercício em sala de aula: "Identifique todas as formas que você aprendeu esta semana que podem ser usadas para gerenciar melhor as dependências". Fiz esse exercício na minha cabeça e eu calculei que devem existir ao menos quinze práticas:[57]

- Caixas de seleção nos tíquetes indicando necessidade de trabalho especializado
- Campos de data nos tíquetes indicando pontos de integração programados
- Decoradores nos tíquetes para indicar dependências de pares ou itens que precisam ser entregues juntos, representando um pacote coletivo de valor
- Linhas ou raias em quadros kanban para trabalhos de um tipo definido por sua origem — o sistema kanban solicitante

---

56. https://www.history.com/news/here-are-6-things-albert-einstein-never-said

57. Existem agora pelo menos 20 práticas reconhecidas no Método Kanban e no Planejamento de Serviços Empresariais para gerenciamento de dependências. Eles foram coletados em um pôster infográfico disponível para download gratuito em KMM. Plus. https://kmm.plus/en/book/kmm/dependency-management/

- Alocação de capacidade de kanban por linhas ou tipos de itens de trabalho
- O design de quadros Kanban que mostram dependências sequenciais fluindo da esquerda para a direita, de coluna para coluna
- Designs de quadro "dividir e agrupar" que mostram dependências de integração
- Projetos de quadro kanban de duas camadas para dependências pai-filho
- Mapeamento de serviços compartilhados para colunas em um quadro kanban de entrega de serviços; isto é, criar cópias de tíquetes que existem em uma coluna de um quadro pai e talvez fluam por diversas colunas de um quadro filho pertencente a um serviço compartilhado
- Área de espera em quadros para solicitações de dependentes aguardando atendimento em outro sistema
- Marcação de itens bloqueados com tíquetes de bloqueio
- Agrupar dados de bloqueadores — coleta e análise de tíquetes de bloqueadores para entender melhor os riscos associados às dependências
- Revisão de Riscos
- Revisão de Operações
- Planejamento de Entrega

Quinze práticas para gerenciamento de dependências em Kanban sem precisar pensar muito sobre isso. Fantástico! Caso encerrado! O Kanban já é escalável devido a sua arquitetura organizacional orientada a serviços e ao gerenciamento de dependências integrado. Infelizmente, o pessoal da eDreams Odigeo não ficou impressionado. Eles precisavam ser capazes de apontar para uma ou mais práticas específicas que transformariam o Kanban em Kanban em Escala Empresarial.

Eu estava desanimado. O vento mediterrâneo diminuiu minhas velas e eu voltei para Seattle me perguntando o que seria necessário para que o mundo Agile estivesse disposto a aceitar que o Kanban fosse um método eficaz para permitir agilidade nos negócios em grande escala.

Primeira Epifania: Sistemas de Reserva

Cheguei às falésias, mudando meu peso, a estrutura abaixo de mim inclinou-se para a direita e as rodas viraram para o leste na Marine Drive. Sentado bem acima da água, eu podia ver claramente sobre a ponta de areia, através do estreito, até a cidade de Victoria e a Ilha de Vancouver, no Canadá. À minha frente, orgulhosamente coberto de neve ao longe, o majestoso Monte Baker, no continente. Continuei pedalando pela pequena vila escavada de New Dungeness. Antes um pequeno porto próspero, as alterações aos regulamentos sobre a pesca do caranguejo tinham fechado o cais décadas antes, e as novas restrições de planeamento ao longo da costa fizeram com que lentamente o cais fosse devolvido à natureza. A maioria dos edifícios anteriormente comerciais na rua principal foram convertidos em residências. Passei pela antiga escola e pelo único negócio que restava, uma loja agrícola que vendia produtos locais. Olhei para o relógio: doze minutos desde que saí de casa, quatro milhas no meu computador de bordo. Eu estava indo para o sul agora pela estrada Sequim-Dungeness, passando pelas fazendas de lavanda.

E então percebi! Essas pessoas vendiam passagens aéreas para ganhar a vida — elas entendiam os sistemas de reservas. Há anos que vimos sistemas de reservas usados com quadros Kanban. Talvez o primeiro exemplo tenha sido o "Top 10" da Posit Science, mas um sistema de reservas em estilo calendário foi documentado pela primeira vez na Finlândia[58] alguns anos depois. E percebi que tinha visto um na eDreams Odigeo. Não conseguia lembrar qual departamento ou quem era o gerente, mas lembrei de qual prédio do World Trade Center em Barcelona era, e que ficava no último andar. Eles tinham um sistema de reservas dividido em semanas do calendário (semelhante à Figura 16.1) e colocavam tíquetes neles, reservando efetivamente uma vaga para iniciar o trabalho naquela semana. Com esta descrição simples, a equipe da eDreams mais tarde rastreou até "Bianca" e um departamento financeiro — que não fazia parte do grupo de produtos, nem era essencial para a iniciativa de Planeamento de Serviços Empresariais em grande escala que Peter e Ivan estavam a liderar.

Sistemas de Reserva Dinâmicos

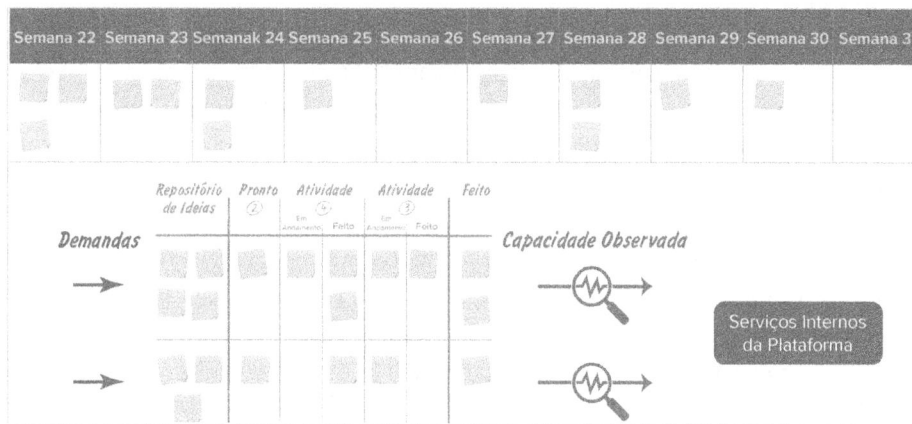

Figura 16.1 Quadro kanban do sistema de reservas

No entanto, isso por si só não foi suficiente. A indústria aérea já tinha há muito tempo uma solução para gerenciar dependências complexas — os sistemas de reservas não eram estáticos; eles eram dinâmicos. As companhias aéreas não apenas ofereceram diferentes

---

58. Quadro do sistema básico de reservas, relatado pela primeira vez por Sami Honkonen em 2011. https://www.slideshare.net/AGILEMinds/sami-honkonen-scheduling-work-in-kanban

classes de serviço, como classe executiva ou classe econômica para os assentos que vendiam em seus voos; elas também ofereceram historicamente diferentes classes de reserva.

Nos dias de glória das viagens aéreas, antes de existirem companhias aéreas de baixo custo, ainda era possível viajar com um orçamento modesto através da compra de um bilhete "stand-by". Bilhetes stand-by significavam que o viajante não tinha assento garantido em nenhum voo. Eles literalmente tinham que aguardar enquanto o voo embarcava e, se houvesse assentos disponíveis e não vendidos, eles poderiam embarcar. Isso só era possível com bagagem de mão — sem malas despachadas, pois não haveria tempo para acomodá-las antes da decolagem. Embora esta classe de reserva tenha praticamente desaparecido na era das viagens aéreas econômicas, ainda era utilizada para gerir dependências complexas. Os principais aeroportos centrais que frequentemente sofriam interrupções devido ao mau tempo, como o O'Hare (ORD) de Chicago, emitiam cartões de embarque stand-by para passageiros deslocados que perderam conexões devido ao pouso tardio do voo de chegada. A alta probabilidade era que os passageiros do próximo voo chegassem atrasados e, portanto, as vagas fossem liberadas. Isso permite que os passageiros em espera embarquem. Suas malas despachadas não viajariam com eles, mas existem soluções separadas para lidar com isso. Quando trabalhei para a Motorola no início dos anos 2000, a sua política de viagens corporativas insistia que os voos internacionais fizessem conexão por Chicago. Consequentemente, em várias ocasiões tive a experiência pessoal de ser remarcado, aguardar e ter minha bagagem atrasada chegando em Seattle no dia seguinte.

Me pareceu que um sistema de reservas dinâmico — um quadro adicional para filas de tíquetes, dividido por semana do calendário (ou outros intervalos de tempo), com capacidade baseada na taxa média de entrega do sistema kanban, e oferecendo diferentes classes de reserva — era a resposta ao gerenciamento de dependências em larga escala no Kanban. E onde melhor experimentar essa ideia do que uma empresa de viagens e sua unidade de produtos de passagens aéreas.

Ainda faltavam cinco milhas para o sul, contra o vento, até a cidade de Sequim e minha cafeteria favorita — um lugar conveniente para parar. Abaixei a cabeça, pedalei mais forte e deixei a ideia repetida dentro da minha cabeça. Quando cheguei à cafeteria, me sentei em um banco, encostei minha bicicleta nele, peguei meu iPhone, abri o aplicativo Notas e comecei a digitar vigorosamente.

Classes de Reserva

As companhias aéreas usam mais de duas classes de reserva. Viajando de avião dentro da Espanha, encontrei outro, o bilhete shuttle, oferecido pela Iberia entre Madrid (MAD) e Barcelona (BCN). Também ouvi dizer que uma colaboração entre a British Airways e a American Airlines estava oferecendo esses bilhetes entre Londres Heathrow (LHR) e Nova York John F. Kennedy (JFK). Um bilhete shuttle é completamente flexível e supera efetivamente um bilhete de primeira classe ou classe executiva. Os titulares de bilhetes shuttle não precisam de reserva para um voo específico. Eles simplesmente aparecem no aeroporto e pedem para embarcar no próximo voo, como se estivessem na fila de um ônibus.

Imagine um empresário que vive e trabalha em Barcelona, na costa do Mediterrâneo, com uma importante reunião de negócios em Madrid numa sexta-feira de manhã. A reunião envolverá negociações complicadas. Se tudo correr bem, tudo poderá ser concluído antes do almoço, mas se não for possível chegar a acordo, o acordo poderá passar para o almoço e prolongar-se até à tarde. Para se proteger desse risco, uma reserva de passagem em classe executiva pode ter partida de Barcelona às 8h e saída de Barcelona às 19h voo de volta à noite. Se a reunião terminar mais cedo, ainda será possível regressar ao aeroporto de Barajas e pedir gentilmente para embarcar num voo mais cedo. Mas é sexta-feira e os voos podem estar lotados. O que fazer? Bem, pague um pouco mais por um bilhete shuttle. Se tudo correr bem e a reunião terminar logo depois das 12h, é fácil pegar um táxi e chegar ao aeroporto vinte minutos depois. Apresente o bilhete shuttle no check-in e embarque no próximo voo. Volte a Barcelona com tempo suficiente para dirigir até o campo de golfe na Costa Brava e fazer uma rodada completa de dezoito buracos antes do anoitecer.

Assim, são comuns pelo menos três classes de reserva: reservas padrão que garantem um assento em um voo específico; reservas stand-by que não garantem um assento, a menos que haja capacidade não vendida; e bilhetes shuttle que garantem que você estará no próximo voo disponível, mesmo que tenha que tirar o lugar de outra pessoa para liberar espaço. Me pareceu que poderíamos replicar equivalentes dessas classes de reserva para criar um sistema sofisticado de reservas dinâmicas para implementações Kanban em larga escala, conforme mostrado na Tabela 16.1.

Tabela 16.1 Classes de Reserva

Classe de Reserva	Descrição
Garantido	Um item tem início garantido nesta data.
Reservado	Se houver capacidade disponível, este item será iniciado nesta data.
Standby	Se houver capacidade adicional disponível, este item será considerado para seleção em relação a outros itens do buffer de Pronto antes do compromisso. Será dada forte preferência. Se não for bem-sucedido, sua classe de reserva poderá ser elevada para Reservado na próxima oportunidade ou em uma subsequente.

Retorno Sobre Investimento não é Custo de Atraso

No verão seguinte, 2016, voltei para casa novamente — fora da temporada de treinamentos, conferências e trabalhos de consultoria em todo o mundo. No verão, meu treino constitucional diário regular era um circuito de trinta quilômetros no sentido horário de New Dungeness e Sequim, que eu gostava de chamar de "Tour de 98382" (em homenagem ao CEP do município de Sequim e do condado não incorporado ao redor). Na maior parte plano, geralmente era mais desafiador por causa dos incessantes ventos laterais; não importava a hora do dia ou o clima, a questão não era se estava ventando ou não, apenas em que direção o vento soprava. Era sensato manter reservas de energia, para o caso de as últimas cinco milhas precisarem ser enfrentadas, com o nariz no guidão em meio a um vento uivante.

O que estava em minha mente era o custo do atraso. Por alguns anos, desde a publicação de *Principles of Product Development Flow* de Donald Reinertsen e o surgimento do *Scaled Agile Framework* (SAFe), houve um foco considerável na comunidade no algoritmo *Weighted Shortest Job First* (WSJF) para "calcular" o custo de atraso e usá-lo para priorizar — sequenciar, programar e selecionar — o trabalho. A versão de Reinertsen desta equação

$$\frac{\text{Lucros Vitalícios Totais}}{\text{Duração}}$$

foi alterada pelo pessoal do *Scaled Agile* para algo quase irreconhecível. No entanto, ambas as versões pareciam erradas para mim: elas simplesmente não correspondiam ao custo dos esboços de função de atraso que desenhei em 2009 e adotei pela primeira vez na Posit Science. A observação do próprio Reinertsen durante a sua visita à Corbis em 2007 — de que as nossas classes de serviço eram impulsionadas pelo custo do atraso — parecia, portanto, estar em desacordo com a ideia de que o WSJF era a forma correta de medir o custo do atraso.

Além disso, eu estava desconfortável com a linguagem, a álgebra e a geometria. O custo do atraso implica que o custo, talvez o custo de oportunidade, deve ser o numerador e o atraso o denominador. Em vez disso, tínhamos lucros totais ou valor como numerador e duração como denominador. Embora o atraso e a duração sejam denominados em unidades de tempo, eles não são iguais. A álgebra não correspondia e, se você a desenhasse como uma função, os rótulos nos eixos x e y também não correspondiam. Em que circunstâncias a duração foi igual ao atraso? Em que circunstâncias o lead time representaria atraso? Para que o lead time seja equivalente ao atraso, um item em andamento precisa bloquear o início de outro item. Para que isso seja verdade, o limite de WIP precisa ser um.

WSJF também parecia errado. As pessoas argumentavam que o lead time não era duração. A implicação era que apenas o esforço, o tempo de trabalho com valor agregado, contribuía para a duração. Parecia que a duração era, na verdade, apenas um indicador do custo — e os lucros totais ao longo da vida eram um indicador do valor. Se isso fosse verdade, então o que realmente tínhamos era

$$\frac{\text{Valor}}{\text{Custo}}$$

e esta é a equação para o Retorno sobre Investimento (ROI). Como observamos no Microsoft XIT logo na primeira implementação do Kanban, o ROI não é o custo do atraso. Se você selecionar o trabalho com base no custo do atraso, ele será realizado em uma sequência diferente do trabalho priorizado pelo retorno do investimento. O ROI não reflete a urgência de um item, apenas o seu benefício a longo prazo em comparação com o seu custo. A possível perda de benefício devido ao atraso não é considerada — o atraso simplesmente não é uma variável na equação.

Este conflito vinha me perturbando há vários anos e eu não conseguia encontrar uma explicação.

Segunda Epifania: Atraso é Igual a Cadência de Reabastecimento

E então me dei conta, assim que passei pela antiga escola em Dungeness: o atraso em um sistema kanban é equivalente à cadência de reabastecimento!

Em uma reunião de reabastecimento, escolhemos no que começar com base nos kanbans livres disponíveis. Ao escolher o que começar a partir de um conjunto de opções em nosso buffer de pronto, nós, por sua vez, escolhemos o que deixar para depois. Se decidirmos não iniciar algo na reunião de reabastecimento desta semana, teremos de esperar até a próxima semana antes de termos outra oportunidade de selecioná-lo. Em cada reunião de reabastecimento, o atraso em consideração é o atraso até à próxima reunião — normalmente uma semana.

Não controlamos quando os itens são concluídos. Nosso ponto de controle é a seleção, puxando um item para nosso sistema kanban — escolhendo iniciar o item. Os lead times seguem uma curva de distribuição de probabilidade. Então, começamos algo e será concluído dentro de uma janela de tempo expressa pela probabilidade. Portanto, a pergunta que deveríamos fazer é: "Qual é o custo provável do atraso em não iniciar um item?" Se não decidirmos iniciar um item hoje, nesta reunião de reabastecimento, que custo de oportunidade ou impacto poderemos sofrer no futuro se esperarmos para iniciar o item mais tarde?

Mais uma vez, enterrei o queixo no guidão e pedalei furiosamente na estrada Sequim-Dungeness até poder parar e registrar essa epifania como uma nota no meu telefone.

Descobrindo a Evidência Matemática para Curvas de Custo de Atraso Derivadas Empiricamente

Para calcular matematicamente o custo do atraso, precisávamos torcer a curva de distribuição de lead time com a curva do ciclo de vida de aquisição de valor para o item em questão. Não trivial! Este era o mundo da análise quantitativa avançada. Feio.

Fiquei obcecado com isso. Passei vários dias produzindo uma planilha com onze exemplos diferentes. Eu estava trabalhando nisso em casa e em bares, cafés e restaurantes locais. O que surgiu foi uma análise do provável custo do atraso ao iniciar com base em diferentes curvas de aquisição de valor do ciclo de vida, conforme mostrado na Figura 16.2. Essas curvas lembravam os esboços de 2009 e ficou claro que era possível agrupar conjuntos de curvas em quatro categorias.

Figura 16.2 Quatro zonas de função do PCdAI de classe de serviço

Tínhamos agora uma explicação matemática completa que validava as curvas utilizadas pela primeira vez com a Posit Science em 2009, e uma explicação da razão pela qual as quatro classes de serviço, e a nossa compreensão de como se relacionavam com o custo do atraso, tinham se revelado tão robustas ao longo de aproximadamente uma década. A matemática avançada combinava com a intuição. O que surgiu na Corbis em 2007 e foi refinado enquanto trabalhava no *Kanban* em 2009 forneceu uma técnica de gerenciamento de risco muito simples, porém poderosa — apenas quatro classes de serviço e quatro curvas de custo de atraso forneceram um sistema de classificação adequado para permitir um gerenciamento de risco sofisticado baseado na urgência.

Terceira Epifania: Classes de Gerenciamento de Dependências

No entanto, foi necessária uma terceira epifania para sintetizar as duas primeiras e produzir a solução completa para implementação em larga escala. A questão importante é "Como o custo do atraso em uma solicitação do cliente afeta o gerenciamento de dependências?" Já tínhamos classes de serviço sobre como um item deveria fluir através de um sistema kanban e classes de reserva sobre como esse item deveria ser tratado enquanto estava na fila e programado para iniciar; para completar a solução, precisávamos de classes de gerenciamento de dependências, também baseadas no custo do atraso, para determinar como um item deveria fluir pelos sistemas kanban e como as solicitações dependentes seriam transmitidas em cascata através de uma rede de sistemas kanban. Embora quatro dessas classes de gerenciamento de dependências, políticas baseadas nos quatro formatos de função de custo de atraso, pudessem ter sido suficientes, no final eu projetei seis. Decidi considerar o impacto das restrições fixas — datas que não podem ser alteradas. Isso produziu duas variantes para custo de atraso das classes standard e data fixa. A classe standard é dividida em duas, mapeando aproximadamente a maturidade baixa versus a maturidade mais alta, e o nível de confiança varia entre o cliente e a organização de entrega. Os prazos são frequentemente usados em organizações de baixa maturidade como alvos e estressores para motivar o comportamento. Era importante que meu modelo acomodasse essa realidade disfuncional. A classe de datas fixas também é dividida em duas, separando as restrições fixas — aquelas datas definitivas, como o Natal ou os prazos regulamentares — das funções meramente em crescimento muito acentuado, onde o impacto é severo durante um curto período.

Isto nos dá seis conjuntos de regras, ou uma política, com relação à gestão de dependências: regras sobre se precisamos fazer análises antecipadas para detectar dependências e pedidos em cascata assim como regras sobre se e como utilizar os nossos sistemas de reservas dinâmicas.

Agora eu tinha o que o pessoal da eDreams Odigeo exigia, um conjunto tangível de práticas que podemos apontar como a solução de expansão para o Kanban. Kanban em escala empresarial requer a capacidade de usar custos de atraso, sistemas de reserva dinâmicos com três classes de reserva, alocação de capacidade com base na taxa média de entrega do sistema kanban e seis classes de gerenciamento de dependência com base no custo de atraso e se uma restrição fixa adicional, um prazo final, está envolvida.

Se pudermos marcar uma solicitação recebida com a classe de serviço correta com base no custo do atraso, e soubermos se ela vem com uma restrição fixa para entrega, já sabemos o suficiente para permitir que ela e quaisquer solicitações em cascata fluam através de nossa rede de serviços interdependentes, cada nó agindo de forma autônoma usando regras simples (políticas) para a classe de serviço, a classe de reserva e a classe de gerenciamento de dependências (ver Tabela 16.2). Não há necessidade de controle centralizado.

Tabela 16.2 Seis Classes de Gerenciamento de Dependência

Classe de gerenciamento de dependências	Tíquete de Serviço Chamador	Tíquete de Serviço Chamado	Reserva de Serviço Chamador	Reserva de Serviço Chamado	Natureza do Gerenciamento de Dependências
1. Não Importa	Intangível	Intangível	Standby Opcional	Nenhuma	Sem gerenciamento de dependências; descoberta de dependência dinâmica e just-in-time.
2. Disponibilidade Confiável	Standard com SLE	Standard	Standby Opcional	Nenhuma	Descoberta de dependências dinâmica e just-in-time; alocação de capacidade no serviço chamado para garantir o serviço quando necessário.
3. Mitigação de Risco de Cauda	Standard com Prazo Final	Data Fixa	Reservada Opcional	Standby	Classe de reserva Standby (por precaução); descoberta de dependência dinâmica e just-in-time; use distribuição de lead time filtrada — presuma que existe dependência para determinar a data de início e a classe de serviço do tíquete de serviço chamador.
4. Data Fixa	Data Fixa	Data Fixa com início de alta prioridade	Reservada	Reservada	Detecção antecipada de dependências, com classe de reserva do tipo Reservada no serviço chamado; a definição de pronto requer uma análise antecipada e uma reserva de classe Reservada.
5. Garantida no Prazo	Data Fixa com tolerância zero para atraso	Data Fixa com início garantido	Garantida	Garantida	Detecção antecipada de dependências, com classe de reserva do tipo Garantida no serviço chamado; a definição de pronto requer uma análise antecipada e uma reserva de classe Garantida no serviço chamado.
6. Expedite	Expedite	Expedite	Nenhuma	Nenhuma	Sem gerenciamento de dependências; descoberta de dependência dinâmica; acelerar dependências quando descobertas.

O Pressuposto de Caudas Curtas

Tudo parece tão elegante, tão simples, tão compreensível. O que poderia dar errado? A realidade é que a maioria das organizações ainda não está pronta para implementar estas práticas que de outra forma seriam bastante simples. Existem alguns pressupostos embutidos em tudo o que descrevi neste capítulo. No fundo, o pressuposto principal é que a entrega de serviços é previsível e confiável, que as distribuições de lead time são de *cauda curta*[59] (ou seja, que lead times excepcionalmente longos são raramente ou nunca vistos) e que o uso da Lei de Little[60] é possível porque os conceitos de lead time médio e taxa média de entrega são conceitos significativos. A implicação é que a nossa rede de sistemas kanban interdependentes deve operar principalmente no Nível de Maturidade 3. O Nível de Maturidade 3, onde temos uma prestação de serviços confiável e previsível, implica que as nossas distribuições de lead times devem ser de cauda curta. É quase impossível entregar de forma consistente em relação às expectativas do cliente sem uma curva de lead time de cauda curta.

Portanto, para escalar de forma eficaz, precisamos amadurecer nossa organização. Para fazer isso, precisamos trabalhar a cultura — liderar com valores. Para ter sucesso em escala, precisamos de liderança adequada em todos os níveis. Precisamos de liderança em cada nó de serviço da nossa rede — liderança em cada sistema kanban. Você não escala instalando um framework. Você escala desenvolvendo e capacitando a liderança.

---

59. "Cauda curta" refere-se a uma curva de distribuição ou função que é de natureza superexponencial e seria agregada a um grande número de pontos de dados para uma distribuição amplamente Gaussiana. Implica que a cabeça e a cauda da curva são assintóticas em relação ao eixo x, enquanto o entendimento popular é que são curvas em forma de sino. Os dados distribuídos de forma gaussiana regredirão à média (a média aritmética) com um número modesto de pontos de dados. Nassim Taleb refere-se a esta classe de distribuições como "mediocristão" – por outras palavras, enfadonha e de baixo risco.

60. A Lei de Little é uma equação da teoria das filas que relaciona a taxa média de chegada ao trabalho em progresso médio e ao lead time médio. Pode ser usada para estimar o WIP de uma alocação de capacidade com base em um acordo para entregar trabalho a uma determinada taxa média. No entanto, depende da capacidade de calcular uma média significativa a partir de um conjunto modesto de pontos de dados. Isso só pode ser verdade quando a distribuição de lead time é de cauda curta.

Resumo

- ◆ Corbis e Petrobras são duas organizações que foram capazes de escalar o Kanban com até 450 pessoas usando sistemas kanban interdependentes.

- ◆ Para escalar o Kanban, faça mais dele!

- ◆ Os frameworks de larga escala geralmente não funcionaram bem, muitas vezes devido à falta de liderança.

- ◆ Kanban já tem ao menos quinze práticas que ajudam a gerenciar dependências.

- ◆ Um sistema de reserva dinâmico com diferentes classes de reserva pode ser usado para implementações Kanban em larga escala.

- ◆ Quatro classes de serviço e quatro curvas de custo de atraso forneceram um sistema de classificação adequado para permitir uma gestão sofisticada de riscos com base na urgência.

- ◆ Se a uma solicitação recebida for atribuída a classe de serviço correta com base no custo do atraso, e caso seja de conhecimento se ela tem uma restrição fixa para entrega, ela e quaisquer solicitações em cascata poderão fluir através de uma rede de serviços interdependentes. Cada nó atua de forma autônoma utilizando regras simples (políticas) para a classe de serviço, a classe de reserva e a classe de gerenciamento de dependências.

- ◆ Para que uma organização escale de forma eficaz, ela precisa ter um nível de maturidade que permita a liderança em todos os níveis.

17

Fora da Crise, Liderança

Para Aprender Como Escalar, Pergunte a um Empreendedor

Ainda estava escuro em Bilbao quando acordei na primeira segunda-feira de outubro de 2021. Meu telefone havia registrado três ligações da minha filha mais nova, aquela que conhecemos no Capítulo 1, com três meses de idade; agora ela tem 16. Nessa idade, eu só tinha notícias dela quando ela precisava de dinheiro ou havia uma emergência. Liguei para ela de volta.

"Mamãe está doente. Ela está na UTI[61] de um hospital em Oklahoma City."

"Espere. O que aconteceu?"

"Ela estava jogando um torneio de tênis — Nacional. Parece que ela desmaiou de exaustão no fim de semana. Ela está na UTI. Estamos a caminho do aeroporto agora. Temos um voo noturno para Dallas com conexão para OKC pela manhã."

Era bem antes da meia-noite de domingo em Seattle.

"Me ligue hoje à noite, do meu horário, depois de chegar ao hospital amanhã."

Eu estive me preparando para este dia por quinze anos, mas nada realmente prepara você.

Fiz algumas ligações e marquei uma consulta urgente com um tabelião[62] para a hora do almoço daquele dia para criar uma procuração. Depois de três anos morando na Espanha, construindo um histórico de

---

61. Unidade de Tratamento Intensivo.

62. Leitores compreenderão que na Europa tabeliões são advogados que se especializam em legislação administrativa e contratos. Tabeliões realizam a transferência de títulos de propriedade e preparam documentação legal para empréstimos bancários, hipotecas, contratos de trabalho, procurações e atividades similares.

crédito e uma relação de confiança com meu banco, e ao mesmo tempo procurando imóveis, recentemente tinha concordado em comprar uma propriedade rural de meados do século a vinte minutos de Bilbao. O contrato deveria ser concluído na semana seguinte.

Apenas uma semana antes, eu havia assinado os papéis para alugar um apartamento na Áustria, perto de nosso escritório e do local de nosso anual Retiro de Lideranças Kanban. De repente, muitos dramas da vida real estavam acontecendo ao mesmo tempo.

Meu agente de viagens me colocou no primeiro voo disponível saindo de Bilbao e de volta aos EUA, pela primeira vez desde o lockdown da pandemia de Covid-19, no começo de março de 2020. A viagem foi repleta de problemas. Meu voo saindo de Bilbao não pôde partir por causa do nevoeiro. Pegamos todos um ônibus para Santander, na província vizinha de Cantábria. Perdi minha conexão em Madrid e fui remarcado um dia depois. Esse voo foi posteriormente cancelado devido a problemas com a aeronave. Fui remarcado em um voo para Miami. Partiu com quase cinco horas de atraso. Perdi minha conexão para Oklahoma City e tive que passar a noite em Miami, remarcado para um voo antecipado passando por Dallas. Era hora do almoço de quinta-feira quando finalmente cheguei ao hospital em Oklahoma City. Ambas as minhas filhas estavam lá. A mais velha, que havia abandonado os estudos de medicina em Nova Orleans, assumiu o controle. Um dos residentes, muito impressionado, sussurrou para mim: "Ela está comandando o show a semana toda". As notícias dos médicos não eram animadoras.

Na semana seguinte, nos despedimos de minha esposa por 22 anos em uma cerimônia familiar privada em uma funerária em Oklahoma City. Eram os tempos da Covid. Grandes funerais eram ilegais. Levaria nove meses até que pudéssemos organizar uma cerimônia memorial adequada a todos os seus companheiros de equipe, amigos do clube de tênis, ex-colegas de enfermagem e colegas de classe, vizinhos de vinte anos e amigos de longa data da família para prestarem suas homenagens.

Às vezes você simplesmente não consegue controlar a quantidade de vida real que acontece de uma só vez. Você não pode escolher a quantidade de crises pessoais em andamento. Quando alguém morre de forma inesperada, há muita papelada para organizar. O luto não torna tudo mais fácil.

Voltei para Seattle com uma garota perturbada de dezesseis anos. Ela estava com raiva do mundo. Sua escola de ensino médio foi muito compreensiva. Enviei uma mensagem para a equipe de liderança da minha empresa: "Vou me afastar do trabalho por um período de tempo desconhecido. Vocês estão no comando"

"Entendido. Estamos no comando."

Comecei a tratar da papelada legal. A primeira tarefa era garantir que as luzes, literalmente, permanecessem acesas — que todas as contas da casa estivessem sendo pagas. Para controlar meu estresse, comecei a fazer longas caminhadas todas as manhãs e, enquanto estava em casa, deixava a TV ligada com conteúdo seguro e reconfortante: futebol, La Liga espanhola, qualquer coisa do Athletic Club ou Real Sociedad e Premier League inglesa,

Liverpool, Manchester United ou Arsenal. Para ser honesto, pouco importava quais times estavam jogando, estava tudo bem.

De Bilbao chegou a notícia de que os empreiteiros haviam se mudado para minha nova casa. A casa estava em condições muito piores do que se pensava[63]. A eletricidade era ilegal e insegura; o encanamento era velho, com vazamento e um cheiro péssimo. O sistema de água quente era inadequado — uma casa com cinco quartos e cinco banheiros tinha água quente suficiente para apenas dois chuveiros. As janelas de painel único, sem isolamento e com moldura de madeira (estado da arte em 1974) também precisariam ser substituídas. Eu concordei em comprar o lugar "como estava", e os proprietários literalmente foram embora, entregando as chaves depois de quarenta e oito anos, levando apenas alguns móveis preciosos. A notícia era que a casa acabaria sendo demolida, desmontada até a estrutura de concreto e totalmente reconstruída.

Eu sabia que precisaria de um bom conserto, mas não tinha ideia do quanto a manutenção adiada era agora urgente.

Eu era apenas o segundo dono. Os vendedores, um doce casal de idosos com quase oitenta anos, encomendaram a construção da casa no início da década de 1970, quando eram recém-casados. A mulher herdou a terra da avó. Eles contrataram um jovem arquiteto promissor. Mais tarde, ele se tornaria professor de arquitetura na Universidade do País Basco (UPV) e projetaria seu novo campus nos arredores de Bilbao. Ele teve uma carreira ilustre e tornou-se moderadamente famoso em nível nacional. Quando jovem, ele claramente experimentou esse projeto — escadas em espiral no exterior, típicas do estilo baronial escocês, e a era das Artes e Ofícios foi representada por vitrais no estilo Gaudí que devem ter sido feitos à mão em Barcelona, com uma moderna escadaria aberta de meados do século, de corredor único, no terraço sul. Isso saiu direto de um filme de James Bond da era Sean Connery. Era fácil imaginar Goldfinger em seu roupão de seda acolchoado e chinelos carregando um fofo gato persa aproveitando o sol da manhã enquanto descia os degraus em direção à piscina. "Ah, Sr. Bond, estávamos esperando por você!" Aparentemente, a escadaria, a escolha e a cor dos caminhos de pedra e outras características do paisagismo exterior tinham inspiração japonesa. A casa valia a pena restaurar. Só não agora. Foram crises pessoais demais. Eu estava no limite.

Foi feito um plano para tornar a casa habitável a curto prazo. Segura o suficiente. Funcional, principalmente. Não seque o cabelo enquanto a secadora estiver funcionando na cozinha. Esse tipo de coisas.

---

63. Os americanos que lerem isto ficarão intrigados com o fato de esses problemas não terem sido descobertos durante uma inspeção residencial antes do fechamento da troca de títulos de propriedade. Esta prática não é comum na Espanha ou, de um modo mais geral, na Europa. Embora seja possível, os vendedores provavelmente se sentirão insultados com a solicitação e dificilmente concederão acesso. Se pretende ter um imóvel em Espanha, não pode correr o risco de perder o negócio solicitando uma vistoria na habitação. Eu mitiguei alguns riscos ao pedir que meus arquitetos pudessem visitar a casa para considerar planos de decoração de interiores. Embora eu tenha pedido que procurassem problemas de infraestrutura, eles não conseguiram fazer uma inspeção detalhada.

Televisão Casa & Jardim

Eu estive em discussões contínuas sobre a casa com nossos arquitetos em Bilbao, que projetaram as reformas interiores de ambos os escritórios na cidade: o centro de treinamento da David J Anderson School of Management, na Gran Via, e o escritório do Mauvius Group Europe, a dois quarteirões de distância. Planos estavam sendo feitos para uma grande reforma em minha nova casa.

Comecei a assistir HGTV[64]. Deixava ligado, passando em segundo plano o dia todo, das 9h às 21h. Pensar em reformar minha casa na Espanha foi uma distração maravilhosa: sonhar acordado no paraíso, livre de advogados imobiliários, de call centers de bancos, seguradoras, papelada legal e uma adolescente de coração partido.

Foram os programas da HGTV que me deram minha epifania final sobre como escalar. Se você quiser aprender como escalar, pergunte a um empreendedor!

Foco na Qualidade

Tarek El Moussa é um investidor imobiliário no sul da Califórnia — Condado de Orange, principalmente. Tarek é especialista em comprar casas em estilo rancho atômico de meados do século, construídas nas décadas de 1950 ou 1960, que estão em más condições, muitas vezes inabitáveis, e depois renová-las com interiores modernos e elegantes. Ele as "entrega" a novos proprietários — geralmente obtendo lucro. Ele começou sozinho, aos vinte e poucos anos, quase sem dinheiro, morando na garagem de sua mãe para poder investir todo o seu dinheiro em seu negócio. Através de muito trabalho árduo e assumindo riscos de empreender, ele construiu um próspero negócio de investimento imobiliário e construção.

Por mais de dez anos, ele tem sido apresentador no HGTV, primeiro com sua primeira esposa, Christina, no *Reforma à Venda*, que durou dez temporadas e, mais recentemente, *Reformar para Vender*, agora em sua terceira temporada. A premissa do *Reformar para Vender* é que Tarek trabalhe com investidores imobiliários mais jovens e novatos. Ele lhes dá conselhos e os ajuda a ter sucesso. Seu foco, com seus aprendizes, desde o início, é sempre crescente. Se quiserem ter sucesso, precisam aprender como escalar.

A primeira regra de Tarek para expandir seu negócio é que você deve parar de cometer erros: você deve se concentrar na qualidade e acertar na primeira vez. Problemas de qualidade e retrabalhos necessários minam a confiança na sua marca e prejudicam a sua reputação. Reparar erros e problemas de qualidade custam tempo e, com o investimento imobiliário, existe um custo tangível de atraso. Se o investidor pediu dinheiro emprestado para financiar o projeto, então mais tempo significa mais juros pagos sobre o empréstimo, o que, por sua vez, reduz qualquer lucro que possa esperar obter mais tarde. Todo tempo perdido evitável acarreta um custo de oportunidade. Corrigir erros também aumenta os

---

64. HGTV é um canal de TV a cabo da Warner Brothers Discovery: Home & Garden Television. Fundada em 1992, foi a visão de um executivo da Scripps Networks. Muitos de seus programas ainda trazem avisos de direitos autorais da Scripps Networks.

custos e pode estourar o orçamento de reforma. A má qualidade e os atrasos subsequentes causados pelo retrabalho significam que a conclusão é imprevisível. Isto aumenta o risco e torna difícil saber quando colocar a casa à venda, organizar uma preparação com mobiliário e decoração bonitos e agendar visitas para atrair compradores e corretores imobiliários. A falta de previsibilidade, portanto, leva a um desempenho econômico ruim.

Conselho de Tarek: contrate ou desenvolva seu próprio pessoal competente que possa trabalhar sem supervisão. Pessoas boas custam mais caro. Isso economiza dinheiro a longo prazo. Concentre-se na qualidade e em acertar na primeira vez.

Aumentando a Resiliência

O cachorro da nossa família estava emigrando para morar comigo na Espanha. Ele zombou de mim: "Vocês, humanos, reclamam da vacinação contra a Covid, dos testes negativos, da papelada extra e da burocracia antes de voar. Tente ser um cachorro. É o triplo do esforço para nós e sempre foi assim." Ele estava certo. E não foram apenas vacinas; era a documentação da licença de exportação emitida pelo Departamento de Agricultura dos EUA. Coisas complicadas — você não pode solicitá-lo até dez dias antes da viagem, mas o SLA de processamento é de cinco a dez dias, e a papelada deve ser enviada por correio em ambas as direções. Fiz alguns telefonemas. Eles foram muito úteis. O conselho: "Envie por FedEx o pacote para nós durante a noite. Inclua dentro um envelope FedEx de devolução endereçado a você, pré-pago. Certifique-se de que toda a papelada esteja em ordem, com todos os carimbos do veterinário. Inclua um cheque para a taxa de processamento. Ficaremos atentos a isso. Compreendemos os desafios do prazo — todos que fazem isso enfrentam os mesmos problemas." Eu estava lidando com um serviço totalmente inadequado ao propósito. As pessoas dentro deste sistema, impotentes para afetá-lo, descobriram as melhores soluções alternativas. Felizmente, eu liguei para eles primeiro. Com o conselho de especialistas para agilizar tudo, recebi a papelada de volta três dias depois. Ufa!

A seguir seria a inspeção no aeroporto. Eu comprei uma caixa de voo recomendada para esta raça de spaniel. Exceto que, como minhas filhas me avisaram, "Ele é um pouco grande para sua raça, cerca de um quilo acima do peso e mais alto". Medindo a caixa novamente e lendo as diretrizes emitidas, desta vez pelas companhias aéreas, seria marginal — até o centímetro, se o deixariam ou não entrar no avião. Eu não poderia correr o risco. Então, fiz uma corrida louca em uma tarde de domingo, visitando pet shops em Seattle em busca de caixas de voo aprovadas pelo USDA no tamanho correto. Achei uma! Por sorte. Ainda estávamos no caminho certo. O cachorro voaria comigo para São Francisco. Pernoite lá e depois um voo para Londres, onde ele foi reservado para pernoitar no HARC (Heathrow Animal Reception Centre) — o hotel para animais de estimação do LHR. Esta estadia adicional em Londres significou mais uma camada de burocracia e papelada. Sendo o Reino Unido um arquipélago insular ao largo da Europa continental que se manteve livre da raiva, sempre teve as suas próprias regras estritas para animais de viagem. O cachorro zombou do meu passaporte europeu de vacinação Covid do País Basco e do meu teste PCR negativo: "Do que você está reclamando?"

Dois dias depois, junto com minha filha, que completaria dezessete anos nas férias, nos reencontramos em Bilbao. Sempre resiliente, o cão estava se adaptando ao seu novo lar e à sua nova vida.

Foi uma sorte ter me afastado do trabalho e ter conseguido deixar meu negócio em mãos competentes. Arrumar nossos assuntos familiares nos Estados Unidos estava se revelando um trabalho de tempo integral.

Saia de um Emprego

O segundo conselho de Tarek El Moussa pode ser mais facilmente parafraseado como "Você precisa sair de um emprego!" Se você está no banheiro, revestindo o chuveiro porque fazer isso sozinho economiza dinheiro, então, enquanto faz isso, você não pode ficar procurando o próximo negócio, a próxima propriedade para comprar, consertar e vender. Se você estiver fazendo o trabalho sozinho, seu negócio será pare, vá, pare e vá. Você perderá muitas oportunidades. Você não terá um fluxo suave. Seu fluxo de caixa será turbulento.

O que significa "sair de um emprego"?

No sentido mais simples, significa que você treinou seu substituto — que existe um plano de sucessão. É muito fácil parar por aí, e é muito fácil presumir que sair de um emprego leva ao desemprego — o aprendiz, presumivelmente mais jovem e mais barato, pode ocupar o seu lugar a um custo menor. Este é certamente um risco em organizações de menor maturidade — organizações que estão fadadas ao fracasso em grande escala. Sair de um emprego significa liberar seu tempo para assumir um escopo maior, uma responsabilidade maior e um trabalho mais desafiador ou que agrega mais valor. A recompensa por sair de um emprego em uma organização com maior maturidade deveria ser um novo emprego com desafios maiores.

Nos empregos modernos de serviços profissionais em indústrias de bens intangíveis, a maioria de nós "pensa para ganhar a vida", e muito do que fazemos é tomar decisões. Cada frase, cada parágrafo, cada capítulo deste livro envolveu muitas decisões — o valor está na tomada de decisão, não na digitação. A tecnologia de reconhecimento de voz pode digitar as palavras para mim, mas mesmo os motores de IA mais avançados não conseguem escrever este livro. Portanto, o desafio de sair do emprego é perguntar a si mesmo: "Quais das decisões que tenho que tomar poderiam ser automatizadas ou delegadas a outra pessoa? O que precisaria ser implementado para que eu pudesse confiar na automação ou na capacitação de outras pessoas para trabalhar de forma eficaz?"

Você sai do trabalho por meio da codificação do que faz. A liderança por meio de insight traz clareza a coisas que parecem complexas ou opacas. Sistemas simples de codificação, como as nossas quatro classes de serviço baseadas no custo do atraso, constituem a base para a delegação e a capacitação. Combiná-los em uma estrutura de decisão ajuda a tornar o processo de tomada de decisão repetível, previsível e confiável. Você sai do trabalho definindo processos e procedimentos, introduzindo mecanismos de feedback — freios e contrapesos para governar e orientar na sua ausência.

Você sai do trabalho desenvolvendo outros líderes, empoderando-os: se eles não têm confiança, dê-lhes um pouco — deixe-os praticar e ensaiar em um ambiente seguro. Incuta valores como altruísmo e serviço. Ensine aos seus líderes nascentes que, se quiserem ser confiáveis, respeitados, admirados e copiados, não pode ser tudo sobre eles; antes, deve estar a serviço dos outros. Comunique seus valores — torne-os explícitos. Avalie e recompense aqueles que seguem seus valores e respeitam sua cultura organizacional. Embora os produtos e os resultados sejam importantes, igualmente importantes são os meios para os produzi-los.

Siga o modelo de maturidade para guiá-lo — para orientar o que você faz para sair de um emprego — e para orientar como você desenvolve outras pessoas para fazer esse trabalho, para tomar decisões que você não precisará mais tomar sozinho.

Criando Robustez

Minha filha mais nova e a filha de Teodora Bozheva têm uma diferença de idade de apenas três meses. A família dela mora a cerca de dezesseis quilômetros de nós, na cidade litorânea de Sopela. As crianças não se viam desde antes da pandemia. Agora, pouco antes do Natal, marcaram um encontro na cidade vizinha de Algorta, perto da Pizzeria Toto. A família da Teodora conhece bem. Hoje uma rede com quatro locais, o restaurante original fica a apenas cinquenta metros do apartamento deles. Eles tinham uma tradição familiar de longa data de pedir pizza para viagem nas noites de sexta-feira. Teodora viu o fundador fazer crescer o negócio, desenvolvendo uma base de clientes fiéis que se entusiasmaram com a qualidade e o excelente serviço do Toto em Sopela. Os residentes de Sopela ficaram tão orgulhosos de ter um local tão bom que ficaram felizes em recomendá-lo a qualquer pessoa.

Encorajado pelo seu sucesso, o proprietário decidiu expandir, abrindo uma segunda localização em Algorta, a apenas três quilômetros (duas milhas) de distância, depois outra na cidade de Bilbao, e ainda outra na capital do País Basco, Vitoria-Gasteiz, a oitenta quilômetros (cinquenta milhas) de distância, na província vizinha de Alavés. No entanto, a expansão teve um preço. Quando a unidade de Algorta foi inaugurada, a qualidade e o serviço aos quais os seus clientes fiéis estavam habituados diminuíram. Quando o proprietário não estava presente em Sopela, erros eram cometidos, a qualidade era irregular e o serviço muitas vezes lento. Teodora podia aparecer para pegar um pedido de entrega e ele não estava pronto quando prometido, faltavam ingredientes ou o pedido errado foi atendido.

Na escala de apenas um local operado pelo proprietário, a qualidade e o serviço produziram resultados nos níveis de maturidade 3 e 4. Agora, isso havia retrocedido. As coisas continuavam boas nas noites em que o dono estava presente, mas fora isso Teodora e sua família aprenderam a evitar. Pediam pizza apenas nas noites em que o proprietário trabalhava na filial de Sopela. Como organização, a expansão causou uma regressão ao Nível de Maturidade 2. A expansão estava, na verdade, colocando o negócio principal em risco.

Escalar não foi apenas uma questão de encontrar e abrir novas instalações, contratar pessoal, fornecer-lhes menus e receitas e descobrir a logística, como encomendar ingredientes e suprimentos, como caixas; para escalar adequadamente, o proprietário teve que trabalhar para sair do emprego. O proprietário não poderia estar em dois, três ou quatro lugares ao mesmo tempo. Para escalar de forma eficaz, o papel do proprietário como chefe de cozinha e gerente teve que ser delegado a outra pessoa. Era necessário que houvesse representantes em cada filial, capazes de liderar exatamente como o proprietário e capazes de tomar as mesmas decisões em nível de filial que o proprietário normalmente tomaria por conta própria. Para seu crédito, ele superou isso. Ele desenvolveu pessoas de confiança para desempenhar seu papel quando ele não estava presente. A qualidade e o serviço melhoraram novamente, voltando ao mesmo nível de quando havia apenas um único local. Ele havia conseguido sair do emprego com sucesso. Ele delegou o foco na qualidade a outras pessoas. Escalar e abrir mais locais era agora uma questão de investimento de capital e de tempo para desenvolver líderes adequados em cada novo local. A rede Pizzeria Toto era robusta.

Minha filha mais nova decidiu voltar para Seattle e terminar o ensino médio nos EUA, ao invés de mudar para uma excelente Escola Americana de Bilbao. Mudar de escola no primeiro ano do ensino médio e adaptar-se à cultura e língua espanhola, era pedir muito. Quando as férias acabaram estávamos de volta a Seattle.

Despertar

"Qual seu nome?"

"Quantos anos você tem, David?"

"De onde você é?"

"Eu moro aqui. Tenho uma casa."

"Sim. Moro com minha filha."

Foi um sonho estranho. Bagunçado, confuso. Havia um Jeep rosa, ou talvez fosse um Toyota Landcruiser vermelho desbotado? Eu estava sendo entrevistado por um paramédico, falando com minha filha ao telefone, deitado de costas, andando em algum tipo de veículo no trânsito. Por que eu estava falando com meus filhos ao telefone?

"Olá, David, Sou o Dr. Chalmers. Você está no Pronto Socorro em Harbor View. Como se sente?"

"O que aconteceu?"

"Você foi atropelado por um carro atravessando a rua. Os paramédicos que te trouxeram disseram que foi um atropelamento e o condutor não prestou socorro. Você foi encontrado vagando na estrada, com sangue escorrendo de sua cabeça."

"Que horas são?"

"É por volta das 19h45."

Oito horas antes eu estava terminando minha caminhada matinal, atravessando a rodovia principal há apenas quatro quarteirões da casa de nossa família, por volta de 11h45. No estado de Washington, os pedestres têm prioridade nos cruzamentos; cada cruzamento é essencialmente uma faixa de pedestres. Lembrei-me de chegar ao canteiro central, ver dois carros acelerando excessivamente em uma zona de 40 km/h e deixá-los passar. Mais cinco carros subiam a rua, mas o primeiro deles teve tempo mais que suficiente para me ver, diminuir a velocidade e conceder o direito de passagem.

As outras oito horas seguintes estão faltando da minha memória. Aparentemente, eu estava semiconsciente, pelo menos por um tempo. Consegui falar com um policial e alguns paramédicos. Minha calça jeans estava manchada com a tinta rosa do veículo que me atropelou. Meses depois recebemos o boletim de ocorrência. Parece que dois minutos depois, na onda seguinte de carros vindos do semáforo, uma mulher que dirigia pela estrada principal, tentando ao máximo evitar alguém que ela pensava ser viciado em drogas ou alcoólatra no meio da estrada, me bateu de novo. Ela ligou para a emergência. Os paramédicos do caminhão de bombeiros chegaram ao local dois minutos depois. A polícia, seis minutos depois disso.

Os europeus que lerem isto ficarão incrédulos: um carro me atropelou, enquanto eu atravessava a rua e não parou, e pelo menos quatro carros que seguiram passagem. Na Europa, cada um deles (não apenas o condutor que atropelou e fugiu) teria cometido um crime. Nos Estados Unidos, ninguém se importa, ninguém quer se envolver, ninguém quer que seu dia ou sua vida sejam perturbados.

Tive sorte de estar vivo.

Houve uma série de acidentes desse tipo em torno de Seattle nos meses desde o fim do lockdown pandêmico. Um fluxo de pessoas de outros estados, desconhecendo as leis de trânsito do estado de Washington, trouxe muitas pessoas novas para a cidade. Uma campanha publicitária com o slogan *Slow the FLOCK down* ("Desacelera, rebanho", em livre tradução) educava os motoristas sobre as suas responsabilidades. O uso da palavra F não foi um acidente.

O lado direito do meu rosto foi esmagado — fraturado em três lugares. Eu não tinha visão daquele lado, meu rosto estava inchado e machucado. Eu estava uma bagunça. No entanto, eles me examinaram da cabeça aos pés durante toda a tarde com um arsenal de equipamentos de alta tecnologia. Eles podiam ver que tinha algo fisicamente errado comigo — uma lesão no tornozelo e outra no cotovelo, estranhamente em lados diferentes do meu corpo. A boa notícia é que eu não tinha câncer! Pequenas misericórdias! Descobri um mês depois que uma em cada três pessoas com câncer é diagnosticada quando visita inadvertidamente um pronto-socorro como paciente[65].

---

65. https://www.theguardian.com/society/2022/apr/07/more-than-third-uk-cancer-patients-diagnosed-in-emergency

Eu estava agendado para uma série de consultas ambulatoriais. Minha filha veio me buscar uma hora depois. Os paramédicos anteriores lhe disseram: "Seu pai vai ficar bem". Ela tinha uma competição de atletismo. Ela estava correndo em provas de barreiras. Ela me tirou do hospital e me levou para casa.

Agora, eu realmente não precisava de uma desculpa para assistir HGTV o dia todo. Sorte que eu consegui sair de um emprego.

Duas semanas depois, fui liberado: minha visão não foi afetada, minha função cerebral parecia não ter sido afetada e os ferimentos físicos menores em minhas pernas e braços estavam cicatrizando bem. Minha cabeça levaria pelo menos um ano para sarar completamente. Disseram-me para continuar com os analgésicos. Voei para casa em Bilbao sentado na primeira classe com um olho roxo brilhante. Oh, a vida de uma estrela do rock!

O cachorro não se importou. Ele ficou feliz em me ver!

Identifique Seus Líderes e Capacite-os

Ben Napier é um mestre artesão e carpinteiro artesanal dono da Scotsman Company em Laurel, Mississippi. Ele e sua esposa, Erin, uma designer de interiores, são coapresentadores de outro programa na HGTV chamado *Home Town*. A premissa é simples: Ben e Erin ajudam a população local da pequena cidade de Laurel, a cerca de duas horas de Nova Orleans, a comprar propriedades históricas mais antigas e a reformá-las. Ao fazer isso, eles estão revivendo o coração de sua pequena cidade, dando-lhe nova vida. É uma missão e uma paixão: eles estão salvando Laurel, uma casa velha e degradada de cada vez.

Home Town tornou-se um dos programas mais populares da HGTV. As pessoas amam a missão, amam o romantismo de restaurar a pequena cidade americana e amam a química na tela de Ben e Erin e seus amigos, parentes e vizinhos que desempenham papeis coadjuvantes no programa. Depois de cinco temporadas de sucesso, as pessoas de todo o país perguntavam: "Se você pode fazer isso por Laurel, pode vir e fazer isso por nós e por nossa pequena cidade?" Respondendo a essa demanda, a HGTV procurou expandir a franquia *Home Town* com um programa spin-off chamado *Home Town Kickstart*. A premissa era simples: pequenas cidades de todo os EUA seriam convidadas a se inscrever para participar e seis seriam escolhidas. Para ajudar Ben e Erin a escalar, cinco outras duplas de apresentadores seriam selecionadas de outros programas da HGTV para ajudar. E uma temporada inteira de episódios seria filmada em seis locações.

O segredo seria codificar a fórmula e utilizá-la para liderar pelo exemplo. Liderar pelo exemplo em dois níveis: o programa de TV não poderia esperar rejuvenescer uma cidade inteira, nem permanecer por anos enquanto isso acontecia; em vez disso, iria "dar o pontapé inicial" no processo e esperar que, inspirada e cheia de nova confiança, a população local continuasse onde o programa parasse e, por sua vez, outras cidades em todo o país seriam inspiradas pelo programa e iriam ser capaz de copiar o modelo para iniciar seu próprio renascimento. Mais de 3.000 pequenas cidades apresentaram candidaturas; a resposta à ideia foi esmagadora e humilde. Seis foram escolhidas.

Perguntado "Como você dimensiona?" Erin Napier respondeu: "Você identifica seus líderes e os capacita".

Home Town começou como um programa de TV sobre reforma de casas antigas e se transformou em um movimento nacional. Transformou Ben e Erin de carpinteiro e decoradora de interiores em líderes de um movimento social nacional para reviver pequenas cidades dos EUA e reconstruir comunidades. Se fossem escalar, não seria simplesmente uma questão da HGTV recrutar mais dez apresentadores para ajudar a fazer uma série de TV; se quisessem escalar, Ben e Erin teriam que se replicar em cada cidade pequena que quisesse seguir seu exemplo. Eles precisavam criar líderes de um movimento e capacitá-los.

O modelo inicial era simples: eles escolheriam três propriedades para serem restauradas: um negócio comercial no centro da cidade, um espaço público ou comunitário e a casa de um líder comunitário, alguém que morasse em uma propriedade antiga no coração da cidade. Os líderes comunitários podiam ser proprietários de uma creche, ou voluntários num abrigo, ou membros antigos dos serviços de emergência, como bombeiros ou paramédicos — o critério principal era que fossem líderes respeitados na comunidade. O que também deveria ser verdade para o proprietário do negócio selecionado — talvez ele já tivesse estado ativo nos esforços para reanimar os destinos da cidade ou do distrito comercial.

O objetivo era reconhecer pessoas que compartilhavam os valores do programa original, quem já mostrasse liderança, para recompensá-los através do programa e da renovação de sua propriedade, e sinalizar que o comportamento altruísta e orientado para o serviço fosse reconhecido e apreciado. *Home Town Kickstart* lidera pelo exemplo, lidera pela sinalização, lidera pela inspiração, e lidera através da compreensão da sua fórmula e da clareza da sua abordagem. Mostra o que pode ser alcançado com orçamentos modestos e, portanto, é pragmático e a sua orientação é acionável. Ele preenche todos os requisitos para liderança no Nível de Maturidade 4.

Ben e Erin tiveram que trabalhar para sair de empregos que nunca tiveram — eles tiveram que se clonar. A abordagem deles era recompensar, amplificar, capacitar e inspirar.

Recompense uma boa liderança com mais recursos, mais tempo, maior escopo, mais dinheiro, mais espaço e mais pessoas.

Amplifique a liderança encorajando mais dela. Dê aos bons líderes maior responsabilidade e responsabilização. Incentive-os a avançar para o próximo nível. Defina as expectativas dos líderes e o papel que devem desempenhar nas suas comunidades e organizações.

Permita a liderança preparando as pessoas para o sucesso. Forneça os recursos, treinamento, equipamento, tempo e espaço para ter sucesso. Pense em sistemas. Crie uma organização que seja um sistema adaptativo que possa aprender e evoluir.

Inspire outros a seguir seu exemplo. Lidere pelo exemplo. Sinalize seus valores. Incentive comportamento alinhado. Em uma situação como o *Home Town Kickstart*, você não tem controle para começar, então não precisa aprender a desistir. Para quem lidera nas organizações, é preciso aprender a se desapegar, a renunciar ao controle; não procure centralizar a tomada de decisões e o controle através da conformidade com um framework; em vez disso, substitua a liderança e desenvolva a maturidade organizacional.

Encerramento

Nosso cachorro deveria receber uma nova rodada de vacinas, desta vez em seu novo veterinário em Bilbao. Tornou-se o primeiro membro da família a receber um passaporte europeu[66],[67]. De forma bastante atrevida, declara que a sua nacionalidade é basca e não espanhola!

Realizamos um serviço memorial muito comovente para minha falecida esposa em uma igreja em Seattle no verão. A igreja estava cheia de companheiros de equipe do clube de tênis, ex-colegas da escola de enfermagem, amigos e vizinhos. Houve recitais de piano e violino, homenagens e orações. Com o encerramento, era hora de seguir em frente. No Retiro de Liderança Kanban em Mayrhofen, nos Alpes Austríacos, no final daquele mesmo mês, anunciei à multidão: "Estive ausente por um bom tempo. Agora estou de volta!" Perguntei-lhes o que poderia fazer por eles, pela comunidade Kanban, globalmente. Escrever este novo livro foi o pedido mais popular.

O verão virou outono. Mais um ano se passou. Estava previsto começar o trabalho de reforma na minha casa, perto de Bilbao. Consequentemente, como família, celebrávamos o Natal e o Ano Novo no nosso apartamento nos Alpes. Minha filha mais nova completou dezoito anos. Kanban atingiu a maioridade. Sentei-me à minha mesa em Ramsau-im-Zillertal e comecei a escrever.

---

66. Eu, juntamente com as minhas duas filhas, perdemos a nossa cidadania europeia quando o Reino Unido deixou a União Europeia em janeiro de 2020. Só depois de dez anos de residência permanente em Espanha poderei recuperar a cidadania europeia.

67. Tecnicamente, o passaporte do cão é um passaporte de vacinação; lhe permite a liberdade de viajar por toda a União Europeia com a garantia de que as suas vacinas estão em dia.

Resumo

◆ Se você quiser aprender como expandir seu negócio, pergunte a um empreendedor.

◆ Primeiro, concentre-se na qualidade e no acerto na primeira vez. Erros e o retrabalho para corrigi-los custam tempo e dinheiro.

◆ Contrate ou desenvolva seu próprio pessoal competente que possa trabalhar sem supervisão. Pessoas boas custam mais, mas você economiza dinheiro no longo prazo.

◆ Aumente a resiliência. Certifique-se de ter pessoas que possam assumir o controle na sua ausência.

◆ Saia do emprego. Capacite outras pessoas a tomar decisões perguntando-se quais decisões poderiam ser automatizadas ou delegadas a outra pessoa.

◆ Codifique o que você faz definindo processos e procedimentos e introduzindo mecanismos de feedback. Combiná-los em uma estrutura de decisão ajuda a tornar o processo de tomada de decisão repetível, previsível e confiável.

◆ Crie robustez. Desenvolva gerentes confiáveis, que possam fazer o que você faz, que possam desempenhar seu papel quando você estiver ausente.

◆ Identifique seus líderes e recompense, amplifique, capacite e inspire-os:

  • Recompense uma boa liderança com mais recursos, mais tempo, maior escopo, mais dinheiro, mais espaço e mais pessoas.

  • Amplifique a liderança incentivando mais dela. Dê aos bons líderes maior responsabilidade e responsabilização.

  • Permita a liderança preparando as pessoas para o sucesso. Forneça os recursos, treinamento, equipamento, tempo e espaço para ter sucesso.

  • Inspire outros a seguir seu exemplo. Lidere pelo exemplo. Sinalize seus valores. Incentive o comportamento alinhado. Não procure centralizar a tomada de decisões e o controle através da conformidade com um framework; em vez disso, substitua a liderança e desenvolva a maturidade organizacional.

Apêndice A

Os Valores Originais do Kanban

Colaboração

A colaboração implica que indivíduos trabalhem juntos como uma equipe para alcançar um objetivo em comum. De fato, as definições de colaboração e de equipe são efetivamente dependentes mutuamente: ser uma equipe requer colaboração e para que haja colaboração é efetivamente necessário que existe uma equipe. Geralmente, a colaboração é vista como uma forma mais profunda de cooperação — uma forma mais digna de cooperação. A cooperação implica que humanos trabalhem por conta própria, mas de uma forma que seja compatível com o trabalho dos outros e possa ser compatível com o trabalho de outros e possa permitir um resultado compartilhado ou um objetivo comum. Um fluxo de valor no qual cada função de uma cadeia é executada separadamente pode ser vista como uma cadeia cooperativa; não há colaboração — uma função não ajuda outra — elas apenas fazem a sua parte e passam o trabalho para a próxima função fazer a sua parte. Estranhamente, nossa observação é de que a colaboração surge ao nível da equipe antes de surgir uma cooperação efetiva entre as equipes para entregar um produto ou serviço. Pode haver várias razões para isso: a escala que envolve mais pessoas torna mais complicado alcançar a cooperação a um nível mais amplo do que a colaboração a nível de equipe; a maior liderança necessária em um nível superior para impulsionar a colaboração em maior escala e formar efetivamente uma equipe muito maior; ou as métricas e incentivos utilizados concentram-se demasiado no indivíduo ou em grupos de indivíduos pequenos, facilmente identificados e contidos, nomeadamente uma equipe. Não vemos o surgimento da cooperação entre equipes até o Nível de Maturidade 2. O grau de dificuldade é maior e é necessária maior liderança e habilidades gerenciais mais desenvolvidas.

Uma organização deve encorajar e valorizar a colaboração para promover equipes resilientes e robustas, capazes de produzir uma variedade de trabalhos com qualidade consistente. Para fazer isso, devem incentivar o compartilhamento e o comportamento altruísta dos indivíduos para com outros membros da equipe. A colaboração é o que realmente separa o Nível de Maturidade 1 do Nível de Maturidade 0. Quando um pequeno grupo tem uma identidade, mas trabalha consistentemente sozinho como indivíduos, mesmo que o trabalho seja de natureza semelhante, eles não são verdadeiramente uma equipe. O subnível de Transição do Nível de Maturidade 1 captura esse conceito. Vimos isso em estudos de caso e acreditamos que é um passo de transição necessário. Um pequeno grupo de indivíduos com uma identidade partilhada está provavelmente sendo gerido com foco nas pessoas e na eficiência ou utilização de recursos, em vez de abraçar o princípio de entrega de serviços do Kanban de "gerenciar o trabalho e deixar os trabalhadores auto-organizarem-se em torno dele". No Kanban, queremos que você meça a eficiência do fluxo e itens valorizados pelo cliente, como trabalho em progresso, lead time e taxa de entrega. Numa organização orientada para serviços, é importante preocupar-se mais com o onde e quando do trabalho solicitado pelo cliente e menos com o onde e quando dos trabalhadores.

Devemos encorajar gerentes e líderes de equipe a se verem servindo na entrega de produtos ou serviços ao cliente. Muitas vezes, descobrimos que os gerentes de departamento e líderes de equipe acreditam que o seu papel é combinar melhor as tarefas com os trabalhadores disponíveis, otimizando a eficiência com base nas competências e experiência do indivíduo. Sendo uma abordagem verdadeiramente orientada para o serviço, o Método Kanban desencoraja isso. Em vez disso, precisamos de gerentes para gerir o trabalho e incentivar uma ampla gama de competências a serem desenvolvidas e partilhadas pela maioria ou por todos os membros da equipe. É necessário que os indivíduos colaborem, compartilhando suas habilidades e desenvolvendo-as em outras pessoas.

Em geral, um negócio precisa abandonar um foco interno e individual e encorajar um comportamento altruísta. Inicialmente, isto é altruísmo com os colegas da equipe e, à medida que progride para níveis de maturidade mais elevados e mais profundos, este altruísmo deve crescer em âmbito e escala.

A colaboração gera confiança. O ato de colaborar com alguém — conhecê-lo de perto, compreender suas habilidades e competências e vê-lo agir de forma altruísta para te ajudar — libera oxitocina e fortalece a confiança entre os membros da equipe. A colaboração é fundamental para permitir a confiança, e uma maior confiança incentiva uma maior colaboração — um ciclo virtuoso, onde um reforça o outro e assim por diante.

Podem existir provas de colaboração tanto no sentido positivo — demonstrando um comportamento colaborativo — como no sentido negativo — demonstrando o fracasso na mudança para um comportamento altruísta e orientado para o serviço. Evidências positivas podem incluir metas pessoais e incentivos para compartilhar conhecimentos e transmitir habilidades a outros membros da equipe. As evidências negativas incluiriam métricas de utilização individual e eficiência de recursos ou classificação do pessoal em revisões anuais. Se existirem incentivos perversos para acumular informações ou proteger competências de forma egoísta, a organização claramente falha ao abraçar a colaboração como um valor.

Transparência

Valorizar a transparência significa valorizar a disponibilidade da informação em vez da ocultação da informação. No nível da equipe, transparência significa que todos na equipe sabem no que os outros estão trabalhando. Esta transparência pode se estender ao gerente e a pessoas externas à equipe, incluindo potencialmente os clientes. O controle de informação e do seu fluxo é uma fonte de poder nas organizações e grupos sociais, então valorizar a transparência prejudica explicitamente esta fonte de poder. Consequentemente, a transparência pode encontrar resistência se os indivíduos, geralmente os gerentes, descobrirem que a transparência minou a sua fonte de poder e, portanto, minou a sua autoestima e o seu sentido de identidade. Vimos relatos de, por exemplo, o vice-presidente de uma organização de gerenciamento de projetos (PMO) em uma empresa de internet com sede no sul da Califórnia, certa manhã, arrancando um quadro kanban de portfólio de uma parede e destruindo-o. Por que um vice-presidente de um PMO não iria querer tal quadro na parede? Por que ele se sentiria motivado a destruí-lo? Porque a transparência elimina a sua capacidade de controlar a informação e de controlar a narrativa. Ele não pode mentir para seus superiores sobre o progresso dos projetos se a informação estiver disponível gratuitamente.

Assim, valorizar a transparência abraça a ideia de que a organização deve enfrentar a sua realidade, por mais feia que essa imagem seja. A transparência tem a ver com pragmatismo e orientação para a ação, em vez de ilusões e adiamento da ação na esperança de que os problemas se resolvam magicamente ou simplesmente desapareçam completamente. A transparência e a orientação para a ação andam de mãos dadas.

A transparência aumenta o capital social. Você não precisa mais confiar que alguém está trabalhando em algo se a informação estiver disponível livremente. Você não precisa mais confiar que alguém é capaz de tomar boas decisões se a estrutura de decisão usada e as informações sobre suas decisões reais estiverem disponíveis de forma transparente. A transparência remove a incerteza do ambiente e melhora a confiabilidade desse ambiente. O capital social mede a confiabilidade de um grupo social ou entidade social, como uma empresa.

A capacidade de valorizar a transparência requer o desenvolvimento de liderança aliado ao desenvolvimento de habilidades e competências de gestão. Ninguém precisa temer a transparência quando tem as habilidades, competência e confiança para "fazer algo a respeito!"

O que não estamos dizendo aqui é que todas as informações devem estar disponíveis para todos. Tal regra poderia sobrecarregar as pessoas com dados e deixá-las paralisadas se ficarem sobrecarregadas e incapazes de interpretar o que estão vendo. Da mesma forma, algumas informações devem ser ocultadas por motivos regulatórios e de compliance ou ocultadas para manter a confiança e a segurança. Reconheça também que algumas informações podem ser vistas como humilhantes e afetar a dignidade dos indivíduos ou das equipes e, consequentemente, a sua capacidade de funcionar de forma eficaz. Os líderes precisam escolher cuidadosamente quando a humilhação ritual (e potencialmente pública) pode ser necessária, quer para reconstruir a confiança, quer como o motivador correto para a mudança. Portanto, a nossa diretriz de que a sua organização adote a transparência como um valor fundamental não é uma exigência geral de disponibilizar todas as informações para todos; pelo contrário, é um pedido para partilhar o máximo de informação possível para permitir uma organização cada vez mais confiável, capaz de agir de forma mais rápida e eficaz.

As evidências de valorização da transparência são fáceis de encontrar e de medir — a informação está disponível ou oculta. As políticas são explícitas ou não. Os valores são explícitos ou não. As estruturas de decisão e as informações sobre como as decisões são tomadas — o raciocínio por detrás delas e as compensações que exigem — são explícitos ou não o são. As pessoas são reconhecidas e recompensadas por serem transparentes — como relatar honestamente o progresso de uma tarefa ou a existência de um impedimento ou bloqueador, ou admitir que não possuem as habilidades ou a experiência para concluir um trabalho — ou não são.

Fluxo

O fluxo também pode parecer algo estranho de se avaliar como uma organização. No entanto, quando uma organização abraça o princípio de entrega de serviços do Kanban para "gerenciar o trabalho e permitir que as pessoas se auto-organizem em torno dele", então perseguir procurar de um fluxo de trabalho eficiente torna-se natural. Quando uma organização reconhece que o lead time e a entrega pontual e/ou previsível são quase sempre critérios de adequação do cliente, então reconhece que melhora ela a opcionalidade nos seus processos, melhorando o fluxo. A alta eficiência de fluxo permite gerenciar melhor os riscos e produzir resultados econômicos superiores.

O atraso é o que frequentemente contribui para a insatisfação do cliente. Os impedimentos ao fluxo resultam na incapacidade de adequação ao propósito. O fluxo é fundamental para melhorar a gestão do trabalho do conhecimento e dos serviços profissionais. Se o trabalho está atrasado, esperando por qualquer motivo, então ele não está fluindo. Valorizar o fluxo significa valorizar a remoção do atraso.

Além da remoção básica do atraso, a organização também valoriza a suavidade. Uma chegada suave e constante do trabalho respeita as pessoas que o realizam e é um dos principais fatores que contribuem para aliviar a sobrecarga. A suavidade produz resultados mais previsíveis e, portanto, é atraente para os clientes. A suavidade também reduz a necessidade de contingente de pessoal e recursos ociosos, melhorando os resultados econômicos sem afetar a satisfação do cliente.

O Modelo Toyota identificou três tipos principais de problemas nos fluxos de trabalho: *muri*, ou sobrecarga; *mura*, irregularidade; e *muda*, atividade que não agrega valor ou desperdício. A valorização do fluxo aborda diretamente o mura por meio da busca pela suavidade e reconhece sua contribuição para o *muri*, aliviando a sobrecarga por meio de um fluxo uniforme que pode ser gerenciado de forma eficaz com um simples limite de WIP.

A evidência de que um fluxo de valores corporativos pode ser vista através da adoção de muitas práticas Kanban descritas no Modelo de Maturidade Kanban, como o uso de limites de WIP, visualização de bloqueios e envelhecimento de WIP, agrupamento de bloqueadores e Revisão de Riscos, gerenciamento de dependências e o uso de políticas para "definição de pronto" e "definições de feito" locais, mostrando que há trabalho disponível para avançar para a próxima etapa. Uma maior colaboração entre as equipes, indo além da mera cooperação para incluir a prestação de assistência quando necessária, também é um indicador de que o fluxo é valorizado.

Respeito

Respeito aqui não significa "cortesia" ou "educação", embora ambos sejam aspectos importantes de uma cultura e das normas sociais de uma organização. Neste uso, respeito significa reconhecimento de capacidade, circunstâncias ou contexto. No Kanban, respeitamos pessoas, sistemas, clientes, reguladores, patrocinadores, proprietários, contribuintes e outros stakeholders e benfeitores.

Respeitamos as pessoas, proporcionando-lhes uma organização e um sistema de trabalho que as prepara para o sucesso. Eles devem ter treinamento, recursos, habilidades, equipamentos, tempo e espaço para realizar um excelente trabalho. Devem ser confiados e empoderados através do uso de políticas explícitas. Eles devem compreender por que estão ali, como podem contribuir e como seria um resultado desejável. Eles devem ser respeitados para que tenham autonomia, possam alcançar o domínio do seu trabalho e tenham um profundo senso de propósito e do valor que proporcionam. Ao fazer isso, os indivíduos devem se sentir realizados. Isso é o que queremos dizer com "respeito".

Respeitamos as circunstâncias, o contexto e a capacidade, compreendendo-os, vendo-os como resultado da transparência no trabalho e no fluxo de trabalho, analisando-os e modelando-os de modo que os resultados possam ser previstos com base em uma compreensão realista de como as coisas funcionam atualmente. Não há ilusões no Kanban! Se você estiver suspirando e dizendo: "Se ao menos . . . então nossa estratégia teria funcionado", preencha a lacuna — se ao menos nosso pessoal trabalhasse mais, tivéssemos pessoas melhores, tivéssemos mais tempo, tivéssemos mais dinheiro, fôssemos melhores na execução, fomos melhores na entrega, e assim por diante, e assim por diante — então você não está respeitando a realidade operacional atual de suas circunstâncias e capacidade.

Respeito é reconhecer suas circunstâncias atuais e sua capacidade pelo que são e fazer planos de acordo. Se suas capacidades atuais não correspondem às suas necessidades, expectativas ou desejos, você precisa investir para melhorá-las antes de definir metas ambiciosas. Respeito significa que você vive em um mundo pragmático, enraizado em uma compreensão sólida da realidade. Não há ilusões no Kanban!

Compreensão (Interna)

No contexto do Método Kanban e do Modelo de Maturidade Kanban, a compreensão significa que buscamos compreender a natureza do nosso ambiente. Buscamos compreender o mundo à nossa volta e o que o move.

No Nível de Maturidade 2, e progredindo para o Nível de Maturidade 3, queremos que as organizações entendam como, o quê, por que e quem por meio de estudo, observação, coleta de evidências, uso de modelos e experimentação. No Nível de Maturidade 2, nosso foco está na compreensão de nosso ambiente interno e das forças que o moldam — o que fazemos, como fazemos e a variabilidade, o risco e a incerteza relacionados ao trabalho e à nossa capacidade de entregá-lo dentro das expectativas.

Queremos que as pessoas compreendam o trabalho que lhes é pedido e como realizá-lo com consistência e entregá-lo com qualidade; os serviços que prestam, os seus fluxos de trabalho e a colaboração envolvida na prestação desses serviços; e o impacto que as suas políticas têm na sua capacidade e desempenho. A compreensão básica centra-se no pragmatismo de aceitar o seu próprio ambiente e as suas capacidades atuais como são. Não há ilusões no Kanban.

Acordo

Valorizar o acordo significa que desejamos avançar com consenso e compreensão compartilhada. Em uma implementação Kanban onde queremos alcançar "puxar", concordamos com a capacidade do sistema e respeitamos essa capacidade, e concordamos sobre o que puxar a seguir e quando puxar. As políticas são feitas por acordo. Nós nos esforçamos para obter o entendimento compartilhado tanto quanto possível. Como regra geral, não permitimos nem incentivamos comportamentos de bullying, mas reconhecemos que as exceções são necessárias e pressionamos quando necessário.

Embora valorizemos o acordo, reconhecemos que há momentos em que o consenso total e o acordo amplo são irrealistas. Não há ilusões no Kanban. Assim, poderá haver momentos em que adiar o consenso não seja do nosso interesse e, portanto, trocaremos o nosso valor de acordo por uma liderança forte e decisiva.

Equilíbrio

O equilíbrio desempenha um papel fundamental no respeito e em evitar sobrecarregar pessoas, equipes, fluxos de valor, fluxos de trabalho de prestação de serviços e unidades de negócios inteiras. O equilíbrio mostra que valorizamos a sustentabilidade tanto a nível pessoal como a nível organizacional. Se quisermos ter um atendimento ao cliente consistente para manter a adequação ao propósito, devemos ter equilíbrio.

No Nível de Maturidade 3, o equilíbrio implica que nos esforçamos para evitar a sobrecarga de indivíduos e os fluxos de trabalho (sistemas) de prestação de serviços. Queremos equilibrar a demanda com a capacidade de entrega e queremos limitar o trabalho em progresso de acordo com a capacidade dos indivíduos e com o fluxo de trabalho em que trabalham. Os limites de WIP são usados para evitar a sobrecarga de pessoas e fluxos de trabalho, enquanto a alocação de capacidade, a modelagem da demanda e a triagem são usadas para manter a demanda em equilíbrio com a capacidade de entrega.

Atendimento ao Cliente

Valorizar o atendimento ao cliente mostra que reconhecemos que um propósito central de nossa organização e dos serviços que prestamos é atender nossos clientes de forma adequada e atender às expectativas que eles têm de nós. Medimos nosso sucesso, nossa autoestima e nossa capacidade em relação à nossa habilidade de atender às expectativas dos clientes. Quando conseguimos atender às expectativas dos clientes de forma consistente, podemos dizer que cada um dos nossos serviços é adequado ao propósito. Sermos adequados ao propósito é o nosso princípio orientador, o nosso verdadeiro norte, a nossa ambição contínua.

Liderança em Todos os Níveis

No Nível de Maturidade 3, precisamos ampliar nossa visão de liderança. No Nível de Maturidade 1, valorizamos a tomada de iniciativa. No Nível de Maturidade 2, isto se aprofunda na valorização dos atos de liderança e no reconhecimento de que a liderança implica riscos pessoais. O Nível de Maturidade 3 é mais bem capacitado com a compreensão de que a liderança apenas a partir do topo causa atrasos e que os líderes no topo não estão em melhor posição para saber o que é necessário ou para ver a necessidade de ação na base. Para que uma organização se mova com agilidade, é necessário que haja liderança em todos os níveis. Os atos de liderança devem ser encorajados e esperados em todos os níveis, e mais líderes sêniores devem buscar proporcionar a confiança, a segurança e a tolerância ao fracasso necessárias para encorajar a tomada de riscos. A liderança em todos os níveis não acontece magicamente; acontece porque mais líderes seniores hackeiam a cultura para viabilizá-la. Líderes maduros não são ameaçados pela liderança de baixo; pelo contrário, eles são fortalecidos por ela. A liderança em todos os níveis libera os líderes sêniores para que se concentrem em preocupações estratégicas e na cultura organizacional, enquanto as pessoas de nível médio e baixo se concentram nas preocupações operacionais e táticas. Deveria tornar-se uma norma cultural para qualquer pessoa, independentemente da sua posição ou cargo na organização, "fazer algo a respeito!"

Apêndice B

Os 14 Pontos de Deming: Detalhado & Reinterpretado para o Século 21

O sistema de gestão de W. Edwards Deming continha o que ele chamou de "14 Pontos para Gestão". Deming disse sobre isso que "Meus 14 Pontos para Gestão seguem naturalmente como aplicação do Sistema de Conhecimento Profundo para a transformação do estilo atual de gestão para um estilo de otimização".

O que podemos ver a partir disso é que Deming está em busca do Nível de Maturidade Organizacional 5, e seu sistema de gestão tem a intenção de criar a capacidade de tomada de decisão e a cultura para permitir que uma organização com Nível de Maturidade 5 surja como consequência natural de seguir esse conselho. O conselho de Deming influenciou e inspirou aqueles que criaram o Capability Maturity Model (CMM), que evoluiu para se tornar o CMMI. Deming também influenciou a Toyota, embora haja evidências de que a Toyota já usasse o kanban e o *kaizen* antes da visita de Deming ao Japão, nos anos 1950. A influência de Deming no KMM é bastante evidente, e pode facilmente mostrar um mapeamento de seus 14 pontos para elementos dentro no KMM e sua arquitetura do modelo, com resultados, práticas e codificação da cultura organizacional necessária.

Crie constância de propósito.

Deming procurava pela ambição de criar uma organização robusta, sustentável e economicamente lucrativa que fornecesse bons produtos e serviços excelentes, criasse riqueza e empregos boa qualidade, e que continuamente melhorasse em todos os aspectos de sua ambição.

O KMM alcança esses objetivos de várias maneiras:

- Usamos o framework *Fit for Purpose* para entender as necessidades dos clientes e impulsionar a evolução de produtos e serviços cada vez melhores.
- O Nível de Maturidade 3 define os resultados da qualidade aceitável de produtos e serviços.
- O Nível de Maturidade 4 define os resultados de uma organização robusta, sustentável e economicamente viável.
- O Nível de Maturidade 5 define uma organização que busca incansavelmente a melhoria em todos os aspectos de seus negócios.
- Os valores definidos no KMM criam um ótimo lugar para trabalhar e uma cultura capaz de sustentar o Nível de Maturidade 5.

Assuma a liderança para a mudança.

Na verdade, Deming chamou isso de "Adote a nova filosofia". Esta é a ideia de que o papel da liderança é criar organizações capazes e preparadas para a mudança evolutiva — preparadas para a melhoria contínua. Para Deming, se uma empresa não avança, está retrocedendo. Capturamos isso com o valor da Competição no Nível de Maturidade 4 no pilar cultural do KMM.

Cesse a dependência da inspeção para alcançar a qualidade.

O título deste ponto parece misterioso no século XXI; no entanto, acertar na primeira vez e evitar o retrabalho são recursos vitais para a agilidade dos negócios modernos. O KMM começa a capturar esse conceito como práticas no Nível de Maturidade 2 em busca do fluxo. O uso de políticas para restringir a definição de "puxável" por meio do sistema kanban, juntamente com o uso de métricas como os mecanismos de feedback do histograma de lead time, como a Revisão da Entrega de Serviços, incentiva o foco no fluxo suave e prestação de serviço confiável, previsível e de cauda curta. Identificar explicitamente os tíquetes de retrabalho — tíquetes que retrocedem em um quadro kanban ou demanda de falha — que foram criados para corrigir um defeito que escapou, ajuda a visualizar o impacto da baixa qualidade. O KMM, com as Práticas de Gestão em sua arquitetura, exige que os gerentes foquem no sistema por meio de políticas, mecanismos de feedback e ações de melhoria para construir um sistema confiável que produza boa qualidade de forma consistente.

Acabe com a prática de assinar contratos apenas com base no preço.

Deming não era fã de cortes de custos por si só. A redução de custos é, com razão, um aspecto de uma organização de alto desempenho, e o KMM captura isso nos Níveis de Maturidade 4 e 5. Primeiro, aprenda a fazer bem a coisa certa, entenda o *porquê* e o *quê* certo e, em seguida, concentre-se em melhorar o *como* fazer para reduzir custos sem sacrificar a qualidade e a satisfação do cliente.

Ao avaliar fornecedores e fechar negócios para contratos com fornecedores, o framework *Fit for Purpose* pode ser usado como um meio de avaliar e selecionar fornecedores e, em seguida, monitorar seu desempenho. É improvável que o custo seja o único critério de adequação — valorizamos muito mais o prazo de entrega, a qualidade funcional e não funcional, a consistência e a confiabilidade do que o preço.

Melhore constantemente e para sempre o sistema de produção e serviço.

As Práticas de Gestão do KMM — tornar as políticas explícitas; implementar mecanismos de feedback; e melhorar colaborativamente, evoluir experimentalmente — definem os meios para melhorar constantemente o sistema de produção. Associá-los às práticas do framework *Fit for Purpose* permite a busca de uma prestação de serviços eficaz e satisfatória. Os níveis de maturidade organizacional no modelo, juntamente com o Modelo de Mudança Evolucionária, permitem a busca de um sistema de produção e serviço sempre em melhoria, e a definição do Nível de Maturidade 5 reconhece que uma organização realizou a ambição de Deming.

Institua treinamento no trabalho.

Deming acreditava na aprendizagem e na transferência direta de habilidades. O KMM e o Método Kanban não exigem isso diretamente, mas fornecem um ambiente que o incentiva. A Visualização, as Políticas Explícitas e uma forte tendência a favor da colaboração, bem como a discussão aberta e a tomada de decisão consensual nas reuniões de Cadências do Kanban, como reabastecimento ou revisão de entrega de serviços, criam muitas oportunidades de aprendizagem e desenvolvimento de funcionários menos experientes.

Institua a liderança.

O KMM valoriza a liderança ao definir explicitamente a tomada de iniciativa, os atos de liderança, a liderança em todos os níveis e o desenvolvimento da liderança como valores nos Níveis de Maturidade 1 a 4. KMM 1.3 acrescenta Liderança como um quarto pilar explícito do modelo e fornece uma codificação de liderança e um modelo para o desenvolvimento intencional do caráter e da maturidade daqueles que lideram. O KMM fornece os meios para concretizar a esperança de Deming e institucionalizar o desenvolvimento de liderança como um elemento central para alcançar e manter um nível profundo de maturidade organizacional.

Elimine o medo.

O Modelo de Maturidade Kanban adota explicitamente os ensinamentos de Ray Immelman, que deu mais nuances ao conceito de eliminar o medo — primeiro faça com que os indivíduos se sintam seguros e protegidos, depois faça com que se sintam valorizados, reconhecidos, respeitados e dignos. Com seu foco no sistema, o Método Kanban, juntamente com o KMM, destaca o sistema de produção como a fonte do fracasso e pede aos gerentes que liderem mudanças no sistema — novas políticas, ações de melhoria, melhores recursos, treinamento, capacidade aprimorada, alinhamento de estratégia e capacidade — uma configuração para o sucesso. Juntas, estas mudanças no sistema eliminam o medo e criam confiança nos indivíduos e coletivamente na força de trabalho.

Quebre barreiras.

O Nível de Maturidade 2 e o estabelecimento de fluxo em um fluxo de trabalho de prestação de serviços em direção ao objetivo comum de entregar um item com valor para o cliente destinam-se especificamente para quebrar barreiras. O Método Kanban encoraja explicitamente a cooperação e a colaboração que Deming estava buscando.

O KMM também identifica barreiras comuns para melhorar a maturidade organizacional e barreiras culturais para a adoção de práticas. Fornece orientações específicas sobre contramedidas para remover barreiras e acelerar a adoção de práticas, aprofundar a maturidade organizacional e melhorar os resultados.

Elimine slogans, incentivos e metas.

No mundo da indústria de manufatura de Deming na década de 1950, os slogans que incentivavam os trabalhadores a atingirem determinados objetivos eram vistos como desmoralizantes e suscetíveis a destruir o engajamento dos funcionários. A razão subjacente era que os funcionários não tinham autonomia. A qualidade do produto era frequentemente e muito provavelmente (Deming sugeriu por volta de 95% de probabilidade) causada pelo sistema de produção, e não pelas ações individuais de um trabalhador. Consequentemente, os trabalhadores não tinham, na verdade, controle sobre a qualidade ou as metas de produção; apenas os gerentes tinham.

O Método Kanban e o KMM alteram essas suposições subjacentes. Se os líderes perseguirem as mudanças culturais exigidas no KMM, os trabalhadores serão empoderados: eles são capazes de fazer mudanças, podem tomar iniciativas e podem demonstrar atos de liderança. Contudo, slogans e incentivos, tais como filtros de decisão destinados a impulsionar a mudança cultural, devem ser sinceros e apresentados com integridade. A medida de um slogan e se ele tem um efeito positivo ou negativo é se a liderança e a organização mostram integridade para fazer o que dizem e seguir o significado de um filtro de decisão.

As metas devem sempre ser significativas, alcançáveis e definidas com um propósito específico. O framework *Fit for Purpose* define metas especificamente para objetivos de melhoria. No entanto, os critérios de adequação do cliente, os critérios pelos quais um cliente decide se gosta do seu produto ou serviço, são limiares a serem alcançados e excedidos, enquanto os indicadores de saúde operacional terão uma faixa saudável, e a meta será sempre mantê-los dentro dessa faixa saudável.

Slogans, incentivos e metas têm o seu papel para ajudar a impulsionar a excelência e a busca incansável pela perfeição, mas têm um impacto positivo quando implantados na cultura certa e com atenção cuidadosa ao propósito e ao significado de qualquer meta.

Elimine a gestão por objetivos: substitua pela liderança.

Deming publicou diversas versões disso em diferentes momentos de sua carreira, por exemplo,

- Elimine padrões ou cotas de trabalho no chão de fábrica.
- Elimine a gestão por objetivos.
- Elimine a gestão por números e metas numéricas.

É importante que consideremos novamente o seu contexto — indústria de manufatura de meados do século XX, pós-Segunda Guerra Mundial — quando consideramos este ponto. A Gestão por Objetivos como conceito, como nome próprio, é atribuída a Peter Drucker, e houve um momento na carreira acadêmica de Deming em que ele dividiu um escritório com o jovem Drucker. Assim, "eliminar a gestão por objetivos" mostrou o desacordo direto de Deming neste ponto com Drucker.

Para nós, hoje, no século 21, que trabalhamos em empresas de serviços profissionais, o que isto significa e ainda é relevante?

O KMM afirma explicitamente que:

- Os resultados seguem práticas.
- As práticas seguem a cultura.
- A cultura segue valores.
- Portanto, lidere com valores.
- E consequentemente, todos os resultados decorrem da liderança.

Deming está dizendo que a definição de metas — gestão por objetivos — é uma muleta para a falta de liderança, que a definição de metas e objetivos é um mau representante da verdadeira liderança. As metas proporcionam uma intervenção no nível da prática e têm como objetivo persuadir, em vez de inspirar. Quando os gerentes pensam que o seu papel é apenas estabelecer metas e, então ficar bravos quando algo dá errado, eles deixam de prestar atenção à cultura, aos valores e à identidade e propósito organizacional. Quando Deming diz "substitua pela liderança", ele quer que os gerentes inspirem o seu pessoal a alcançar mais e melhores resultados. Deming vê as metas e os objetivos como um meio de manipulação ou de bajulação dos trabalhadores, e compreende que as melhorias alcançadas desta forma não serão sustentáveis. A gestão por objetivos, neste contexto, é o comportamento do "gerente herói", e reconhecemos isso como um comportamento inerente ao Nível de Maturidade 2. Para ir além do Nível de Maturidade 2, devemos recompensar os verdadeiros comportamentos de liderança — não apenas estabelecer metas e quebrar os limites.

Remova as barreiras para o orgulho do trabalho: substitua pela liderança.

Deming abordou explicitamente o papel do "supervisor" de chão de fábrica. Poderíamos interpretar isso para o século 21 como "líder de equipe". Ele queria que esses supervisores fossem líderes, inspirassem seus funcionários, liderassem pelo exemplo e sinalizassem os comportamentos corretos que produzissem o melhor resultado geral do sistema — clientes satisfeitos; produtos e serviços adequados ao propósito; e um negócio robusto, economicamente sustentável, capaz de melhoria contínua tanto naquilo que faz como na forma como o faz.

No entanto, precisamos desvendar a "barreira para o orgulho do trabalho" e examiná-la mais profundamente. O que é necessário para se orgulhar do seu trabalho?

- Um senso de propósito, que dá sentido ao esforço envolvido
- Uma sensação de encerramento — saber que sua contribuição realmente faz a diferença
- O tempo e o espaço para fazer o trabalho corretamente
- As ferramentas e os recursos para fazer o trabalho adequadamente
- Um ambiente de trabalho digno e tudo o que o acompanha, incluindo um salário justo por um dia de trabalho justo
- Respeito, reconhecimento e status por fazer um bom trabalho

Quando examinamos o modelo KMM e seu foco em liderança e cultura, seus valores e a definição do Método Kanban, vemos que ele atende a todos esses requisitos para orgulho de trabalho a partir do Nível de Maturidade 2. No Nível 2, o trabalho tem significado e propósito; os trabalhadores e o sistema de produção (o fluxo de trabalho) são aliviados da sobrecarga; os mecanismos de feedback, a instrumentação e os relatórios começam a surgir para garantir que o tempo, o espaço, as ferramentas e os recursos estejam disponíveis para realizar o trabalho adequadamente; e a cultura está em desenvolvimento para garantir um local de trabalho digno que proporcione respeito, reconhecimento e status equitativo pela contribuição feita. Embora vejamos progresso neste objetivo a partir do Nível de Maturidade 2, para cumprir completamente o ponto 12, uma organização precisa amadurecer para o até o Nível 4.

Institua um programa vigoroso de educação e autoaperfeiçoamento.

Deming reconheceu que o trabalho é feito pelos trabalhadores e que esses trabalhadores precisam de educação e de um credo que os leve à aprendizagem contínua ao longo da sua vida profissional.

O valor de compreensão do KMM é primariamente focado em entender e modelar da filosofia natural do ambiente de trabalho — o sistema de produção, para usar o termo de Deming — e do ambiente de risco dentro do qual esse sistema de produção opera.

A literatura do Método Kanban e do KMM fornece os meios de educação para ajudar os trabalhadores a compreenderem o ambiente em que operam e a tomar melhores decisões. Apenas um exemplo disso é a importância do lead time como critério de seleção do cliente, uma métrica vital para impulsionar um melhor atendimento ao cliente, construir confiança junto ao cliente e criar confiança dos trabalhadores. Antes do surgimento do Método Kanban, o lead time não era uma métrica muito ou nada usada no setor de TI. Hoje, não só é comum, como compreendemos a sua natureza — compreendemos os elementos que influenciam a forma da curva e compreendemos como os lead times de cauda longa destroem a confiança e conduzem a um comportamento de baixa maturidade.

Embora o Kanban e o KMM não prescrevam explicitamente a educação e o autoaperfeiçoamento individual, o método e o modelo percorrem um longo caminho para educar a força de trabalho global dos serviços profissionais, ou trabalhadores do conhecimento, e lhes fornece uma compreensão dos riscos em seu ambiente. Essa educação elimina a ansiedade e o medo e permite a confiança e a tomada de decisões de boa qualidade.

A transformação é trabalho de todos.

Assim como a Toyota, Deming percebeu que a melhoria contínua (*kaizen*) não era trabalho da administração, ou da liderança sênior, ou de algum grupo de melhoria de processos ou de coaching (Deming os teria chamado de "engenheiros industriais" ou "homens de tempo e movimento"); em vez disso, a melhoria é assunto de todos. O Método Kanban tem esse conceito em sua essência, e o KMM fornece o contexto organizacional e os elementos culturais para permitir que isso aconteça.

Ao escrever em meu blog *"No More Quality Initiatives"*[68], em 27 de abril de 2005, expliquei que melhoria era assunto de todos. Esta foi uma resposta a um desafio que recebi dos membros do *Customer Advisory Council* (CAC) do produto *Visual Studio Team System* da Microsoft: "Por favor, não nos dê outra iniciativa de transformação". O solicitante trabalhava para uma grande empresa de consultoria de TI com sede no Texas. Ele relatou que tanto os clientes como os seus próprios funcionários tinham "cansaço da iniciativa de transição" e simplesmente não queriam ficar exaustos por mais uma iniciativa de mudança que exigia a adoção de um novo processo. O que era necessário era uma abordagem evolucionária e incremental que começasse onde estava e resolvesse os problemas um de cada vez.

Isto reforçou a minha crença de que a agilidade de negócios seria possibilitada por um sistema de gestão, pela formação de gerentes para mudar o seu comportamento através de um foco na cultura organizacional. 2005 foi o período em que ocorreu a primeira implementação do Kanban no departamento de TI da Microsoft. Este foi o momento em que as ideias convergiram para produzir o que hoje reconhecemos como Método Kanban

---

68. Depois reeditado e publicado em David J Anderson, *Lessons in Agile Management: On the Road to Kanban* (Seattle: Blue Hole Press, 2012), 381.

e KMM. Pelo menos em parte, o Método Kanban foi criado para concretizar a visão de Deming para o local de trabalho moderno. O KMM existe para democratizar as competências necessárias para preparar uma organização para a mudança evolucionária, de modo a catalisar o processo de mudança evolucionária e a procura da excelência ao melhorar continuamente o sistema de produção e os meios para o sustentar, o que cria empregos significativos e clientes satisfeitos.

Índice Remissivo

Sobre o Autor

David J Anderson é um inovador no pensamento de gestão para empresas do século 21. Autor e pioneiro do Método Kanban, ele tem mais de trinta anos de experiência trabalhando na indústria de alta tecnologia. David trabalhou anteriormente na IBM, Sprint, Motorola e Microsoft, onde ele desenvolveu o Método Kanban para melhorar significativamente os resultados de negócios em escala empresarial.

Criador do Método Kanban e cocriador do Modelo de Maturidade Kanban (KMM), do Framework Fit-for-Purpose e do Enterprise Services Planning (ESP), David é um líder global em treinamento e desenvolvimento de liderança para serviços profissionais e indústria de bens intangíveis.

Ele é autor de sete livros importantes sobre negócios modernos; o mais renomado, *Kanban: Successful Evolutionary Change for Your Technology Business,* foi publicado em 2010 e está entre os cinco livros ágeis mais vendidos de todos os tempos.

David também fundou a Kanban University, que inclui mais de 400 trainers e consultores credenciados. Além disso, ele produziu diversas conferências globais sobre Kanban e é presidente da David J Anderson School of Management, que oferece treinamento em práticas empresariais do século 21 para agilidade empresarial, resiliência empresarial e maturidade organizacional.

O grupo de empresas fundado por David é mantido dentro do Mauvius Group Inc. Este grupo de empresas está focado em melhorar a qualidade da gestão, liderança e tomada de decisão para as empresas do século 21.

www.ingramcontent.com/pod-product-compliance
Lightning Source LLC
Chambersburg PA
CBHW080519220326
41599CB00032B/6138